RETOS JURÍDICOS DE LA APLICACIÓN DE LA INTELIGENCIA ARTIFICIAL A LOS DESPLAZAMIENTOS

Director

JOSÉ ALBERTO ESPAÑA PÉREZ

Coordinador

FRANCISCO JOSÉ SÁNCHEZ BOLÍVAR

RETOS JURÍDICOS DE LA APLICACIÓN DE LA INTELIGENCIA ARTIFICIAL A LOS DESPLAZAMIENTOS

AUTORES

María Teresa Barranco Pérez
José David Fernández Rodríguez
María del Pilar Castro López
Miguel Ángel Molina Cabello
José Alberto España Pérez
Francisco José Sánchez Bolívar
M.ª Remedios Santana Pareja

Editorial Aranzadi, S.A.U.
C/ Collado Mediano, 9
28231 Las Rozas (Madrid)
Tel: 91 602 01 82
e-mail: clienteslaley@aranzadilaley.es
https://www.aranzadilaley.es

Primera edición: 2024

Depósito Legal: M-11534-2024
ISBN versión impresa: 978-84-1162-575-3
ISBN versión electrónica: 978-84-1162-576-0
Incluye soporte electrónico

Diseño, Preimpresión e Impresión: Editorial Aranzadi, S.A.U.
Printed in Spain

Vivimos en una sociedad profundamente dependiente de la ciencia y la tecnología y en la que nadie sabe nada de estos temas. Ello constituye una fórmula segura para el desastre.

Carl Sagan

Índice General

Página

Prólogo

Desde la Diputación Provincial de Málaga consideramos fundamental llevar la digitalización a todas las facetas de nuestra vida y, como Administración Pública, no olvidamos los efectos de la aplicación de la inteligencia artificial (IA) a los procedimientos administrativos que afectan, de manera directa o indirecta a la ciudadanía.

Lo que hace unos años se podía considerar ciencia ficción se ha convertido en una realidad, y la IA forma ya parte de nuestras vidas a través de mejoras que repercuten directamente en el servicio público mediante la implementación de aplicaciones informáticas y técnicas organizativas que, con criterios de simplificación administrativa, minimizan los tiempos asociados a la gestión de expedientes, proporcionan una mayor accesibilidad, reducen los costes en los desplazamientos, facilitan la coordinación interadministrativa y aumentan la eficiencia asociada a la distribución de recursos público.

Más allá de la prestación de los servicios públicos, la IA nos ayuda a resolver algunos de los principales retos a los que se enfrenta nuestro mundo. En el supuesto de la movilidad y la actividad administrativa automatizada en el transporte, las posibilidades son tan amplias como necesarias. La implementación exitosa de la automatización en la administración pública requiere una planificación cuidadosa, considerando aspectos como la seguridad de datos, la participación ciudadana y la accesibilidad. Además, la colaboración con el sector privado y la comunidad puede ser crucial para el éxito de estas iniciativas: desde la automatización en la gestión de tráfico mediante la implementación de sistemas de semáforos inteligentes que se ajustan automáticamente según las condiciones del tráfico en tiempo real y el uso de algoritmos para optimizar la sincronización de semáforos y reducir congestiones, hasta la planificación del denominado «estacionamiento inteligente» mediante el desarrollo de aplicaciones móviles que permitan a los ciudadanos encontrar estacionamiento fácilmente o la instalación de sensores inteligentes en las plazas de estacionamiento para informar sobre la disponibilidad en tiempo real.

La IA en el sector del transporte y de la movilidad urbana permite, entre otras cosas, la planificación de rutas que integren múltiples modos de transporte público y ofrezcan recomendaciones en tiempo real y proporcionen una información en tiempo real sobre el estado y horarios de los servicios de transporte público, la implementación de sistemas de pago electrónico para dicho transporte público, la automatización de la gestión de tarifas y descuentos para diferentes grupos de usuarios, la monitorización de emisiones y calidad del aire mediante sensores y sistemas automáticos para monitorear las emisiones de vehículos y la calidad del aire y alertas automáticas y acciones correctivas en caso de niveles de contaminación excesivos, la creación de plataformas para la solicitud y aprobación automatizada de permisos para eventos y trabajos en la vía pública y sistemas de notificación para informar a los ciudadanos sobre cierres de calles y desvíos de tráfico, la detección de infracciones en materia de seguridad vial mediante sistemas de control automatizados y cámaras de vigilancia inteligentes, la posibilidad de instaurar sistemas en línea para la presentación de sugerencias y quejas relacionadas con la movilidad urbana y de automatizar las respuestas y el seguimiento de problemas reportados por los ciudadanos o la publicación de datos abiertos relacionados con la movilidad urbana para fomentar la transparencia y la innovación.

Esta nueva realidad plantea riesgos importantes y es precisamente por ese motivo por el que hay que realizar un esfuerzo adicional a la hora de examinar y abordar el impacto de los sistemas de IA existentes, y de los que potencialmente se implanten, teniendo especialmente en cuenta la protección de los derechos humanos, la transparencia, la equidad, la rendición de cuentas, la regulación o la seguridad jurídica.

El 8 de diciembre de 2023, la Unión Europea pactó la *IA Act*, la primera norma reguladora de la inteligencia artificial en el mundo, cuya aprobación corresponderá al Parlamento y al Consejo Europeo y que tiene como objetivo garantizar que los derechos fundamentales, la democracia, el Estado de Derecho y la sostenibilidad ambiental estén protegidos contra la IA de alto riesgo, al tiempo que impulsa la innovación y convierte a Europa en líder en este campo.

En esta línea nace la presente obra, que recoge la investigación realizada en el marco del Proyecto de Investigación «Retos jurídicos de la aplicación de la inteligencia artificial a los desplazamientos» (B1-2022_10), concedido por el Vicerrectorado de Investigación y Transferencia de la Universidad de Málaga, dentro de las ayudas establecidas en su II Plan Propio. El proyecto está conformado por un equipo interdisciplinar que aúna el Derecho y la Informática, en alusión al necesario diálogo que debe existir entre la esfera jurídica y la técnica frente al papel cada vez más relevante de las innovaciones tecnológicas en el devenir cotidiano. Así, el grupo se compone de diferentes docentes e investigadores de la Universidad de Málaga, adscritos a la Facultad de Derecho y a la ETS. de Ingeniería Informática, con trayectorias científicas sólidas. Algunos de ellos, además, ejercen como juristas en la Administración Pública y en la empresa privada. Asimismo, este libro ha contado con la colaboración de la Directora General de Movilidad del Ayuntamiento de Málaga.

Todo ello da como resultado una investigación novedosa que aplica una metodología propia de las Ciencias Jurídicas, combinada de forma certera con los métodos de los investigadores procedentes de la ingeniería informática, partiendo de la base de que garantizar la seguridad de la IA es una tarea que implica tanto a Estados como a empresas, sociedad civil, académicos, investigadores y al sector público, y que esta colaboración debe ser total y absoluta.

FRANCISCO SALADO ESCAÑO

Presidente de la Diputación Provincial de Málaga

Introducción

La rápida irrupción de la inteligencia artificial está marcando un antes y un después en la sociedad. Esta tecnología trae consigo una disruptiva revolución que abarca prácticamente todos los sectores de actividad. Especialmente significativo es su impacto en el transporte y los desplazamientos. Su aplicación en este ámbito proporciona grandes oportunidades, como una gestión más eficaz de las infraestructuras de transportes, optimizando su uso, reduciendo los costes de mantenimiento, etc.; una mejora de la experiencia del usuario o un impulso de la sostenibilidad del sistema. Sus posibilidades son múltiples. Algunas ya forman parte del día a día y otras no tardarán en llegar. Sin embargo, todos estos cambios también llevan aparejados numerosos desafíos jurídicos en los cuales en pocas ocasiones se repara.

Bajo esta premisa, la presente obra contiene la investigación realizada en el marco del Proyecto de Investigación «Retos jurídicos de la aplicación de la inteligencia artificial a los desplazamientos» (B1-2022_10), financiado por el Vicerrectorado de Investigación y Transferencia de la Universidad de Málaga, dentro de las ayudas establecidas en su II Plan Propio[1]. Al frente del proyecto se sitúa un equipo interdisciplinar, conformado por diferentes profesores e investigadores adscritos a la Facultad de Derecho y a la ETS de Ingeniería Informática de la Universidad de Málaga. Entre sus miembros, algunos ejercen como profesionales en la Administración Pública y en la empresa privada. Además, este libro cuenta con la colaboración de la Directora General de Movilidad del Ayuntamiento de Málaga.

El esfuerzo colectivo del equipo del proyecto ha dado como resultado una investigación sólida que aplica una metodología propia de las Ciencias Jurídicas junto con los métodos investigadores de la ingeniería informática. En el convencimiento de que el futuro desarrollo tecnológico y, especialmente de la inteligencia artificial, no puede descuidar el Derecho y sus postulados básicos, la lógica de este proyecto se ha basado en aunar estas dos

1. La información más relevante sobre dicho proyecto de investigación se puede consultar en su propia página web: http://proyectoIA.uma.es

ramas de conocimiento para ofrecer unos resultados investigadores consistentes y ajustados a la realidad.

Así, existe una cierta tendencia a disertar sobre los retos jurídicos que trae las innovaciones tecnológicas sin entrar a conocer previamente las cuestiones técnicas, lo que da un resultado bastante ajeno a la facticidad. Quizá por ello, en ocasiones, desde la perspectiva del Derecho se tiende a contemplar la tecnología como un enemigo insalvable, proporcionando enfoques que no ayudan a construir un futuro que cada vez es más cercano. De hecho, la incomprensibilidad del funcionamiento de la tecnología provoca cierta desidia en la acción del legislador en cuanto a su papel regulador en este sentido, cuando no, su actuación resulta poco clara. Desterrando estas posiciones, la presente obra ha querido acercarse a los retos jurídicos de la inteligencia artificial en los desplazamientos partiendo desde el prisma técnico para, de esta forma, erigir un estudio sólido, que pueda ser tomado en consideración tanto por los juristas como los ingenieros.

Ello responde a la creciente digitalización de la movilidad y el transporte que propugna la planificación pública. Así, la Estrategia de la Unión Europea de Movilidad Sostenible e Inteligente apuesta por el desarrollo y validación de nuevas tecnologías y servicios en este sector para situarse a la vanguardia y lograr un sistema más sostenible, reconociendo que la inteligencia artificial se está volviendo fundamental para la automatización del transporte en todos los modos. En este sentido, la reciente aprobación del Reglamento europeo de normas armonizadas en materia de inteligencia artificial (la denominada Ley de Inteligencia Artificial) supone un hito importante.

A nivel interno, la Estrategia española de Movilidad 2030 dedica una línea de acción específica a la digitalización del transporte y la movilidad para mejorar la eficacia del sistema y el desempeño de las actividades de la Administración en su gestión y planificación. De ahí que aluda al uso de la inteligencia artificial o el *big data* para prestar unos servicios más predictivos, anticipatorios y con mayores niveles de automatización. E incluso alude a la colaboración del sector privado para acometer los retos que esto supone y canalizar las innovaciones.

Sin embargo, los sistemas basados en el uso de la inteligencia artificial implican necesariamente el tratamiento de datos masivos. Se requieren grandes volúmenes de información para que aquellos puedan aprender y tomar decisiones «inteligentes». Esto entronca directamente con el derecho a la protección de datos personales, el cual, se ve desafiado por el rápido desarrollo y veloz despliegue de esta tecnología.

Teniendo en cuenta este marco, el objetivo de la obra ha sido analizar desde la perspectiva del Derecho Público los diferentes escenarios que propicia la utilización de la inteligencia artificial en el sector del transporte y la movilidad, diseccionando los retos actuales, las oportunidades existentes y aventurando posibles soluciones; sin descuidar las garantías jurídicas de las goza el ciudadano en una sociedad digitalizada. Claro está, no ha sido posible abordar todas y cada una de las problemáticas presentes y futuras del objeto de estudio. Las limitaciones de esta investigación han obligado a establecer líneas prioritarias.

De esta manera, la obra se divide en siete capítulos. El primero de ellos actúa de modo introductorio para comprender de manera certera el funcionamiento de la inteligencia artificial y su uso dentro del sector público. Así, se abordan los principales conceptos presentes en la materia para, posteriormente, observar la concepción y articulación de esta tecnología desde el punto de vista de la Unión Europea, habida cuenta del reglamento para establecer normas armonizadas en este sentido. Ello conduce a examinar el uso de esta tecnología en la movilidad, focalizando la atención en los mecanismos de *deep learning* y *big data*.

El capítulo segundo expone las diferentes aplicaciones prácticas de la inteligencia artificial en el ámbito de la circulación viaria. Mediante el análisis de casos concretos se da cuenta del funcionamiento técnico de los sistemas de control de tráfico mediante el uso de inteligencia artificial, reparando en sus principales dificultades, tanto presentes como próximas. Utilizando un lenguaje sencillo y comprensible se profundiza en las cuestiones científico-tecnológicas en estas aplicaciones, para finalizar con una reflexión sobre los posibles sesgos que pueden conllevar este tipo de tecnología.

En consonancia con ello, el capítulo tercero se centra en las diferentes problemáticas jurídicas que supone la detección de infracciones de tráfico mediante la utilización de inteligencia artificial. Cada vez está siendo más habitual utilizar esta tecnología para controlar la circulación en aras de lograr una mayor seguridad. Los nuevos sistemas son capaces de detectar numerosas contravenciones a la normativa con gran certeza. Sin embargo, la información que adquieren estos sistemas se erige como el elemento vehicular, lo que conlleva a revisar la normativa sobre protección de datos y el respeto a la privacidad de los individuos. La proliferación del uso de sistemas de inteligencia artificial en la esfera pública puede tener efectos nocivos en las garantías de los ciudadanos, por ello, se analiza esta cuestión para evidenciar de qué manera este tipo de aplicaciones impacta en el derecho a la protección de datos personales y a la intimidad. Para, posteriormente, incidir en la debida transparencia que debe existir en el diseño y funcionamiento de los sistemas algorítmicos.

No obstante, aunque el empleo de sistemas de inteligencia artificial en los desplazamientos supone un avance y numerosos beneficios, también va acompañado de múltiples riesgos que involucran a la forma de operar de la Administración Pública, la cual, se encamina hacia una progresiva automatización de sus tareas, ya que este es un aspecto que fácilmente propicia esta tecnología. Dada las competencias públicas en transporte y movilidad, cuando la Administración preste servicios de este tipo surgen diferentes cuestiones que obligan a repensar los conceptos clásicos del Derecho Administrativo. Por ello, los capítulos IV y V se dedican a verificar cómo el uso de la inteligencia artificial afecta al propio funcionamiento de la Administración y al procedimiento administrativo, focalizando la atención en la actividad automatizada, pero sin descuidar la redefinición del control y la inspección administrativa, la responsabilidad patrimonial y la capacitación de los empleados públicos frente a los sistemas dotados con inteligencia artificial, así como los derechos de los ciudadanos.

El siguiente capítulo describe el uso de la inteligencia artificial en la movilidad urbana. Concretamente, dirigiendo la atención a la ciudad de Málaga, teniendo en cuenta los últimos avances de la urbe en la aplicación de las innovaciones tecnológicas en la movilidad y el control del tráfico. En aras de una mayor sostenibilidad, se están desarrollando diferentes iniciativas que apuestan por las ventajas que posibilitan la digitalización para transformar los desplazamientos urbanos.

En todo este proceso de transformación digital de servicios que presta la Administración, en ese afán de convertir a las ciudades en *smart cities*, la presencia del sector privado es principalmente relevante. Por tal motivo, la obra dedica su último capítulo a examinar el papel de los diferentes mecanismos que ofrece la contratación pública para implantar soluciones basadas en inteligencia artificial, en especial, las que relacionan la movilidad.

Finalmente, la presencia de esta tecnología implica la utilización de determinados tecnicismos y anglicismos de los cuales, en muchas ocasiones, se dan por hecho su significado; sin embargo, es preciso tener una noción precisa de ellos para facilitar la comprensión por completo del modo de actuar de esta tecnología. Así, la obra cierra con un glosario de términos presentes en el desarrollo, funcionamiento y aplicación de la inteligencia artificial, con el objetivo de que el lector pueda encontrar una definición concreta de aquellos conceptos omnipresentes en esta materia y que se repiten a lo largo de las diferentes páginas que conforman este libro.

Concluimos con el deseo de que el carácter innovador y la actualidad de los temas tratados conviertan a esta obra en un libro de utilidad en su objeto de estudio.

José Alberto España Pérez

Investigador Principal del Proyecto B1-2022_10

Universidad de Málaga

Capítulo I

Qué es la inteligencia artificial y cómo se concibe desde el sector público

FRANCISCO JOSÉ SÁNCHEZ BOLÍVAR
Investigador predoctoral. Universidad de Málaga

1. BREVE MARCO CONCEPTUAL DE LA INTELIGENCIA ARTIFICIAL

1.1. DEFINICIÓN DE INTELIGENCIA ARTIFICIAL

La inteligencia artificial (IA, en adelante) es un término complejo de definir, principalmente porque, aunque este término se acuñó en el año

1956[1] ha sido una ciencia en constante cambio. De la misma forma, debido a la dificultad de definir con exactitud la inteligencia humana es complicado extrapolar dicho concepto a la simulación de esta inteligencia a través de una máquina.

Aun con ello, es necesario destacar la definición propuesta por los profesores Michael HAENLEIN y Andreas KAPLAN, los cuales establecen que la IA es la capacidad de un sistema para interpretar datos externos de manera correcta, aprender de estos datos y usar dichos aprendizajes para ejecutar tareas y lograr objetivos a través de una adaptación flexible[2].

Esta definición arroja ciertas características que son imprescindibles para entender la IA tal como se concibe en el presente. En primer lugar, establece la interpretación de datos de manera correcta. Entender qué es correcto o incorrecto es subjetivo, ya que cuando se trata de interpretar datos, éstos pueden tener diferentes puntos de vista de lo que se puede entender como correcto.

En este sentido, los profesores anteriormente mencionados profundizan en los tipos de IA, donde mencionan la posibilidad de diferenciar entre IA analíticas, que son las inspiradas en la inteligencia humana al tener interiorizadas rasgos cognitivos, emocionales y sociales; o la etapa evolutiva de la IA, si se tratan de IA con una mayor o menor capacidad de procesamiento y velocidad de respuesta[3].

Quizás, en este sentido y según los avances más recientes en el campo de la IA de uso generalizado, el componente analítico es cada vez más demandado por la sociedad para entender qué es una IA. La capacidad de, ya no solo poder mantener un diálogo racional, sino de que la IA tenga unos rasgos intelectuales similares al del ser humano para que parezca que estás conversando con una persona real.

Estas características cognitivas, sociales y emocionales, es decir, la concepción analítica de la IA, va a ser imprescindible, no solo en este uso

1. El término de inteligencia artificial fue acuñado por John McCarthy en la Conferencia de Dartmouth en 1956, aunque el concepto sobre el que se basaba este término ya fue introducido por los matemáticos Norbert Wiener y John von Neumann en la década de 1940.
2. En HAENLEIN, M. y KAPLAN, A., «A Brief History of Artificial Intelligence: On the Past, Present and Future of Artificial Intelligence», *California Management Review*, núm. 4 (2019), p. 5. La inteligencia artificial se define como «a system's ability to interpret external data correctly, to learn from such data, and to use those learnings to achieve specific goals and tasks through flexible adaptation».
3. HAENLEIN, M. y KAPLAN, A., «A Brief History of Artificial Intelligence...*op. cit.*, p. 6.

generalizado, sino también en la aplicación a otros usos, como pueden ser los desplazamientos o la integración con diferentes soportes físicos a través de otras tecnologías como el Internet de las cosas. La toma de decisiones de usos concretos, como puede ser el transporte a través de vehículos autónomos o la automatización de procesos dentro de la Administración Pública, tienen un componente analítico muy importante, sobre todo a la hora de decidir ante situaciones críticas donde puedan estar en juego vidas humanas.

Y, por otro lado, la definición indicada establece que, con dichos datos la IA debe aprender de ellos y utilizar lo que aprenda para obtener unos resultados. Es decir, va a existir un proceso progresivo (el aprendizaje) a través del cual la IA va a incrementar su capacidad para ir resolviendo los problemas a los que se enfrente.

Por consiguiente, la IA no se trata de una máquina que resuelve un problema siempre de la misma forma, sino que la resolución de las cuestiones planteadas será cada vez más eficiente, y, sobre todo, dependerá del aprendizaje previo. Ello quiere decir que el aprendizaje es vital para que la IA afronte los retos propuestos.

Al mismo tiempo, y en aras de terminar de analizar la definición propuesta por los profesores HAENLEIN y KAPLAN, la obtención de resultados y resolución de cuestiones gracias al aprendizaje previo se consigue a través de una adaptación flexible. Es decir, la IA se debe adaptar a cada caso concreto, y actuará en consecuencia de las circunstancias. De modo que, para un mismo problema, con el aprendizaje alcanzado, la IA podrá solventarlo de una forma diferente, debido a que debe tener la posibilidad de amoldarse a la situación precisa.

Esta definición es la que se va a tener presente en el desarrollo de este texto, puesto que es una interpretación amplia de la IA donde se recogen las particularidades principales que debe tener una IA, por lo menos, desde el punto de vista actual de lo que se concibe como tal.

1.2. TIPOS DE INTELIGENCIA ARTIFICIAL

Existen diferentes clasificaciones de la IA, pero se van a mencionar dos de las más extendidas en la materia.

1.2.1. Las categorías de Stuart Rusell y Peter Norving

Los profesores Stuart RUSELL y Peter NORVING han propuesto una nueva forma de concebir la IA, como más adelante se muestra, así como una categorización de los tipos de IA[4]:

- Sistemas que piensan como humanos: son aquellos que imitan el funcionamiento del pensamiento humano, concebido por un sistema de redes neuronales artificiales. Con este tipo se automatiza el aprendizaje, la toma de decisiones y la resolución de problemas.
- Sistemas que actúan como humanos: son los sistemas que imitan las tareas y movimientos del ser humano. Pueden percibir el entorno y tratan de imitar el comportamiento humano de la forma más eficiente y racional posible.
- Sistemas que piensan racionalmente: el objetivo de estos sistemas es imitar el pensamiento lógico-racional del ser humano. Para ello, se indaga cómo hacer para que las máquinas puedan tener la capacidad de percibir, razonar y actuar en consecuencia.
- Sistemas que actúan racionalmente: son aquellos que pueden percibir, razonar y actuar de forma racional según lo que perciben en su entorno.

1.2.2. Las categorías de Arend Hintze

El profesor Arend HINTZE ha planteado una clasificación de las máquinas en base a su funcionalidad y según la forma de aprendizaje de la IA[5]:

- Máquinas reactivas: se refiere a aquellas máquinas cuya funcionalidad se debe a la reacción de eventos únicos en base a la percepción del contexto en cuestión. No almacenan memorias ni experiencias pasadas, sino que realiza la elección más adecuada entre todas las posibilidades existentes. Este tipo de máquinas se suelen crear para una tarea específica. Ejemplo de ello fue la máquina *Deep Blue*, creada para jugar al ajedrez.

---

4. RUSSELL STUART, J. y NORVIG, P., *Artificial Intelligence: A Modern Approach*, Pearson, New Jersey, pp. 1-5, 2010.
5. HINTZE, A., «Understanding the four types of AI, from reactive robots to self-aware beings», *TheConvesation.com*, 2014. Disponible en https://theconversation.com/understanding-the-four-types-of-ai-from-reactive-robots-to-self-aware-beings-67616

- Memorias limitadas: son las que tienen la capacidad de retener información durante un lapso de tiempo determinado. Se diferencia de otras máquinas porque experimenta del pasado observando los datos que se le suministran. El conocimiento no acaba formando parte de la máquina. Este tipo de memorias son las que tienen los vehículos autónomos.

- Teoría de la mente: es capaz de imitar un modelo mental humano, pudiendo comprender emociones, pensamientos e interactuar con el ser humano. Posee la capacidad de tomar decisiones en la misma medida que la mente humana. Por el momento, esta categoría se encuentra en fase experimental, aunque ya existen ejemplos de sistemas que son capaces de detectar emociones y sentimientos a través de las expresiones faciales.

- Autoconciencia: se trata de una categorización a nivel teórico, ya que no se encuentran desarrollados de momento. La idea es que sean máquinas capaces de ser conscientes de sí mismas. Sería el nivel máximo de la IA y el más parecido al ser humano. Tendría la capacidad de comprender cómo funciona la memoria, la toma de decisiones y el aprendizaje.

2. PRINCIPALES CONCEPTOS DE LA INTELIGENCIA ARTIFICIAL: RAMAS Y SISTEMAS DE APRENDIZAJE

Las aplicaciones de la IA son innumerables y cada vez son más los ámbitos en los que se aplica este tipo de tecnología. A nivel técnico, se utilizan diferentes métodos de programación para desarrollar sistemas que sirven para resolver problemas, aplicándose, en todos ellos, principios de inteligencia.

El precursor de las diferentes ramas de la IA fue el matemático alemán Carl Adam PETRI, quien desarrolló las llamadas Redes de Petri en 1962. Una Red de Petri es una herramienta gráfica para el análisis y descripción de eventos concurrentes que surgen en sistemas con numerosos componentes (sistemas distribuidos). Esta red se compone de unas reglas que se aplican a dichas representaciones gráficas[6].

6. PETRI, C. A., «Communication with automata», *Defense Technical Information Center*, 1966.

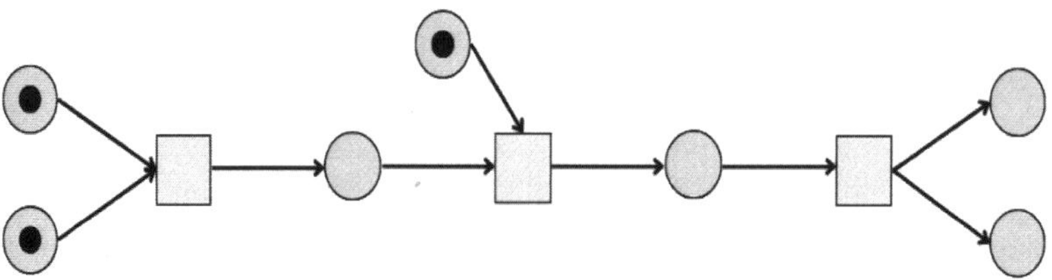

Ejemplo de Red de Petri

A raíz de las Redes de Petri surgen los conocidos como sistemas expertos o sistemas basados en conocimientos, los cuáles tiene el objetivo de solucionar un problema utilizando la IA.

2.1. MACHINE LEARNING

El *Machine Learning* (ML) o aprendizaje automático es una de las ramas más conocidas de la IA, el cual busca emular la capacidad de aprender de los seres humanos. Para ello, utiliza una metodología basada en el diseño de modelos a través de algoritmos, que pueden realizar tareas específicas analizando datos masivamente y reconociendo patrones para comprender datos pasados que sirvan para resolver problemas futuros. Este tipo de modelo de IA tiene la capacidad de aprender, entender y responder automáticamente.

En otras palabras, el ML se encarga de estudiar y aplicar tecnologías para permitir que las computadoras puedan aprender a resolver problemas por sí mismas sin ser programadas con anterioridad.

Esta técnica analiza los datos y encuentra un modelo de manera independiente y sin la ayuda del ser humano. Es por ello que se denomina «aprendizaje», debido a que el proceso del ML es similar al entrenamiento mediante datos para solventar una problemática, que en este caso es encontrar un modelo.

En suma, el proceso de ML consiste en proveer a la máquina de unos datos denominados «datos de entrenamiento» con los cuáles aprende y crea un modelo. Este modelo es el objetivo del ML.

El producto de esta técnica es dicho modelo que sirve para atajar el problema en cuestión. Por ejemplo, si se busca apartar los correos electrónicos que contengan spam a una carpeta diferente a la bandeja de entrada, el ML tendrá el objetivo de crear un filtro automático que realizará esa acción, pero el ML no realiza directamente la tarea de redirigir los correos.

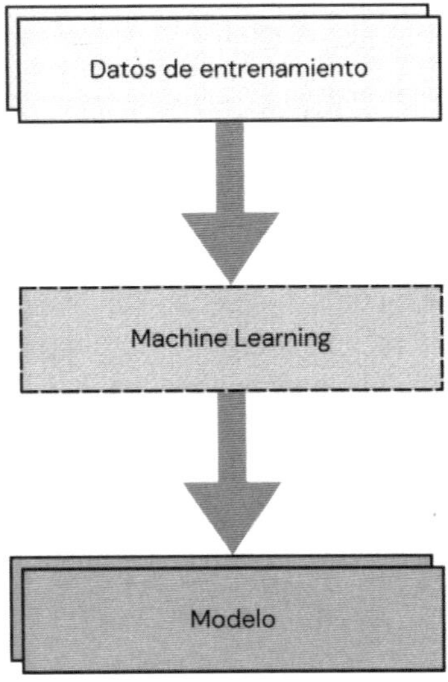

Proceso del Machine Learning

Ahora bien, el ML cuenta con una limitación importante. Esta técnica de modelado basada en el razonamiento lógico no puede aplicarse a todos los ámbitos, como puede ser el reconocimiento de imágenes o el procesamiento del lenguaje.

Un ejemplo puede ser la siguiente ilustración:

67890
1009
4310
264

Número manuscritos por una persona

Este sería un patrón difícilmente reconocible a través de una técnica de ML, ya que, aunque un ser humano podría identificar cada uno de los números sin apenas esfuerzo, una máquina que utilice ML tendría importantes complicaciones. Al no existir un algoritmo o regla para distinguir e identificar cada uno de los caracteres escritos, es un desafío para el ML.

2.1.1. Tipos de *Machine Learning*

Se han desarrollado diferentes técnicas de ML aplicables a la resolución de problemas. Los algoritmos de ML pueden catalogarse en función del método de entrenamiento, así como el tipo de supervisión humana sobre la forma de aprendizaje[7]:

- Aprendizaje supervisado: los datos de entrada proporcionados son necesarios para la consecución del aprendizaje, de manera, que dichos datos de entrenamiento ya incluyen la solución deseada. Siguiendo con el ejemplo anterior, un filtro automático de spam en un correo electrónico es entrenado con un conjunto de correos etiquetados con spam y no spam, aprendiendo de ello y prediciendo futuros correos en base a dichos datos de entrenamiento. Es por ello, que se refieren a datos «etiquetados», porque mediante ellos aprenden.

- Aprendizaje no supervisado: en este caso, los datos de entrenamiento no se encuentran etiquetados, de manera que el sistema es capaz de aprender de los datos de entrada descubriendo diferentes regularidades en los datos, es decir, busca similitudes.

- Aprendizaje semisupervisado: este tipo incluye datos de entrenamiento de los cuáles sólo algunos de ellos se encuentran etiquetados. De esta forma, el algoritmo de ML es capaz de etiquetar datos no etiquetados.

- Aprendizaje reforzado o autosupervisado: debido a la relativa complejidad que puede resultar etiquetar los datos de manera masiva, existen alternativas de aprendizaje autónomo, cuyo objetivo es aprovechar la información sin etiquetar y retroalimentar automáticamente el sistema. En este tipo de aprendizaje el propio sistema aprende a base de prueba y error, de manera que, tras cada ensayo se obtiene la recompensa, o por el contrario, un castigo. De esta forma, el sistema aprende y genera una estrategia.

7. GÉRON, A., *Hands-on Machine Learning with Scikit-Leans, Keras and TensorFlow*, O'Reilly Media, Sebastopol (EE.UU.), 2019.

2.1.2. El proceso de extracción de conocimiento y la minería de datos

El proceso por el cual se busca nuevo conocimiento a partir de un conjunto de datos se denomina extracción de conocimiento en base de datos o *knowledge discovery in databases* (KDD). Éste se divide en diversas etapas, desde la obtención de datos hasta la toma de decisiones[8].

El núcleo del proceso del KDD es la minería de datos o *data mining*, que puede definirse como el proceso de análisis secundario de grandes bases de datos con la finalidad de localizar relaciones insospechadas que aportan valor[9]. En suma, la minería de datos es la integración de algoritmos y de la automatización del proceso en el análisis de datos[10].

Es en el *data mining* donde se aplica el algoritmo de aprendizaje automático, por lo que, es justo en este proceso donde se emplea la IA, y más concretamente, el ML.

Gracias a la minería de datos no es necesario partir de una hipótesis para analizar los datos, sino que el análisis algorítmico es la que se encarga de generar dicha hipótesis en base a los datos[11]. Una vez analizados estos datos se toman las decisiones con una mayor precisión.

2.2. REDES NEURONALES

Las redes neuronales es una de las ramas básicas de cualquier IA, siendo también un área del ML. Se han creado diferentes tipos de redes neuronales desde la creación del Perceptrón en 1957 por parte del científico Frank ROSENBLATT. A partir de los años 80, las redes neuronales han tomado un gran impulso.

El funcionamiento de una red neuronal es similar a la de un cerebro humano. Los *sotfware* de IA con bases de red neuronal envían datos a los nodos que forman parte de dicha red con la finalidad de ejecutar órdenes. Los nodos evalúan los datos de entrada, mediante funciones de probabilidad preestablecidas en el algoritmo, las conocidas como funciones de combinación, emitiendo un resultado.

---

8. GONZÁLEZ CABANEZ, F. y DÍAZ DÍAZ, N., «¿Qué es la Inteligencia Artificial?», en GAMERO CASADO, E. (Dir.), PÉREZ GUERRERO, F. L. (Coord.), *Inteligencia Artificial y Sector Público*, Tirant lo Blanch, Valencia, 2023, pp. 47-48.
9. ALUJA BENET, T. «La minería de datos, entre la estadística y la inteligencia artificial», *Questiió: Quaderns d'Estadística, Sistemes, Informatica i Investigació Operativa*, vol. 25, núm. 3 (2001), pp. 479-498.
10. Ibidem, pp. 99-100.
11. PALMA ORTIGOSA, A., Decisiones automatizadas y protección de datos: especial atención a los sistemas de inteligencia artificial, Dykinson, Madrid, 2022, pp. 39-40.

Los nodos, a su vez, se configuran en capas. En primer lugar, existe una capa de entrada, la cual se encarga de recoger las señales y trasmitirlas a los siguientes nodos; existe también una capa de salida, los cuáles emiten el resultado final de la red neuronal; y entre las capas de entrada y salida existirán diferentes capas ocultas, los cuáles ponderarán las señales.

Hay que detallar, de manera resumida, que un nodo funciona como una neurona de un cerebro humano, y en vez de utilizar las conexiones entre neuronas a modo generación, transmisión y almacenamiento de la información, en las redes neuronales se emplea un valor de «peso de la conexión» o también denominado «parámetro». Es en las capas ocultas donde los nodos ponderan las señales en base al peso de la conexión y al sesgo utilizado, para generar así información de salida[12].

Si únicamente existe una capa oculta, se suele denominar red neuronal superficial, mientras que, si existen dos o más, es decir, es multicapa, se denomina red neuronal profunda[13].

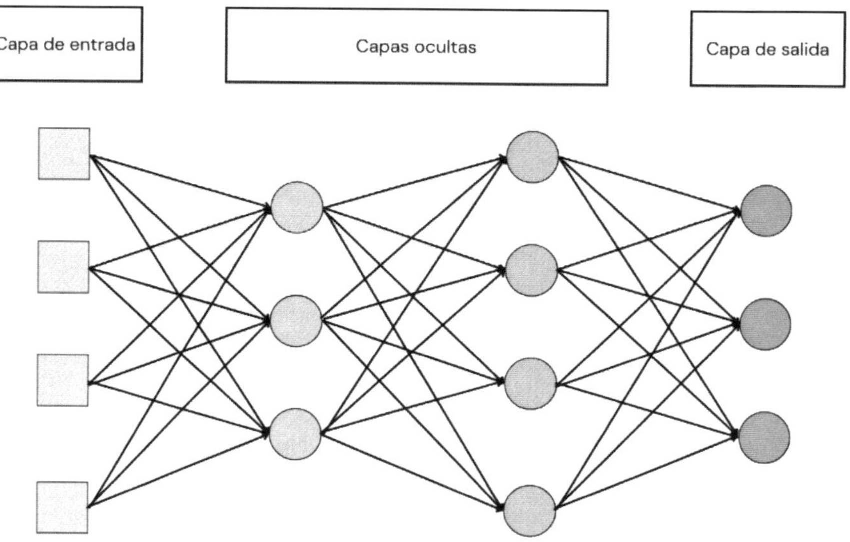

Representación gráfica de una red neuronal

12. Para conocer más sobre el funcionamiento de los nodos, vid. GONZÁLEZ CABANEZ, F. y DÍAZ DÍAZ, N., «¿Qué es la Inteligencia Artificial?»... *op. cit.*, pp. 59-61.
13. COSKUN, M., YILDIRIM, Ö., UÇAR, A. y DEMIR, Y., «An overview of popular deep learning methods», *European Journal of Technique*, vol. 7, núm. 2 (2017), pp. 165-176.

Una vez explicado brevemente cómo funciona una red neuronal, hay que entender que éstas se utilizan como base para la implementación del ML, aunque su aplicación al *deep learning* (DL) es también cada vez mayor.

Partiendo del ML la red neuronal sustituye al modelo, y la regla de aprendizaje utilizada se convierte en el elemento con mayor importancia en el funcionamiento.

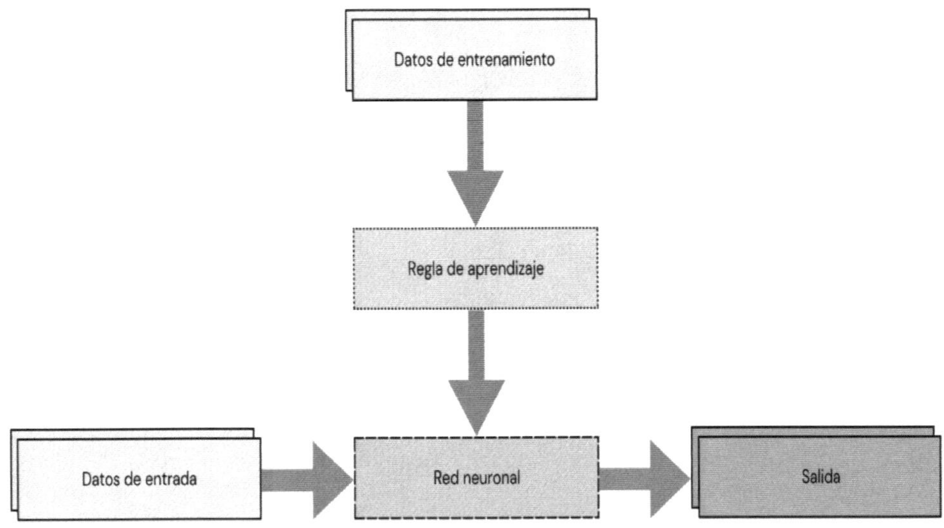

Proceso de una red neuronal

2.3. DEEP LEARNING

Entendiendo qué es y lo que implica una red neuronal, la rama de DL o aprendizaje profundo es aplicable en entornos con mayor complejidad. Esta rama de la IA tiene un modelo algorítmico que permite a las máquinas planificar, tomar decisiones y evaluar estrategias utilizando *software* experto basado en una red neuronal multicapa, con una arquitectura compuesta por diferentes capas de conversión lineal y no lineal, replicando el cerebro humano.

En otras palabras, el DL es una extensión de la red neuronal. El DL es una técnica de ML en la cual se aplica una red neuronal profunda, la cual se encuentra en la parte final de dicha estructura de ML, donde la regla de aprendizaje es el algoritmo que genera el modelo de los datos de entrenamiento.

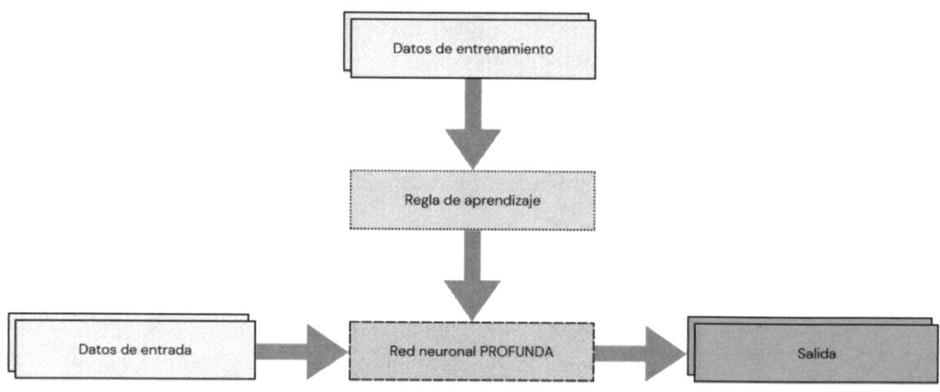

Proceso del deep learning

A diferencia del ML, el DL aprende de manera más detallada y sofisticada, especialmente ante aquellos problemas donde existe un gran número de datos, ya que, además de aprender patrones, como en el caso del ML, entiende estos patrones de manera compleja y las tareas que realiza se asemejan más al pensamiento humano.

Esto es debido a que el DL crea modelos que descubren de manera automática características de una gran cantidad de datos, a causa del mayor tamaño de los modelos en el DL, así como el número de datos de entrenamiento que se le suministran. Cuanto mayor número de neuronas y capas, y por tanto, parámetros posea, mayor capacidad de aprendizaje y rendimiento tendrá, algo que no ocurre con los modelos clásicos del ML[14].

Y, por otro lado, la interpretabilidad tiene un importante papel. Mientras que los algoritmos clásicos del ML son de fácil interpretación, es decir, se sabe de manera precisa y detallada por qué el algoritmo toma una decisión, en el DL que utilizan redes neuronales profundas, no ocurre lo mismo, hasta el extremo de poder considerarlas como cajas negras (*black box*) que generan salidas tomando como partidas unas entradas, pero cuyo mecanismo en la toma de decisiones es complejo de entender y justificar, aunque los resultados sean altamente precisos[15].

14. GONZÁLEZ CABANEZ, F. y DÍAZ DÍAZ, N., «¿Qué es la Inteligencia Artificial?»... pp. 64-67.
15. Ibidem.

3. CONCEPCIÓN Y ARTICULACIÓN DE LA INTELIGENCIA ARTIFICIAL DESDE EL PUNTO DE VISTA DE LA UNIÓN EUROPEA: DE LA INTELIGENCIA A LA RACIONALIDAD

La IA, por su carácter emergente y disruptivo, carece de un marco jurídico que regule su funcionamiento y actividades, tal como la doctrina ha apuntado en diversas ocasiones[16].

Recientemente, con la llegada de aplicaciones abiertas al público general y de fácil acceso, como es el caso de ChatGPT, un sistema de chat basado en DL con una red neuronal profunda de unos 175 mil millones de parámetros, denominada GPT-3[17], esta demanda de un marco legal ha llegado con fuerza al legislador, tanto comunitario como nacional, por lo que se presenta un futuro cercano con una producción normativa enfocada en este sentido.

Anteriormente se ha expuesto la definición doctrinal más extendida sobre IA, la planteada por los profesores HAENLEIN y KAPLAN, pero ésta no tiene por qué ser la concepción de IA que se utilice por parte de la Unión Europea (UE, en adelante). Sobre este aspecto, la UE tiene varias concepciones de la IA que, aunque no se tratan de definiciones vinculantes, van a tener un mayor peso en el desarrollo legislativo y en la ejecución administrativa.

En concreto, existe una definición de la Comisión Europea anterior a la planteada por los profesores HAENLEIN y KAPLAN, donde se recoge que el término de IA «se aplica a los sistemas que manifiestan un comportamiento inteligente, pues son capaces de analizar su entorno y pasar a la acción (con cierto grado de autonomía) con el fin de alcanzar objetivos específicos»[18].

En base a esta Comunicación, un grupo de personas expertas de alto nivel designada por la propia Comisión Europea materializó en otro texto

16. GAMERO CASADO, E., «El enfoque europeo de inteligencia artificial», *Revista de Derecho Administrativo*, núm. 20 (2021), pp. 268-289.
17. BROWN, T., et. al., «Language models are few-shot learners», *Advances in neural information processing systems*, núm. 33 (2020), pp. 1877-1901.
18. Comunicación de la Comisión Europea al Parlamento Europeo, al Consejo, al Comité Económico y Social Europeo y al Comité de las Regiones, de 25 de abril de 2018, denominada «Inteligencia artificial para Europa» [COM (2018) 237 final].

una nueva definición de la IA, la cual ampliaba lo planteado principalmente por la Comisión Europea[19].

Con esta nueva definición se solventa el problema expuesto al principio sobre la definición de inteligencia, indicándose que, aunque el término IA contiene una referencia explícita al concepto de inteligencia, es más preciso hablar de racionalidad, tal como establecen los autores Stuart RUSELL y Peter NORVING[20].

La racionalidad «se refiere a la capacidad de elegir la mejor acción a emprender para alcanzar un determinado objetivo, teniendo en cuenta determinados criterios de optimización y los recursos disponibles», destacando que, aunque la racionalidad no es el único componente de la inteligencia, es una parte significativa de ésta[21].

De la misma forma, el mencionado documento asienta el concepto de sistemas de IA como cualquier componente, *software* o *hardware* basado en IA. Apuntando que, los sistemas de IA se suelen integrar dentro de un sistema más amplio, no siendo independiente. Así pues, siguiendo de nuevo lo señalado por RUSELL y NORVING, apuntalan que un sistema de IA es, ante todo, un sistema racional[22].

El documento recalca el proceso para obtener dicha racionalidad, describiendo que ésta comienza por la percepción del entorno en el cual se

19. SMUHA, N. (coord.), «A definition of AI: Main capabilities and disciplines. High-Level Expert Group on Artificial Intelligence», European Commission, (2016), pp. 1-6. Recoge la definición de IA planteada por este grupo de personas expertas:
«Los sistemas de inteligencia artificial (IA) son sistemas de *software* (y en su caso también de *hardware*) diseñados por seres humanos que, dado un objetivo complejo, actúan en la dimensión física o digital percibiendo su entorno a través de la adquisición de datos, interpretan los datos estructurados o no estructurados recogidos, razonan sobre el conocimiento, o procesan la información derivada de estos datos y deciden la(s) mejor(es) acción(es) que se debe(n) llevar a cabo para alcanzar el objetivo dado. Los sistemas de IA pueden utilizar reglas simbólicas o aprender un modelo numérico, y también pueden adaptar su comportamiento analizando cómo el entorno se ve afectado por sus acciones anteriores.
Como disciplina científica, la IA incluye varios enfoques y técnicas, tales como el aprendizaje automático o *Machine Learning* (del cual el aprendizaje profundo o *Deep Learning* y el aprendizaje de refuerzo o *Reinforcement learning* son ejemplos específicos), el razonamiento automático o *Machine reasoning* (que incluye la planificación, la programación, la representación y el razonamiento del conocimiento, la búsqueda y la optimización) y la robótica (que incluye el control, la percepción, los sensores y los actuadores, así como la integración de todas las demás técnicas en los sistemas cibernéticos)».
20. RUSSELL STUART, J. y NORVIG, P., *Artificial Intelligence: A Modern Approach... op. cit.*
21. SMUHA, N. (coord.), «A definition of AI ... *op. cit.*, p. 1.
22. Ibidem.

encuentra inmerso el sistema a través de sensores, la posterior recogida e interpretación de los datos, el razonamiento sobre lo que se percibe o el proceso de información derivado de los datos obtenidos para decidir qué opción adoptar, y por último, actuar en consecuencia a través de unos actuadores, los cuales modifican el entorno sobre el que se trabaja[23].

Por lo tanto, de ello se desprende la relación directa entre el entorno físico y el sistema de IA. Las decisiones que se toman a través de la IA van, no sólo a tener un impacto material en función del parecer que ésta determine, sino que la base sobre la que tomar las correspondientes determinaciones dependen también de este contexto. Es, por consiguiente, de vital importancia la tecnología utilizada para dotar a la IA de información veraz, precisa y actualizada.

Además de esta comunicación, existen otras iniciativas impulsadas por la UE en relación a la IA, entre las que se encuentran varias Comunicaciones de la Comisión Europea[24], las cuales sientan las bases para los siguientes pasos en esta materia, a la vez que se comienza a plantear un marco normativo de la IA. Entre las Comunicaciones, hay que destacar el Libro Blanco de la UE sobre inteligencia artificial, presentado también por la Comisión Europea[25], el cual despliega las diferentes líneas de actuación en materia de IA para facilitar su desarrollo en un entorno seguro y fiable, respetando los derechos de la ciudadanía de la UE.

Hay que apuntar la forma en la que el Libro Blanco aborda la IA, debido a que va a ser fundamental a la hora de atajar el mercado sobre el que se va a trabajar en Europa. El Libro Blanco suscita la posibilidad de que la UE se convierta en «líder mundial de la innovación en la economía de los datos y sus aplicaciones»[26], tal como se establece en la Estrategia Europea de

23. Ibidem.
24. Comunicación de la Comisión al Parlamento Europeo, al Consejo Europeo, al Consejo, al Comité Económico y Social Europeo y al Comité de las Regiones, de 25 de abril de 2018, denominada «Inteligencia artificial para Europa» [COM (2018) 237 final]; Comunicación de la Comisión al Parlamento Europeo, al Consejo Europeo, al Consejo, al Comité Económico y Social Europeo y al Comité de las Regiones, de 7 de diciembre de 2018, denominada «Plan coordinado sobre la inteligencia artificial» [COM (2018) 795 final]; Comunicación de la Comisión al Parlamento Europeo, al Consejo, al Comité Económico y Social Europeo y al Comité de las Regiones, de 8 de abril de 2019, denominada «Generar confianza en la inteligencia artificial centrada en el ser humano» [COM (2019) 168 final].
25. Comunicación de la Comisión Europea, de 19 de febrero de 2020, denominada «Libro Blanco sobre la inteligencia artificial – un enfoque europeo orientado a la excelencia y la confianza» [COM (2020) 65 final].
26. Ibidem, p. 2.

Datos[27], y que en base a este fundamento se pueda desarrollar un ecosistema de IA, beneficiando a la ciudadanía, a las empresas y también a la prestación de servicios de interés público, como el transporte.

De la misma forma, el Libro Blanco presenta a la IA como una herramienta que pueda ayudar a la consecución de las medidas planteadas en el Pacto Verde Europeo[28] y de los Objetivos de Desarrollo Sostenible.

El Libro Blanco expone dos pilares sobre los que se debe sostener el progreso y despliegue de la IA en Europa, los cuales son obtener un ecosistema de excelencia a lo largo de toda la cadena de valor, partiendo de la investigación e innovación en esta materia y en colaboración con los sectores público y privado, y proporcionar un marco normativo que genere un ecosistema de confianza exclusivo, ofreciendo seguridad a la ciudadanía y una protección de sus derechos.

Posteriormente, y teniendo como referencia el Libro Blanco, la Comisión Europea revisó el plan coordinado sobre IA que fue lanzado en el año 2018[29], dando como resultado un nuevo documento[30].

Junto al nuevo documento de la Comisión Europea que viene a actualizar el plan coordinado sobre IA, se presenta de manera simultánea y con misma fecha de publicación la Propuesta de Reglamento Europeo y del Consejo de la denominada Ley de Inteligencia Artificial[31].

Esta, aunque todavía sea una propuesta abierta a posibles y múltiples modificaciones, pretende mejorar el funcionamiento del mercado interno a

27. Comunicación de la Comisión al Parlamento Europeo, al Consejo, al Comité Económico y Social Europeo y al Comité de las Regiones, de 19 de febrero de 2020, denominada «Una Estrategia Europea de Datos» [COM (2020) 66 final].
28. Comunicación de la Comisión al Parlamento Europeo, al Consejo Europeo, al Consejo, al Comité Económico y Social Europeo y al Comité de las Regiones, de 11 de diciembre de 2019, denominada «El Pacto Verde Europeo» [COM (2019) 640 final].
29. Como se había adelantado, la Comunicación de la Comisión al Parlamento Europeo, al Consejo Europeo, al Consejo, al Comité Económico y Social Europeo y al Comité de las Regiones, de 7 de diciembre de 2018, denominada «Plan coordinado sobre la inteligencia artificial» [COM (2018) 795 final], sentó las bases del impulso de la IA por parte de la UE.
30. Comunicación de la Comisión al Parlamento Europeo, al Consejo, al Comité Económico y Social Europeo y al Comité de las Regiones, de 21 de abril de 2021, denominada «Fomentar un planteamiento europeo en materia de inteligencia artificial» [COM (2021) 205 final].
31. Propuesta de Reglamento del Parlamento Europeo y del Consejo, de 21 de abril de 2021, por el que se establecen normas armonizadas en materia de inteligencia artificial (Ley de Inteligencia Artificial) y se modifican determinados actos legislativos de la Unión [COM (2021) 206 final].

través de un marco jurídico uniforme para el desarrollo, comercialización y utilización de la IA de conformidad con los valores de la UE[32].

Así, la propuesta de reglamento pretende establecer una serie de normas armonizadas para la puesta en servicio y uso de sistemas de IA en la UE, así como de normas de transparencia y de vigilancia del mercado, además de aquellas prohibiciones de determinadas prácticas de IA y los requisitos para sistemas de IA de alto riesgo[33].

4. EL DESAFÍO DE LA INTELIGENCIA ARTIFICIAL APLICADA A LA MOVILIDAD Y LOS TRANSPORTES: LA INTERPRETABILIDAD EN EL *DEEP LEARNING* Y EL *BIG DATA*

El sector del transporte y de los desplazamientos es una pieza clave en las políticas públicas europeas, en la cual divergen la aplicación de diferentes tipos de tecnologías, donde destacan la IA y los datos.

El Libro Blanco sobre IA establece el ámbito del transporte como uno en los cuáles el sector público deberá hacer mayor hincapié para promover la adopción de la IA, donde la tecnología está ampliamente desarrollada para poder adoptarse a gran escala[34]. Al mismo tiempo, se busca que el desarrollo de este ecosistema de IA ayude a ofrecer un mejor sistema de transporte, más limpio, más seguro y con una reducción de su coste para el conjunto de la ciudadanía[35].

En este sentido, la IA se enfoca como una tecnología fundamental para la automatización del transporte[36], pero se encuentra con un importante obstáculo. Para poder aplicar correctamente esta tecnología a una esfera tan amplia como los desplazamientos, donde existen diversos datos de entrada y tantos parámetros a tener en cuenta, es necesario utilizar algoritmos de DL con redes neuronales profundas.

32. Ibidem, p. 20.
33. Ibidem, p. 44.
34. Comunicación de la Comisión Europea, de 19 de febrero de 2020, denominada «Libro Blanco sobre la inteligencia artificial – un enfoque europeo orientado a la excelencia y la confianza» [COM (2020) 65 final], p. 10.
35. Ibidem, p. 2.
36. Comunicación de la Comisión al Parlamento Europeo, al Consejo, al Comité Económico y Social Europeo y al Comité de las Regiones, de 9 de diciembre de 2020, denominada «Estrategia de movilidad sostenible e inteligente: encauzar el transporte europeo de cara al futuro» [COM (2020) 789 final].

Como se ha hecho referencia con anterioridad, con la utilización de algunas redes neuronales profundas se producen *black boxes*, de modo que no pueden interpretarse las decisiones tomadas por la IA[37].

Esto supone que no puede dejarse en manos de la IA la toma de decisiones para cierto tipo de situaciones, necesitando un control directo humano y debiendo descartarse la automatización de diferentes aspectos, debido a que pueden ponerse en peligro a las personas.

Sin embargo, para algoritmos de DL sin redes tan profundas o algoritmos de ML, al poder interpretarse correctamente por qué se toman las decisiones, sí pueden aplicarse a este sector a un nivel de automatización lo suficientemente independiente como para no necesitar la intervención humana directa.

Esto supone un gran inconveniente a las políticas europeas en los desplazamientos. Desde la UE la movilidad se concibe como una serie de productos y servicios cada vez más limpios y sostenibles, pero también, más inteligentes[38].

Con este objetivo en mente, se prevé llegar a unos niveles de digitalización y automatización tales que las personas puedan disfrutar de una experiencia multimodal fluida, pero también, segura[39]. En otras palabras, la concepción de los desplazamientos en el futuro a corto y medio plazo pasa por un transporte donde la seguridad, la eficiencia y la fluidez converjan.

Es evidente, que ante una tecnología que toma una serie de decisiones sin conocer de manera precisa los parámetros y sesgos que utiliza, no puede garantizarse esta seguridad, aunque se alcance la fluidez. Por consiguiente, para poder llegar a aplicar de manera correcta la IA en los desplazamientos hay que superar esta falta de interpretabilidad de ciertos algoritmos de DL con el objetivo de poder aplicarlos con la suficiente seguridad a la movilidad en el ámbito europeo.

No obstante, para poder llevar a cabo esta movilidad sostenible e inteligente, hace falta tener acceso a los datos que funcionarán como parámetros en los sistemas de IA. Los datos son la base de la creación de la información.

37. GONZÁLEZ CABANEZ, F. y DÍAZ DÍAZ, N., «¿Qué es la Inteligencia Artificial?»... *op. cit.*, pp. 64-67.
38. Comunicación de la Comisión al Parlamento Europeo, al Consejo, al Comité Económico y Social Europeo y al Comité de las Regiones, de 9 de diciembre de 2020, denominada «Estrategia de movilidad sostenible e inteligente: encauzar el transporte europeo de cara al futuro» [COM (2020) 789 final].
39. Ibidem.

En el caso de la IA, para que puedan realizar acciones y tomar decisiones necesitan de unos datos de entrada, al mismo tiempo, que los algoritmos necesitan de datos de entrenamiento previos para poder actuar adecuadamente.

Un dato supone una variable cualitativa o cuantitativa que describe un hecho empírico, un valor o una situación. Por sí solo un dato no contiene información, sino que debe asociarse con otros para, en un contexto, convertirse en información y ofrecer un significado.

En la actualidad, mediante el conjunto de tecnologías de los que se disponen, las organizaciones cuentan con numerosos conjuntos de datos. En el caso del transporte y los desplazamientos los datos son ingentes y son necesarios tanto almacenarlos como procesarlos, y las técnicas utilizadas para ello es lo que se conoce como *big data*[40].

En concreto, el concepto de *big data* se aplica a toda aquella información que no puede ser analizada a través de procesos tradicionales, teniendo en cuenta una serie de atributos que hasta la llegada de esta tecnología no podía examinarse adecuadamente[41].

La importancia del *big data* en el contexto de la IA es la posibilidad de recopilar, procesar y preparar los datos para que, o sean utilizados como entrenamiento para la IA, o sirvan para posteriormente implementar una técnica de la IA y obtener una serie de resultados o acciones.

Las tecnologías de *big data* cobran una gran importancia en el ámbito de los desplazamientos, donde existen una gran cantidad de datos de entrada que deben, no solo recogerse eficazmente, sino almacenarse y procesarse para posteriormente poder ser introducidos en la máquina de IA correspondiente. Sin una correcta aplicación de las tecnologías de *big data* no sería posible incorporar información fiable en los sistemas de IA, por lo que los resultados no serían seguros y las tomas de decisiones ineficaces.

Al mismo tiempo, en este caso existe otra problemática en cuanto a la disponibilidad de los datos. En la actualidad no existen suficientes datos para poder ser reutilizados en el desarrollo de la IA[42], es decir, para que puedan entrenar los sistemas. De ahí que sea necesaria una visión innova-

40. PALMA ORTIGOSA, A., *Decisiones automatizadas ... op. cit.*, p. 44.
41. Para conocer más sobre el *big data*, como se articula y su funcionamiento vid. GIL GONZÁLEZ, E., *Big data, privacidad... op. cit.*, pp. 17-28.
42. Comunicación de la Comisión al Parlamento Europeo, al Consejo, al Comité Económico y Social Europeo y al Comité de las Regiones, de 19 de febrero de 2020, denominada «Una Estrategia Europea de Datos» [COM (2020) 66 final].

dora por parte de los agentes económicos para poder hacer frente a esta posible escasez de datos que dificulte el aprendizaje de los sistemas de IA.

En este sentido, el intercambio de datos entre el sector público y las empresas, así como entre las propias Administraciones Públicas, es vital para tener acceso a un mayor conjunto de datos que puedan ser procesados por parte de herramientas de *big data* y puedan ser utilizados por los sistemas de IA[43].

Para esto, la interoperabilidad entre los datos son clave para explotar su valor, debiendo atenderse a su estructura, autenticidad e integridad. La falta de una correcta interoperabilidad obstaculiza la combinación de datos de distintas fuentes[44], al mismo tiempo que dificulta la correcta utilización de los instrumentos de *big data*.

En suma, sin una correcta infraestructura para el procesamiento, almacenamiento y distribución colaborativa de los datos, lo cual supone disponer de unos datos fiables que puedan ser tratados a través tecnologías de *big data*, los sistemas de IA serían ineficaces y poco fiables.

5. CONCLUSIONES

La IA ha evolucionado a lo largo de las últimas décadas sirviéndose de diferentes avances tecnológicos para ser cada vez más eficaz y poder aplicarse a más entornos y sectores. Estos avances han ido construyendo diferentes concepciones de la IA, que no sólo han sido importantes en el sector privado y en la doctrina académica de ámbito técnico, sino que también han trascendido a las políticas públicas y al funcionamiento de las Administraciones.

En este sentido, y de manera paralela a los desarrollos privados, tanto la UE, como las Administraciones Públicas de los Estados miembros y la doctrina jurídica, han incrementado su interés, sobre todo, en el momento en que la aplicación de esta tecnología está cada vez más extendida e influye en el conjunto de derechos y obligaciones de la ciudadanía.

---

43. En este sentido, la reutilización de la información por parte del sector público se encuentra regulada en la Directiva 2003/98/CE del Parlamento Europeo y del Consejo, de 17 de noviembre de 2003, relativa a la reutilización de la información del sector público. *Diario Oficial de la Unión Europea, L 345, de 31 de diciembre de 2003, pp. 90-96.*
44. Comunicación de la Comisión al Parlamento Europeo, al Consejo, al Comité Económico y Social Europeo y al Comité de las Regiones, de 19 de febrero de 2020, denominada «Una Estrategia Europea de Datos» [COM (2020) 66 final].

En consecuencia, las políticas europeas y los intereses públicos están marcando el paso de los nuevos desarrollos de los sistemas de la IA, a la vez que se están implementando en la gestión pública, como es el caso de los desplazamientos.

No obstante, dicha aplicación de sistemas de IA a la automatización de ciertos aspectos administrativos no es indiferente a las dificultades y limitaciones actuales de la IA. Es por ello que deben corregirse impulsando y apoyando proyectos y desarrollos disruptivos en estos ámbitos con la finalidad de superar estos obstáculos.

Simultáneamente, es necesario propulsar los estudios multidisciplinares para que, junto a estos desarrollos se tengan en cuenta las necesidades y limitaciones jurídicas, evitando que los avances producidos deban ser desechados por encontrarse excluidos del marco jurídico aplicable.

Asimismo, las Administraciones Públicas deben encontrarse predispuestas a la adopción de las soluciones de IA, tanto para probar su eficacia, como para incentivar su crecimiento. En ningún momento hay que tener reticencias a la automatización de ciertos procesos dentro del sector público, en especial, porque ya se encuentran aplicadas diversas automatizaciones, que mejorarán con la implantación de sistemas de IA.

En cualquier caso, y más allá de los aspectos técnicos, es imprescindible tener conocimiento de que la aplicación de la IA a cualquier ámbito es más que una serie de algoritmos aplicados a través de un *software*. Asimismo, conlleva un complejo sistema integrado con otros aplicativos y *hardware* para hacer de la IA una herramienta adecuada para las actuaciones que se quieran llevar a cabo.

6. BIBLIOGRAFÍA

ALUJA BENET, T., «La minería de datos, entre la estadística y la inteligencia artificial», *Questió: Quaderns d'Estadística, Sistemes, Informatica i Investigació Operativa*, vol. 25, núm. 3 (2001), pp. 479-498.

BROWN, T., et. al., «Language models are few-shot learners», *Advances in neural information processing systems*, núm. 33 (2020), pp. 1877-1901.

COSKUN, M., YILDIRIM, Ö., UÇAR, A. y DEMIR, Y., «An overview of popular deep learning methods», *European Journal of Technique*, vol. 7, núm. 2 (2017), pp. 165-176.

GAMERO CASADO, E., «El enfoque europeo de inteligencia artificial», *Revista de Derecho Administrativo*, núm. 20 (2021), pp. 268-289.

GÉRON, A., *Hands-on Machine Learning with Scikit-Leans, Keras and TensorFlow*, O'Reilly Media, Sebastopol (EE.UU.), 2019.

GIL GONZÁLEZ, E., *Big data, privacidad y protección de datos*, BOE, Madrid, 2016.

GONZÁLEZ CABANEZ, F. y DÍAZ DÍAZ, N., «¿Qué es la Inteligencia Artificial?», en GAMERO CASADO, E. (Dir.), PÉREZ GUERRERO, F. L. (Coord.), *Inteligencia Artificial y Sector Público*, Tirant lo Blanch, Valencia, 2023, pp. 38-72.

HAENLEIN, M. y KAPLAN, A., «A Brief History of Artificial Intelligence: On the Past, Present and Future of Artificial Intelligence», *California Management Review*, núm. 4 (2019), pp. 5-14.

HINTZE, A., «Understanding the four types of AI, from reactive robots to self-aware beings», *TheConvesation.com*, 2014.

PALMA ORTIGOSA, A., *Decisiones automatizadas y protección de datos: especial atención a los sistemas de inteligencia artificial*, Dykinson, Madrid, 2022.

PETRI, C. A., «Communication with automata», *Defense Technical Information Center*, 1966.

RUSSELL STUART, J y NORVIG, P., *Artificial Intelligence: A Modern Approach*, Pearson, New Jersey, 2010.

SMUHA, N. (coord.), «A definition of AI: Main capabilities and disciplines», *European Commission* (2016), pp. 1-6.

Capítulo II

Aplicaciones prácticas de la inteligencia artificial a los desplazamientos

Miguel Ángel Molina Cabello
Doctor en Tecnologías Informáticas
Profesor Titular de Lenguajes y Ciencias de la Computación
Universidad de Málaga

José David Fernández Rodríguez
Doctor en Tecnologías Informáticas
Profesor Ayudante Doctor de Lenguajes y Ciencias de la Computación
Universidad de Málaga

SUMARIO:

1. INTRODUCCIÓN

Como ya se ha vislumbrado anteriormente, nuestra sociedad se encuentra cada día más rodeada de términos informáticos como consecuencia del auge y popularización de la tecnología debido al abaratamiento de sus costes, así como la disponibilidad de gran cantidad de datos de distinto tipo como video, imágenes, audio o texto, alojados en dispositivos de almacenamiento para su posterior tratamiento.

Estas circunstancias también tienen un impacto en el tráfico, donde conceptos como el de *smart city* tienen entre uno de sus objetivos el de mejorar la movilidad dentro de las ciudades. Al igual que ocurre en otros campos, la inteligencia artificial (IA) en particular también puede aplicarse de muy diferentes formas al tráfico. Quizá la vertiente que más se comenta hoy día entre la ciudadanía no experta en este campo de la Informática es la de los coches autónomos, que permitiría el desplazamiento de vehículos sin conductor humano, siendo dirigidos por programas informáticos con la ayuda de múltiples sensores encargados de recoger aquella información que es relevante en la conducción.

Sin embargo, hablar de tráfico e IA no es solamente hacerlo de coches autónomos, sino que también hay otras múltiples facetas donde ambos términos convergen. Por ejemplo, otros aspectos como la seguridad vial o la mejora del medio ambiente pueden verse beneficiados gracias a información como la recopilación de datos del posicionamiento de las trayectorias de los vehículos mediante dispositivos GPS o las secuencias de video capturadas por las cámaras de vigilancia instaladas en la red de carreteras.

A continuación, se definen y describen aquellos conceptos informáticos más usuales que hoy día pueden estar relacionados, en mayor o menor medida, con el tráfico, con la finalidad de tener bien definido el marco conceptual de la presente obra y su contexto.

2. EJEMPLO DESCRIPTIVO

Con el ánimo de hacer más representativos los conceptos que acabamos de analizar y entendibles para un público no familiarizado con ellos, en las siguientes líneas se expone un problema real que permita ponerle una cara práctica a la terminología anterior.

Supongamos que se tiene acceso al video capturado por la típica cámara de tráfico fija ubicada en un poste al lado de una determinada carretera. Por simplicidad, asumiremos que, por cómo está colocada y configurada la cámara, ésta enfoca de forma que, a lo sumo, aparezca únicamente un vehículo en cada instante del video capturado por la cámara. Se desea desarrollar un sistema informático que clasifique los vehículos que aparecen en el video en diferentes clases posibles: moto, coche, furgoneta o camión.

Un video no es más que una secuencia ordenada de imágenes llamadas fotogramas. El video podría incluir audio, pero en este supuesto es irrelevante. Así pues, el problema a resolver es de clasificación y se puede asumir que al modelo encargado clasificar se le proporcionará como entrada una imagen del video. Dado que se desea clasificar, es necesario fijar el atributo objetivo, que será el atributo a predecir por el modelo. En este caso, dicho atributo objetivo se corresponde con el de la clase de vehículo. Por tanto, el modelo facilitará como salida su predicción sobre qué tipo de vehículo (moto, coche, furgoneta, camión) es el que aparece en la imagen que se le proporcione como entrada.

En este ejemplo que estamos tratando, el conjunto de datos del que se dispondría para entrenar un modelo de IA sería el formado por las imágenes que componen un video capturado por la cámara de tráfico, donde cada muestra del conjunto de datos sería cada uno de los fotogramas del video. Como el problema es de clasificación, éste implica un entrenamiento supervisado del modelo, es decir, el entrenamiento se realiza con datos cuyo atributo objetivo es conocido. Para ello, todas las muestras que formen parte del entrenamiento del modelo deberán estar etiquetadas, esto es, su atributo objetivo debe ser conocido. También se podrán etiquetar otras características (atributos) de las muestras tales como marca del vehículo, número de puertas, color, etc. para obtener un valor añadido del conjunto de datos que estamos tratando. Para que el entrenamiento del modelo sea de calidad, las muestras deben ser lo más heterogéneas posible entre sí y el número de muestras de cada clase debe ser similar, es decir, el conjunto de datos debe estar balanceado.

Como el problema es de clasificación, existen diferentes técnicas o algoritmos que pueden afrontarlo. En particular, al ser un problema de clasificación con imágenes, las redes neuronales convolucionales son apropiadas para abordarlo porque suelen ofrecer un buen rendimiento. Para ahorrarnos un importante tiempo de cómputo en el entrenamiento, se puede utilizar algún modelo preentrenado de los muchos que hay existentes para este tipo de problema, como *Alexnet*[1] (podría ser considerada la primera red neuronal profunda de éxito), *Resnet*[2] (presenta una arquitectura de considerable tamaño) o *Mobilenet*[3] (red con una arquitectura ligera pensada para ejecutarse más rápidamente).

Una vez seleccionado el modelo preentrenado y etiquetado el conjunto de datos, dicho conjunto se usará en el entrenamiento del nuevo modelo

1. KRIZHEVSKY, A., SUTSKEVER, I. y HINTON, G. E., «Imagenet classification with deep convolutional neural networks», *Advances in neural information processing systems*, vol. 25 (2012).
2. HE, K., et al., «Deep residual learning for image recognition», *IEEE conference on computer vision and pattern recognition*, (2016), pp. 770-778.
3. HOWARD, A., et al., «Searching for mobilenetv3», *IEEE/CVF international conference on computer vision*, (2019), pp. 1314-1324.

que, una vez entrenado, será capaz de predecir la clase de vehículo que aparece en la imagen que se le suministre al modelo como entrada.

Como lenguaje de programación se puede utilizar *Python* que, posiblemente, sea el lenguaje más usado para el desarrollo de sistemas inteligentes debido a que es gratuito y existen multitud de algoritmos ya implementados y distribuidos mediante código libre. En particular, la librería *PyTorch*, que está enfocada al aprendizaje computacional y cuenta con un respaldo muy numeroso por parte de la comunidad investigadora.

3. APLICACIONES RECIENTES DE LA INTELIGENCIA ARTIFICIAL AL TRÁFICO

Dada la enorme variedad de utilidades que la IA puede tener en el campo del tráfico, en las siguientes líneas se describen algunos trabajos de investigación de su aplicación real.

Anteriormente se ha comentado que el auge de la IA viene dado como consecuencia, entre otros factores, de la potencia del *hardware* y su abaratamiento, y de la gran cantidad de datos que hay disponibles. Una fuente de información que ha estado infrautilizada durante mucho tiempo es la obtenida mediante las cámaras de vigilancia de tráfico que se encuentra en la red de carreteras. Estas cámaras captan una secuencia de video las veinticuatro horas del día durante todo el año. Sin embargo, debido al gran tamaño que ocupan estas grabaciones en los sistemas de almacenamiento digital, hasta hace unos años era inviable guardar los videos para poder procesarlos posteriormente en diferido. Algo parecido ocurre con el tratamiento en tiempo real de estos videos: la tecnología no era lo suficientemente potente como para poder procesar la información al mismo tiempo que se obtenía el video de la cámara. Estas circunstancias han cambiado para bien con el paso del tiempo, permitiendo plantear retos que anteriormente no existían y cuya respuesta redunda en un beneficio de la sociedad.

El problema propuesto en el ejemplo descriptivo detallado en la sección anterior fue tratado hace unos años por la comunidad científica con una solución similar[4].

Aquí se plantea el problema de clasificar los vehículos que aparecen en un escenario y la solución que se propone hace uso de redes neuronales

4. MOLINA-CABELLO, M. A., et al., «Vehicle type detection by convolutional neural networks», *International Work-Conference on the Interplay Between Natural and Artificial Computation*, (2017), pp. 268-278. Y MOLINA-CABELLO, M. A., et al., «Vehicle type detection by ensembles of convolutional neural networks operating on super resolved images», *Integrated Computer-Aided Engineering*, vol. 25, núm. 4 (2018), pp. 321-333.

profundas unidas al empleo de técnicas de superresolución para mejorar la definición de la imagen capturada por la cámara, de manera que el rendimiento del sistema se ve aumentado. Es más, este rendimiento se ve perfeccionado debido a que el sistema consta no solo de un modelo clasificador, sino de varios, sirviendo las predicciones de cada modelo como parte de un procedimiento de votación que consensua la predicción final de cada vehículo.

Un mismo problema puede tratarse mediante diferentes enfoques. Y en concreto, el problema que acabamos de mostrar también puede ser gestionado con técnicas más tradicionales. Por ejemplo, en lugar de que sea una red neuronal profunda la que se encarga de obtener las características de la muestra, la información de los vehículos detectados es obtenida mediante la aplicación de diferentes técnicas. Así, datos tales como tamaño o perímetro son recopilados, y es a partir de ahí con los que se realiza la clasificación mediante algoritmos no tan novedosos como los de aprendizaje profundo, como podría ser una red neuronal más simple[5].

Otros problemas más complejos que la clasificación de los vehículos son aquellos en los que se tiene que realizar un seguimiento de los mismos para acometer otros dilemas. Un ejemplo podría ser la estimación de la contaminación que produce el tráfico rodado en un área. Una propuesta para tal fin consistiría en la detección de todos los vehículos que pasan por dicha zona y estimar su velocidad real[6]. Las dimensiones entre distintas motocicletas no son muy diferentes unas de otras. Este mismo razonamiento puede aplicarse a las personas. Uniendo ambos hechos, para la escena capturada por una cámara puede aproximarse la relación existente entre las dimensiones reales de los objetos y las dimensiones que presentan en cada fotograma del video. De esta forma pueden detectarse los vehículos que aparecen en un video, su trayectoria y su velocidad en cada instante.

Para hallar la estimación de la contaminación que produce cada vehículo se puede hacer uso de modelos muy simples que proporcionan el factor de emisión en función de la velocidad, que son usados por múltiples organismos para estimar las emisiones que se producen en las carreteras que gestionan. Este factor de emisión depende de si el vehículo utiliza gasolina

5. MOLINA-CABELLO, M. A., et al., «Vehicle type detection by convolutional neural networks»... *op. cit.* pp. 225-234.
6. MOLINA-CABELLO, M. A., et al., «Road pollution estimation using static cameras and neural networks», *International Joint Conference on Neural Networks*, (2018).

o diésel como carburante[7]. Sin embargo, la matriculación de coches de cada tipo sí puede ser conocida, por lo que se puede considerar su proporción con respecto al total.

Partiendo de esta premisa de que el error que se produce al medir la velocidad de cada vehículo está directamente relacionado con esos valores de una persona y motocicleta usuales, este error podría paliarse corrigiendo la perspectiva de la cámara. Esto puede hacerse con gran precisión si existen imágenes aéreas de la escena capturada por la cámara de tráfico y la distancia real entre dos puntos de la escena puede ser medida en dicha imagen aérea[8].

Desde hace años, *Google Maps* ofrece imágenes aéreas para multitud de localizaciones junto con sus coordenadas de longitud y latitud. Así, si se conoce la ubicación de la cámara de tráfico y dicha ubicación dispone de imágenes aéreas, es posible hallar la correspondencia real entre cada punto del fotograma capturado por la cámara de tráfico y la imagen aérea, permitiendo calcular la velocidad real en cada instante para cada vehículo.

Más recientemente, se ha abordado la detección de vehículos con trayectoria anómala, es decir, vehículos que no siguen un camino usual, tales como vehículos circulando de forma peligrosa como dirección contraria, gran velocidad, lentamente o en zigzag[9]. Como acabamos de ver con anterioridad, es posible detectar cada vehículo y su trayectoria. También es posible estimar su velocidad relativa con respecto al resto de vehículos, es decir, si un vehículo circula una velocidad mucho mayor o menor con respecto a los otros vehículos. De esta comparación se pueden obtener aquellas trayectorias más inusuales. El mismo razonamiento se puede aplicar a la trayectoria en sí, donde los puntos que la conforman determinan aquellas trayectorias menos habituales.

En este punto hay que destacar nuevamente que en los trabajos que se acaban de analizar no se usa ningún sensor para medir la velocidad de los

7. ROSE, R. y MURRELLS, T. (2014), «Production of Updated Emission Curves for Use in the National Transport Model», Gobierno del Reino Unido. Disponible en: https://assets.publishing.service.gov.uk/media/5a74ea3140f0b65f6132345c/updated-emission-curves-ntm.pdf

8. GARCÍA-GONZÁLEZ, J., et al., «Road pollution estimation from vehicle tracking in surveillance videos by deep convolutional neural networks», *Applied Soft Computing*, vol. 113 (2021), p. 107950.

9. FERNÁNDEZ, J. D., et al., «Anomalous trajectory detection for automated traffic video surveillance», *International Work-Conference on the Interplay Between Natural and Artificial Computation*, (2022), pp. 173-182. Y FERNÁNDEZ-RODRÍGUEZ, J. D., et al., «Automated detection of vehicles with anomalous trajectories in traffic surveillance videos», *Integrated Computer-Aided Engineering*, (2023), pp. 1-17.

vehículos; únicamente se hace uso de las cámaras de tráfico y, a lo sumo, de información pública proporcionada para otros fines pero que puede ser empleada de forma conjunta produciendo sinergias.

4. PRÓXIMAS APLICACIONES DE LA INTELIGENCIA ARTIFICIAL AL TRÁFICO

La generación de nuevos conjuntos de datos públicos y el desarrollo de la tecnología tanto de *software* como *hardware* permitirán afrontar nuevos retos y/o hacerlo de forma más eficiente con aquellos ya tratados en el pasado.

En este sentido es crítico recordar que los modelos de IA pueden ofrecer un buen rendimiento si el conjunto de datos de entrenamiento es de calidad, tanto por su tamaño como por las muestras que lo componen. Es por ello por lo que cada vez son más los conjuntos de datos públicos creados, siendo las administraciones públicas un factor vital en esta evolución, poniendo a la libre disposición de la ciudadanía dichos datos para su descarga y análisis[10]. Estos datos, ofrecidos a la sociedad para que puedan usarlos con imaginación e inventiva, provocan la aparición de nuevas aplicaciones[11]. Sirva como prueba de la necesidad, dificultad y utilidad de la generación de conjuntos de datos el estudio realizado en 2020 en el que se rastreaban unos 40 millones de teléfonos móviles para conocer la movilidad de la población, siendo su finalidad rastrear la circulación del coronavirus por España[12].

Conforme se generalice y normalice la instalación de grandes cantidades de cámaras de tráfico para crear una cobertura de la mayor parte (o la totalidad) de un área urbana, irán apareciendo nuevas posibilidades. Por ejemplo, los avances tecnológicos ya hacen posible hoy en día controlar el acceso a determinadas zonas urbanas como las Zonas de Bajas Emisiones. Conforme la red de cámaras urbanas se haga más y más densa, la potencia

---

10. Los principales conjuntos de datos de movilidad de datos.gob.es. Disponible en: https://datos.gob.es/es/noticia/los-principales-conjuntos-de-datos-de-movilidad-de-datosgobes
11. Ejemplos de aplicaciones y soluciones desarrolladas utilizando datos ofrecidos por las Administraciones Pública. Disponible en: https://datos.gob.es/es/aplicaciones/consulta-de-numeracion-fija-cmt
12. GÓMEZ, R. G. (1 de abril de 2020), «La UE rastrea los móviles para combatir la epidemia», *El País*. Disponible en: https://elpais.com/sociedad/2020-03-31/la-ue-rastrea-los-moviles-para-combatir-la-epidemia.html; MUÑOZ, R. (2 de abril de 2020), «Más de 40 millones de teléfonos móviles serán usados para rastrear el coronavirus en toda España», *El País*. Disponible en: https://elpais.com/economia/2020-04-01/mas-de-40-millones-de-telefonos-moviles-seran-usados-para-rastrear-el-coronavirus.html

computacional crezca, y el coste de procesar vídeo de tráfico decrezca, en el futuro cercano llegará a ser posible reconstruir el itinerario de todos los vehículos dentro de un área urbana, de forma automática y sin necesidad de intervención humana.

Asimismo, se pueden prever muchas otras aplicaciones en un futuro cercano posibilitadas por el análisis en tiempo real de las condiciones de tráfico en toda un área urbana, como pueden ser la gestión de la congestión teniendo en cuenta tanto las densidades de los flujos de vehículos como de los de peatones (cambiando los tiempos semafóricos automáticamente en respuesta a condiciones de congestión), la detección automática de anomalías, accidentes y situaciones de peligro y el consiguiente aviso a los servicios necesarios en cada caso (ya sean policiales, sanitarios, de protección civil o de otro tipo), así como la capacidad de destilar información en el grado de detalle preciso en cada caso para asistir en la toma de decisiones basada en la evidencia con respecto al tráfico urbano.

Por último, es reseñable también que, aunque normalmente se haya hecho hincapié en el *deep learning* como herramienta para el análisis de flujos de vídeo de cámaras de tráfico, igualmente se puede aplicar a muchos otros tipos de mediciones, como puedan ser de micrófonos, o de sensores de paso vehículos y peatones.

5. ASPECTOS OPERACIONALES DEL USO DE INTELIGENCIA ARTIFICIAL A GRAN ESCALA

Hoy en día, la mayoría de las personas con acceso a herramientas computacionales consumen servicios tecnológicos en la forma de *cloud computing*, término que se refiere al uso de sistemas de computación remotos situados en grandes centros de datos, puestos a disposición de los usuarios gratuitamente o a cambio de tarifas (muchas veces planas) mensuales o anuales. Si bien el *cloud computing* ha permitido simplificar dramáticamente la forma en que interactuamos con la tecnología, tiene efectos desafortunados: muchas personas tienden a olvidar (o en ocasiones, nunca llegan a entender) que los recursos computacionales en la nube no son infinitamente elásticos, y no son en todo caso gratuitos o de precio despreciable. Esto es un problema a la hora de desarrollar intuiciones sobre lo que es posible, y a qué precio es posible, en el ámbito del *deep learning*.

En general, cuanto mayor sea un modelo de *deep learning*, más exacto va a ser en su funcionamiento, con menos errores, y los errores que cometa serán de menor calado. Sin embargo, la relación entre el incremento del tamaño del modelo y el incremento en su exactitud no es lineal: en general, aumentos relativamente modestos en la exactitud requieren incrementos mucho más grandes en el tamaño.

Por otra parte, los modelos de *deep learning*, al fin y al cabo, requieren aplicar ingentes cantidades de operaciones matemáticas para ser ejecutados, hasta el punto de que se requiere *hardware* especializado para que su aplicación sea lo suficientemente rápida y práctica. Y aquí nos encontramos con una conjunción de varias cuestiones:

- Si bien el precio del *hardware* ha tendido secularmente a bajar de forma dramática, en los últimos años el precio por unidad de cómputo se ha mantenido aproximadamente constante.
- El *hardware* especializado necesario para ejecutar modelos de *deep learning* es considerablemente más caro que otros componentes informáticos, y puede fácilmente dominar el coste de un sistema informático dedicado al *deep learning*.
- Debido a la enorme cantidad de operaciones matemáticas necesarias, el consumo eléctrico de un sistema informático de *deep learning* es drásticamente más alto que el de uno dedicado a casi cualquier otra tarea computacional.
- En las cargas computacionales del *cloud computing* clásico, un solo ordenador puede atender las necesidades de muchos usuarios, pero el *deep learning* demanda tantos recursos que la cantidad de usuarios atendidos por cada ordenador es radicalmente menor.

A esto hay que sumarle el hecho de que los periodos de amortización del *hardware* especializado para *deep learning* son relativamente cortos, debido a dos factores. Por un lado, el intenso consumo eléctrico de este tipo de *hardware* implica una alta temperatura de operación, lo que, unido al tamaño extremadamente pequeño de los elementos electrónicos en los microchips actuales, incrementa muy intensamente el desgaste por electromigración en los mismos, incrementando a su vez las probabilidades de fallos catastróficos. Por otro lado, si bien el ritmo de mejora del rendimiento en el *hardware* ha disminuido mucho en los últimos 15 años, sigue siendo lo suficientemente alto como para que el *hardware* con más de cinco años sea en la práctica demasiado lento para ejecutar modelos de *deep learning* modernos.

La conjunción de estas cuestiones implica que aplicar *deep learning* a gran escala sea ahora (y durante el futuro previsible) mucho más caro que proporcionar servicios computacionales ordinarios, especialmente si queremos tener decenas o cientos de cámaras en una zona urbana, con cada uno de los flujos de vídeo analizados mediante *deep learning* con un determinado estándar de exactitud. Es desafortunado que la intuición desarrollada por la mayoría de la gente hasta el momento en su relación con el *cloud computing* es que el coste de los servicios computacionales es despreciable, porque esto no se corresponde con la realidad actual del estado del arte en la aplicación de *deep learning* a gran escala, que implica grandes inversiones de capital para el *hardware* y cuantiosos gastos operacionales. Lamentablemente, no ayuda en este respecto que muchas empresas tecnológicas se hayan lanzado al mercado de los servicios basados en *deep learning* ofreciendo servicios a precios muy por debajo de sus costes operativos (teniendo en cuenta tanto el coste amortizado del *hardware* como el personal requerido y la energía eléctrica usada), sosteniendo su actividad mediante su poderío económico en otros mercados o mediante grandes inyecciones de capital riesgo.

6. REFLEXIONES SOBRE LA INTERSECCIÓN ENTRE LA TECNOLOGÍA Y LA NATURALEZA HUMANA

Si hasta ahora hemos descrito la aplicación de la inteligencia artificial a cuestiones de movilidad urbana desde un punto estrictamente ingenieril, resulta ineludible constatar que cualquier desempeño o hito tanto científico como tecnológico no puede entenderse de forma aislada, sino dentro del contexto cultural en el que es concebido y empleado.

En concreto, en el caso de la inteligencia artificial moderna que hace uso de grandes conjuntos de datos etiquetados para entrenar modelos de *deep learning* que sean capaces de llevar a cabo tareas relacionadas con la movilidad urbana, resulta ineludible contextualizar la tarea ingenieril para entender posibles riesgos y los límites de lo posible.

En general, los datos usados para entrenar los modelos de *deep learning* son fotos y vídeos tomados por cámaras de tráfico urbanas. Pero dichas fotos y vídeos no son suficientes. Es necesario llevar a cabo una importante tarea que involucra el descarte (filtrado) de datos inadecuados. De entre los restantes, en general será necesario añadir información (etiquetar las imágenes y vídeos), tal y como el tipo y localización de vehículos que aparecen, o las condiciones meteorológicas y de iluminación, entre otras que puedan ser necesarias según el caso. Ahora bien, la cantidad de datos necesarios para entrenar modelos de *deep learning* es enorme (del orden de decenas o cientos de miles de fotos y vídeos). Estas tareas son fundamentalmente manuales, en el sentido de que la decisión de qué etiquetas se aplican a cada foto y vídeo deben ser decididas, en última instancia, por un ser humano, por más que éste pueda contar con diversas ayudas tecnológicas para agilizar su trabajo. Es precisamente esto lo que permite a los modelos de *deep learning* aprender a realizar tareas que hasta ahora siempre habían requerido de las habilidades humanas. Sin embargo, este uso de datos etiquetados introduce toda una serie de cuestiones no de naturaleza científico-tecnológica sino psicológica y social:

- Las tareas de etiquetado son lentas y laboriosas, y salvo que se ejecuten por un corto período de tiempo, suelen dar lugar a equivocaciones y sutiles cambios en los criterios. Se suelen emplear muchas personas en el etiquetado para paliar estos problemas.
- Debido a esto, es difícil conseguir que suficientes cantidades de personas se presten voluntarias a realizar este trabajo de forma gratuita, lo que implica la organización de equipos de personas remuneradas a cambio de realizar el etiquetado. Sin embargo, debido a que una remuneración generosa daría lugar a costos muy elevados, las personas que realizan esta actividad de forma profesional suelen estar escasamente pagadas y en condiciones relativamente precarias, lo que de forma natural las incentiva a dedicar al etiquetado de cada imagen tan poco tiempo como sea posible, a pesar de que para garantizar la calidad de las etiquetas es necesario emplear tanto tiempo como sea necesario. Esto puede comprometer seriamente la calidad de los conjuntos de datos (y por consiguiente de los sistemas de *deep learning* entrenados con los mismos), y lo que es peor, muchas veces la detección de esta falta de calidad en las etiquetas es a su vez costosa de realizar de forma efectiva y confiable.
- Incluso si de antemano se realiza una especificación rigurosa sobre cómo debe llevarse a cabo el proceso de etiquetado, es casi inevitable que al confrontarse con grandes cantidades de imágenes y muchas casuísticas distintas, diferentes personas interpreten las especificaciones de formas sutilmente desigual, lo que puede confundir a los modelos durante su entrenamiento y malograr su rendimiento cuando se usan para tareas de movilidad urbana.
- Existe una tendencia a considerar los sistemas informáticos como árbitros imparciales que registran la realidad con eficacia y rigurosidad. Sin embargo, un modelo de *deep learning* aprende, ni más ni menos, a relacionar datos y etiquetas, y como tal, es susceptible de expresar cualquier sesgo cognitivo que pudiera tener cualquiera de las personas que han participado en su elaboración, desde quienes definen los objetivos del sistema, el ingeniero que decide qué parte

de los datos disponibles son relevantes y deben ser alimentados al modelo y qué directrices se deben seguir en el etiquetado de los datos, así como los encargados de añadir etiquetas, que pueden introducir sesgos basados en usos, costumbres y prejuicios al aplicar las directrices de etiquetado, además de sesgos inadvertidos como resultado de hacer su trabajo con demasiada premura.

- Por otra parte, resulta ineludible tener en cuenta que, por la naturaleza de las administraciones que se encargan de regular y controlar el tráfico urbano, las soluciones tecnológicas punteras no suelen ser desarrolladas dentro del cuadro organizativo de dichas administraciones, sino que se delegan a empresas consultoras o especializadas. Esto no tiene por qué ser un problema, pero es importante ser consciente de la situación y evitar convertir a estas empresas en árbitros de la interpretación de las regulaciones y especificaciones de los modelos de *deep learning*. Especialmente necesario es que los agentes de la administración involucrados en tratar con dichas empresas tengan un mínimo de conocimiento sobre el *deep learning*, pues por su propia naturaleza, es fácil que un absoluto lego en la materia carezca del criterio necesario para discernir lo que es factible conseguir que haga un modelo de *deep learning*, y a qué precio es posible conseguirlo, pues el coste operativo de procesar grandes cantidades de imágenes y vídeos con *deep learning* a la velocidad suficiente y con una fiabilidad adecuada en las predicciones puede hacerse enorme con suma facilidad, debido al alto precio y relativamente poca vida útil del *hardware* especializado que se necesita para ello.

En definitiva, se trata de entender que hemos de ser sumamente cuidadosos en nuestro esfuerzo por imbuir inteligencia y criterio humanos o cuasi-humanos en una máquina, entendiendo cómo funcionan los modelos de *deep learning* y siendo plenamente conscientes de sus limitaciones, so pena de imprimir en ellos cualquier sesgo o error de cualquiera de los humanos involucrados en crearlos, así como errores de bulto en estimaciones de costes y rendimientos.

7. BIBLIOGRAFÍA

FERNÁNDEZ, J. D., et al., «Anomalous trajectory detection for automated traffic video surveillance», *International Work-Conference on the Interplay Between Natural and Artificial Computation* (2022), pp. 173-182.

FERNÁNDEZ-RODRÍGUEZ, J. D., et al., «Automated detection of vehicles with anomalous trajectories in traffic surveillance videos», *Integrated Computer-Aided Engineering* (2023), pp. 1-17.

GARCÍA-GONZÁLEZ, J., et al., «Road pollution estimation from vehicle tracking in surveillance videos by deep convolutional neural networks», *Applied Soft Computing*, vol. 113 (2021), p. 107950.

HE, K., et al., «Deep residual learning for image recognition», *IEEE conference on computer vision and pattern recognition* (2016), pp. 770-778.

HOWARD, A., et al., «Searching for mobilenetv3», *IEEE/CVF international conference on computer vision* (2019), pp. 1314-1324.

KRIZHEVSKY, A., SUTSKEVER, I. y HINTON, G. E., «Imagenet classification with deep convolutional neural networks», *Advances in neural information processing systems*, vol. 25 (2012).

MOLINA-CABELLO, M. A., et al., «Road pollution estimation using static cameras and neural networks», *International Joint Conference on Neural Networks* (2018).

MOLINA-CABELLO, M. A., et al., «Vehicle type detection by convolutional neural networks», *International Work-Conference on the Interplay Between Natural and Artificial Computation* (2017), pp. 268-278.

MOLINA-CABELLO, M. A., et al., «Vehicle type detection by ensembles of convolutional neural networks operating on super resolved images», *Integrated Computer-Aided Engineering*, vol. 25, núm. 4 (2018), pp. 321-333.

ROSE, R. y MURRELLS, T. (2014), «Production of Updated Emission Curves for Use in the National Transport Model», Gobierno del Reino Unido. Disponible en: https://assets.publishing.service.gov.uk/media/5a74ea3140f0b65f6132345c/updated-emission-curves-ntm.pdf

Capítulo III

La Inteligencia Artificial en la detección de infracciones de tráfico: precisiones sobre la protección de datos personales y la transparencia algorítmica

José Alberto España Pérez
Doctor en Derecho
Profesor de Derecho Administrativo
Universidad de Málaga

¿Qué me importa, después de todo, la existencia de una autoridad siempre despierta y vigilante de que mis placeres sean tranquilos, que se anticipe a mis pasos para desviar todos los peligros [...], si esta autoridad, al mismo tiempo [...], se hace dueña absoluta de mi libertad y de mi vida, si monopoliza el movimiento y la existencia [...]?

Alexis de Tocqueville

La Democracia en América

1. EL USO DE LA INTELIGENCIA ARTIFICIAL EN LA DETECCIÓN DE INFRACCIONES DE TRÁFICO

La utilización de la inteligencia artificial (IA) se está volviendo bastante común en el ámbito de la seguridad vial[1]. Dada sus múltiples posibilidades se erige como un elemento que no tardará en desembarcar a los tradicionales radares fijos instalados en las carreteras para controlar la circulación viaria. Los nuevos sistemas de vigilancia del tráfico permiten, gracias al uso de la IA, detectar no solo si un conductor rebasa la velocidad máxima permitida, sino identificar diferentes motivos susceptibles de sanción como puede ser usar el teléfono móvil al volante, no llevar puesto el cinturón o el consumo de alcohol.

Reino Unido cuenta con un sistema de control de tráfico bastante avanzado que, mediante una cámara y un radar (autosuficientes, al funcionar con energía solar), que utilizan un *software* de inteligencia artificial, son capaces de detectar infracciones sancionables por la normativa de circulación de toda clase de índole. El sistema se compone de varias cámaras de alta calidad, dotadas de rayos infrarrojos y una serie de lentes y filtros que permiten obtener imágenes nítidas del vehículo, la matrícula y sus ocupantes, aun en condiciones climáticas adversas[2]. Graba el tráfico constantemente y si la IA

1. La propia Estrategia Nacional de Inteligencia Artificial resalta la contribución de esta tecnología en la reducción de accidentes de tráfico. Vid. GOBIERNO DE ESPAÑA. Ministerio de Asuntos Económicos y Transformación Digital. (noviembre de 2020), *Estrategia Nacional de Inteligencia Artificial*, p. 26. Disponible en: https://www.lamoncloa.gob.es/presidente/actividades/Documents/2020/ENIA2B.pdf
2. No es el único ejemplo de utilización de inteligencia artificial en Reino Unido en el ámbito del transporte y la movilidad. Manchester ha puesto en marcha un proyecto piloto (*Green Light*) que utiliza la IA junto con la herramienta *Google Maps* para mejorar los flujos de tráfico. Con ello, se espera gestionar la circulación viaria de forma óptima. Se basa en permitir el paso de vehículos, cuando el semáforo está en rojo, si no hay otros vehículos en la intersección. Así, el vehículo no perdería la energía que supone frenar y, posteriormente, acelerar. Esta nueva tecnología es el resultado de la trazabilidad de multitud de datos, incluidos el flujo del tráfico, los tiempos de espera y los patrones de

detecta alguna infracción, envía automáticamente las instantáneas correspondientes al departamento encargado de controlar la seguridad vial[3]. No solo son capaces de medir la velocidad del vehículo, también controlan lo que ocurre en el interior mediante los infrarrojos (y no a través del parabrisas), como, por ejemplo, ver si el conductor manipula un dispositivo móvil, si algún ocupante no lleva puesto el cinturón de seguridad, si el vehículo excede el máximo de plazas del que dispone o si se cumple con los sistemas de retención infantil en el caso de que viajen menores[4]. E incluso puede sancionar al titular del medio de transporte por no estar al corriente en el pago de sus respectivos impuestos o por no contar con el seguro obligatorio de circulación, ya que la información captada se cruza con diferentes bases de datos de manera instantánea[5]. En sus tres primeros días de funcionamiento, este sistema ha impuesto más de 300 multas[6].

En España, la implantación de este tipo de equipos dotados con inteligencia artificial para controlar la seguridad vial está siendo paulatina. La Dirección General de Tráfico (DGT) quiere instalar «cuanto antes» estos sistemas inteligentes para detectar infracciones y evitar accidentes en las carreteras[7]. No obstante, esta tecnología ya se deja ver en ciertos lugares de

arranque y parada de los vehículos. Vid. OUGUIRA, S. (10 de octubre de 2023), «Light it up Massive change for UK's traffic lights using Google AI to target congestion hotspots». *The Sun*. Disponible en: https://www.thesun.co.uk/tech/24349673/change-for-uks-traffic-lights-using-google-ai/. Y GOOGLE. (28 de octubre de 2023), *Can Google AI help cities reduce traffic emissions?* [Archivo de vídeo]. Disponible en Youtube: https://www.youtube.com/watch?v=T6c_NdpbUvE&t= 69s&ab_channel=Google

3. Los equipos, que reciben el nombre de *Redspeed Sentio*, han sido desarrollados por la empresa británica ***Redspeed International***, especializada en el desarrollo tecnológico de los sistemas de seguridad vial. Junto a la IA utilizan un radar 4D que cartografía objetos en un entorno tridimensional. «Lee» la forma de los objetos y detecta si algún pasajero porta el cinturón de seguridad o no, por ejemplo.
4. Este tipo de infracciones pasan desapercibidas para los sistemas tradicionales de videovigilancia en las carreteras debido a quedan «escondidas» en el interior del vehículo. Por lo que el sistema supone un gran avance en este sentido.
5. Vid. LA VANGUARDIA. (19 de junio de 2023), «El nuevo radar con inteligencia artificial que detecta infracciones más allá del exceso de velocidad». *La Vanguardia*. Disponible en: https://www.lavanguardia.com/motor/actualidad/20230619/9029491/nuevo-radar-inteligencia-artificial-detecta-infracciones-exceso-velocidad-tsc.html
6. SOTO. J. L. (3 de septiembre de 2023), «La Inteligencia Artificial llega a los radares». *El País*. Disponible en: https://motor.elpais.com/conducir/la-inteligencia-artificial-llega-a-los-radares/. Las críticas no se han hecho esperar. Muchos usuarios lamentan el afán recaudatorio de la medida o la invasión en la privacidad que supone.
7. Según PÉREZ SANZ, A. (6 de septiembre de 2023), «Así funcionan los nuevos radares que utilizan la Inteligencia Artificial y que te podrían multar por varias infracciones». *20 minutos*. Disponible en: https://www.20minutos.es/motor/actualidad/funcionamiento-nuevos-radares-dgt-inteligencia-artificial-5169441/

nuestro país[8]. El caso más reciente ha sido puesto en marcha por el Servicio Catalán de Tráfico (Servei Català de Trànsit)[9] al instalar cámaras inteligentes que vigilan la adecuación del tráfico a las normas de circulación[10]. A través de las videocámaras se pueden llegar a captar infracciones en varios carriles. Así, se detecta si un conductor utiliza el teléfono móvil o si algún ocupante no lleva puesto el cinturón de seguridad. Mediante un procedimiento de filtraje automatizado de las imágenes captadas, la IA detecta a los conductores que presuntamente están cometiendo una infracción. Es decir, el sistema realiza un análisis automático de las imágenes que capta para, en función de los parámetros que se le han introducido (posición del conductor, etc.) pueda detectar una contravención. En tal caso, comienza automáticamente el procedimiento sancionador. E incluso, al identificar el vehículo, mediante la lectura de la matrícula, pueden averiguar si el mismo carece de una ITV favorable, ya que la información se cruza con bases de datos públicas[11]. Esto es posible gracias a las cámaras infrarrojas que, al leer la matrícula de un vehículo, identifican al titular al mismo.

Además, la inteligencia artificial en la detección de infracciones de tráfico también está siendo muy habitual en el ámbito urbano[12]. De hecho, diferentes

8. «En España desde el año 2017 hay más de 300 cámaras que utilizan la IA para detectar si los conductores de los vehículos llevan el cinturón de seguridad. Cada imagen captada por estas cámaras es revisada por un *software* de visión artificial capaz de determinar si el conductor y el copiloto utilizan el cinturón de seguridad o si están utilizando su teléfono móvil. En el caso de detectar un positivo este es enviado automáticamente al centro de tratamiento de denuncias». Vid. SANCHO AZCOITIA, S. (2019), «Menos accidentes de tráfico gracias a la Inteligencia Artificial». *ThinkBig - Telefónica*. Disponible en: https://blogthinkbig.com/menos-accidentes-de-trafico-gracias-a-la-inteligencia-artificial
9. Existen Comunidades Autónomas que tienen asignadas competencias de tráfico y seguridad vial, recayendo en sus propios cuerpos policiales la ordenación y control de la circulación. Es el caso de Cataluña o el País Vasco.
10. LÓPEZ, N. (24 de mayo de 2023), «Cataluña prueba un sistema de vigilancia de uso del cinturón de seguridad con inteligencia artificial». *AutoBild*. Disponible en: https://www.autobild.es/noticias/cataluna-prueba-sistema-vigilancia-uso-cinturon-seguridad-inteligencia-artificial-1249990
11. MAJDALANI. J. (2 de noviembre de 2022), «Las cámaras de la DGT han aprendido a distinguir tus infracciones: así utilizan la inteligencia artificial». *Adslzone*. Disponible en: https://www.adslzone.net/e-movilidad/noticias-tecnologia/camaras-dgt-distinguir-infracciones-utilizan-inteligencia-artificial/. Y PÉREZ SANZ, A. (6 de septiembre de 2023), «Así funcionan los nuevos radares que utilizan la inteligencia artificial y que te podrían multar por varias infracciones». *20 minutos*. Disponible en: https://www.20minutos.es/motor/actualidad/funcionamiento-nuevos-radares-dgt-inteligencia-artificial-5169441/
12. La Agencia Española de Protección de Datos da cuenta de un dispositivo que se instaló en una ciudad dotado de un «equipo de lectura automática de matrículas diseñado para aplicaciones de control y gestión de tráfico en cualquier tipo de vía abierta al tráfico,

ciudades cuentan con sistemas inteligentes que pueden conectarse a fuentes de datos de diferentes cuerpos policiales e identificar cualquier irregularidad administrativa en materia de circulación vial que se suceda en la calzada. Así, se puede tener constancia de vehículos sustraídos, conductores sin permiso de conducir o caducado, excesos de velocidad o controlar el acceso al casco urbano de una ciudad (diferenciando entre los que están autorizados y los que no)[13]. Una vez identificada la infracción, se tramita de manera instantánea el procedimiento para imponer una sanción[14].

De manera general, una vez que estos sistemas con IA detectan una transgresión disciplinaria, de manera automatizada, comienza el correspondiente procedimiento administrativo sancionador; sin perjuicio, de la intervención humana en los mismos[15]. Una autoridad se encarga de comprobar que efectivamente se ha cometido la infracción recogida por el sistema. No obstante, en el futuro el procedimiento se automatizará por completo, no siendo necesaria la comprobación de ninguna persona, ya que la inteligencia artificial está proporcionando a las cámaras de vigilancia «cerebros digitales» capaces de analizar vídeos en tiempo real con gran fiabilidad, sin necesidad de presencia humana.

Pero la inteligencia artificial no solamente se va a utilizar para detectar infracciones que cometa un conductor al volante, el siguiente paso será su

---

tratándose de un sistema "Todo en Uno" que integra en un mismo equipo cámara, iluminación, unidad de proceso y toda la electrónica de control», «cuyo objetivo es el desarrollo de complejos algoritmos basados en visión artificial con objeto de llevar a cabo de manera eficiente el conteo y clasificación de vehículos por tipos (motos, coches y camiones/autobuses) en condiciones climatológicas adversas [...]». Vid. AGENCIA ESPAÑOLA DE PROTECCIÓN DE DATOS. *Recurso de reposición núm. RR/00494/2019. Procedimiento núm. PS/00382/2018.* Disponible en: https://www.aepd.es/documento/reposicion-ps-00382-2018.pdf

13. El sistema cruza la información con otras bases de datos públicas como el registro, recaudación municipal, el callejero o el padrón o con sistemas de datos externos como la Dirección General de Tráfico.

14. En este caso, nos referimos al sistema Appolo. Se trata de un *software* que se incorpora a los vehículos policiales. No obstante, no es el único ejemplo de programas de este tipo que se ha desarrollado. Existen otros tanto presentes en diferentes localidades españolas de características parecidas (como E-Pol). Vid. G.T.A. (2 de marzo de 2023), «Appolo, la inteligencia artificial que tramita sanciones e identifica irregularidades». *El Faro de Vigo.* Disponible en: https://www.farodevigo.es/ourense/2023/03/02/appolo-inteligencia-artificial-tramita-sanciones-83969537.html

15. Otras aplicaciones abordan el gemelo digital en accidentes de tráfico. Vid. GONZÁLEZ-AGUILERA, D., RODRÍGUEZ-GONZÁLVEZ, P., RODRÍGUEZ-MARTÍN, M. y SÁNCHEZ-APARICIO, L. «Gemelo Digital: los modelos 3D y la inteligencia artificial como apoyo a la toma de decisiones en el ámbito de la seguridad», en TERRÓN SANTOS, D. y DOMÍNGUEZ ÁLVAREZ, J. L. (dirs.), *Inteligencia Artificial y defensa. Nuevos horizontes,* Thomson Reuters Aranzadi, Pamplona, 2021, pp. 81-82.

consolidación para verificar infracciones de peatones, en aras de mejorar la seguridad urbana. De este modo, las cámaras de vigilancia equipadas con algoritmos de visión podrán identificar cruces ilegales de viandantes en lugares no designados para ello o en momentos inapropiados, e incluso, podrán analizar el comportamiento de los ciudadanos para detectar determinadas acciones como cruzar la calle mirando un dispositivo móvil, ignorar las señales de tráfico o caminar en áreas prohibidas[16]. Mediante el análisis de imágenes se logra identificar patrones de comportamiento peligrosos y notificarlos a las autoridades correspondientes, e incluso utilizando el reconocimiento fácil se podría reconocer al individuo concreto que comete la situación antijurídica[17] .

En resumen, las aplicaciones de la IA en la detección de infracciones de las normas de circulación que se han expuesto, son solo una primera muestra de un escenario que no deja de avanzar[18]. A medio plazo, esta tecnología

16. La IA también está llegando a las infraestructuras de transportes y movilidad. Por ejemplo, en Dinamarca, mediante técnicas de IA se inspeccionan este tipo de instalaciones. A través del análisis de imágenes se identifican posibles daños estructurales. Este tipo de soluciones están siendo implantadas en el país danés por la empresa *Sund & Bælt*. Vid. https://sundogbaelt.dk/en/

17. En China han implementado un sistema de reconocimiento facial que permite multar a los ciudadanos que contravengan las normas. A través de un sistema de cámaras instaladas en las calles se identifica a los peatones imprudentes y, posteriormente, su imagen es retransmitida por grandes pantallas instaladas en las intersecciones, así como, en los periódicos y en Internet. Además de la instantánea concreta de una persona también se muestra la edad, el domicilio y el número de identificación. Dependiendo de la acción realizada, el ciudadano puede recibir una multa y tener la obligación de realizar un curso de educación vial. A propósito de esto, como afirma, Fernando CORTIÑAS, profesor de *IE Business School*, para un reportaje periodístico: «son sistemas independientes que con un gobierno autocrático se integran. Tenemos el *hardware* con cámaras, que pueden no solo servirte para controlar el tráfico, sino que también las puedes dotar de un *software* como el de biometría facial. Y a ello se añade *data analytics*, con bases de datos enormes que con un *software* identifica un rostro entre millones para poder dar con una persona de interés para el Estado». Vid. COLUMBA JEREZ, A. (8 de abril de 2023), «La imparable telaraña digital china que todo lo ve y que exporta su modelo al resto del mundo». *Abc*. Disponible en: https://www.abc.es/economia/telarana-digital-china-20220711225952-nt.html. Sobre la aplicación del reconocimiento fácil en nuestro país en relación con la protección de datos, vid. NIETO SACRISTÁN, P., «La videovigilancia con reconocimiento facial en España tras la RGPD» [Trabajo Fin de Máster], Universitat Oberta de Catalunya, 2019, pp. 33-34. Disponible en: https://openaccess.uoc.edu/bitstream/10609/108826/6/pablo2991TFM1219memoria.pdf

18. Además, la inteligencia artificial no solo se utiliza para detectar infracciones, sino también para gestionar el tráfico de manera más eficiente. Los sistemas inteligentes pueden ajustar los semáforos en función de la circulación existente, avisar de algún peligro concreto existente en las vías y otras variables en tiempo real para mejorar la seguridad y la eficiencia del tráfico. Como afirma TERRÓN SANTOS y DOMÍNGUEZ

permitirá ver lo que ocurre en el interior de un vehículo de forma mucho más precisa y detectar cualquier situación contraria al ordenamiento jurídico (posesión o tráfico de sustancias ilegales, tenencia de armas prohibidas, etc.) e incluso detectar si algún conductor está conduciendo bajo los efectos de las drogas[19]. Los sistemas serán totalmente certeros, ya que el algoritmo se irá perfeccionando gracias a la optimización en los modelos de aprendizaje automático (*machine learning*[20]) y a la recopilación de datos.

Sin lugar a dudas, la información que adquieren estos sistemas inteligentes se erige como el elemento vehicular. Lo realmente decisivo ocurrirá cuando se integren múltiples fuentes de datos procedentes de las cámaras de vigilancia instaladas en las carreteras y en las diferentes vías públicas, de los sensores emplazados en las calzadas o en el mobiliario urbano, de los sistemas de navegación de vehículos, etc. Todo ello, podría desembocar en una vigilancia masiva por parte del poder público (en aras de «intereses legítimos»).

Así pues, dado el panorama actual y el inevitable desarrollo del mismo tendente a la omnipresencia de la IA en diferentes actividades públicas, es preciso analizar cómo este modo de proceder está afectando al funcionamiento de la actividad de la Administración Pública y su impacto en las garantías jurídicas que asisten al ciudadano. En esta ocasión, centraremos la investigación en el ámbito concreto del impacto en la protección de datos personales de la potestad sancionadora administrativa en el tráfico a raíz de la llegada de la IA.

ÁLVAREZ, «[e]l ámbito de los transportes es otro de los sectores característicos en los que la IA ha penetrado con mayor intensidad, con el propósito de avanzar en la optimización de las infraestructuras y en la personalización de la actividad prestacional de las Administraciones públicas, permitiendo adaptar los servicios a las necesidades individuales en función de los datos específicos del usuario que cubren información previa, interacciones, ubicación, etc.». Vid. TERRÓN SANTOS, D. y DOMÍNGUEZ ÁLVAREZ, J. L., *I-Administración Pública, sistemas algorítmicos y protección de datos,* Iustel, Madrid, 2020, p. 60.

19. MARTÍNEZ JIMÉNEZ, M. A., «Detección de personas ebrias mediante técnicas de Deep Learning» [Trabajo Fin de Grado], Universidad de Alicante, 2022. Disponible en: https://rua.ua.es/dspace/bitstream/10045/124099/1/TFG_Miguel-Angel-Martinez-Jimenez.pdf

20. En la programación tradicional, los programadores disponen de unos casos de uso a implementar. En estos casos de uso se sabe, a priori, qué datos se tienen y qué operaciones hay que realizar con ellos para obtener respuestas. En cambio, con el *machine learning* se abordan «los problemas desde el punto de vista del aprendizaje automático». Vid. CORNAGO BARATECH, J. F. y SÁNCHEZ ZURDO, F. J., «El papel de la Inteligencia Artificial en la defensa nacional», en TERRÓN SANTOS, D. y DOMÍNGUEZ ÁLVAREZ, J. L. (dirs.), *Inteligencia Artificial y defensa. Nuevos horizontes,* Thomson Reuters Aranzadi, Pamplona, 2021, p. 57.

2. RÉGIMEN JURÍDICO DE LA INSTALACIÓN DE VIDEOCÁMARAS PARA CONTROLAR EL TRÁFICO

La Constitución Española (CE) atribuye al Estado la competencia exclusiva de tráfico y circulación de vehículos a motor (artículo 129.1.21.ª CE)[21]. A pesar de que no hay muchas más referencias a la materia, qué duda cabe que el tráfico como actividad, posibilita (entre otras) el derecho a circular libremente por el territorio nacional, reconocido en el artículo 19 de la CE. Es más, el tráfico como manifestación de la seguridad vial conduce al artículo 17.1 de la CE, que consagra el derecho a la seguridad. Asimismo, el régimen sancionador en este ámbito, así como su correspondiente procedimiento, se ajustan, a lo establecido en los artículos 24 y 25 de la CE.

A nivel legislativo, la principal norma en la materia es el Texto Refundido de la Ley sobre Tráfico, Circulación de Vehículos a Motor y Seguridad Vial (en adelante, Ley de Tráfico)[22]. Esta Ley asigna al Ministerio de Interior las competencias en: registro de vehículos, de conductores e infractores; la vigilancia y disciplina del tráfico en toda clase de vías interurbanas y en travesías cuando no exista policía local, así como la denuncia y sanción de las infracciones a las normas de circulación y de seguridad en dichas vías; la denuncia y sanción de las infracciones por incumplimiento de la obligación de someterse a la inspección técnica de vehículos, así como a las prescripciones derivadas de aquélla, y por razón del ejercicio de actividades industriales que afecten de manera directa a la seguridad vial; y la regulación, ordenación y gestión del tráfico en vías interurbanas y en travesías, estableciendo para estas últimas fórmulas de cooperación o delegación con las entidades locales, y sin perjuicio de lo establecido en otras disposiciones y de las facultades de otros departamentos ministeriales (artículo 5 Ley de Tráfico). Tales competencias son ejercidas a través de Jefatura Central de Tráfico. Esto es, un organismo autónomo que actúa en la regulación, ordenación, gestión y vigilancia del tráfico, así como en la denuncia de las infracciones.

---

21. Es cierto que no se incluye ninguna referencia a la seguridad vial, pero el Tribunal Constitucional ha matizado que [...] la seguridad vial comprende tanto la seguridad activa como la pasiva y, dentro de ésta, la protección de conductores y pasajeros. Además, [...] ambas dimensiones son elementos indisolubles de la seguridad del tráfico y circulación, pues es innegable la repercusión que un accidente o fallo de seguridad en el interior de un vehículo, que afecte a las personas que en él viajan (tanto conductor como pasajeros) puede tener en la conducción del mismo, así como en otros vehículos de su entorno. Vid. STC de 16 de noviembre de 1992. (RTC 1992, 181). ECLI: ES:TC:1996:183 [BOE núm. 303, de 8 diciembre de 1992].
22. Real Decreto Legislativo 6/2015, de 30 de octubre, por el que se aprueba el texto refundido de la Ley sobre Tráfico, Circulación de Vehículos a Motor y Seguridad Vial. *Boletín Oficial del Estado, núm. 261, de 31 de octubre de 2015.*

Por su parte, los municipios tienen competencias, entre otras, en la regulación, ordenación, gestión, vigilancia y disciplina, por medio de agentes propios, del tráfico en las vías urbanas de su titularidad, así como la denuncia de las infracciones que se cometan en dichas vías y la sanción de las mismas cuando no esté expresamente atribuida a otra Administración (artículo 7 Ley de Tráfico).

La competencia para sancionar las infracciones cometidas en vías interurbanas y travesías corresponde al Jefe de Tráfico de la provincia en que se haya cometido el hecho. Esta atribución podrá ser delegada en el Director del Centro de Tratamiento de Denuncias Automatizadas en el caso de las infracciones que hayan sido detectadas a través de medios de captación y reproducción de imágenes que permitan la identificación del vehículo. En el caso de las vías urbanas, la competencia recae en el Alcalde[23].

Junto a ello, es preciso traer a colación la Ley Orgánica 4/1997 sobre utilización de videocámaras por las Fuerzas y Cuerpos de Seguridad en lugares públicos (en adelante, Ley Orgánica 4/1997)[24]. Esta norma en su Disposición Adicional Octava, establece que «la instalación y uso de videocámaras y de cualquier otro medio de captación y reproducción de imágenes para el control, regulación, vigilancia y disciplina del tráfico se efectuará por la autoridad encargada de la regulación del tráfico a los fines previstos en el texto articulado de la Ley sobre Tráfico, Circulación de Vehículos a Motor y Seguridad Vial, aprobado por Real Decreto Legislativo 339/1990, de 2 de marzo, y demás normativa específica en la materia, y con sujeción a lo dispuesto en las Leyes Orgánicas 5/1992, de 29 de octubre, de Regulación del Tratamiento Automatizado de los Datos de Carácter Personal, y 1/1982, de 5 de mayo, de Protección Civil del Derecho al Honor, a la Intimidad Personal y Familiar y a la Propia Imagen, en el marco de los principios de utilización de las mismas previstos en esta Ley». Por lo tanto, la utilización de sistemas de videocámaras debe respetar los fines de la Ley de Tráfico (seguridad vial, control del tráfico...) y cumplir con la normativa sobre defensa del derecho al honor, la intimidad y la imagen, junto con la de protección de datos. En este último caso, la Ley Orgánica 5/1992 ha quedado derogada, rigiendo actualmente el Reglamento General de Protección

23. Sobre el procedimiento administrativo sancionador de tráfico con evidencias visuales por medio de dispositivos de grabación, vid. MARTÍNEZ NIZA, R., «La Potestad Sancionadora de la Administración Local. Problemas en el procedimiento y en la tramitación de expedientes sancionadores de tráfico por medio de dispositivos de captación de evidencias visuales. Garantía probatoria vs eficacia administrativa» [Tesis Doctoral], Universidad Autónoma de Madrid, 2019, pp. 269-279.

24. Ley Orgánica 4/1997, de 4 de agosto, por la que se regula la utilización de videocámaras por las Fuerzas y Cuerpos de Seguridad en lugares públicos. *Boletín Oficial del Estado, núm. 186, de 5 de agosto de 1997.*

de Datos (RGPD) y la Ley Orgánica 3/2018, de Protección de Datos Personales y Garantía de los Derechos Digitales (LOPDP-GDD)[25].

La Ley Orgánica 4/1997 resulta aplicable cuando se utilizan sistemas de videocámaras (fijas y/o móviles) en lugares públicos, pero no detalla una descripción de los elementos técnicos de éstas[26]. Es más, ofrece una concepción de su objeto bastante abierta al señalar que «las referencias contenidas en esta Ley a videocámaras, cámaras fijas y cámaras móviles se entenderán hechas a cualquier medio técnico análogo y, en general, a cualquier sistema que permita las grabaciones previstas en esta Ley». Por lo que dentro del ámbito de aplicación de la norma entran perfectamente nuevos sistemas o tecnologías[27], como puede ser la videovigilancia dotada de IA para realizar análisis de imágenes o la utilización de drones para los fines de control de tráfico[28].

En virtud de la mencionada Ley Orgánica 4/1997, se dicta su Reglamento de desarrollo y ejecución[29]. En tal normativa se establece que las Administraciones Públicas con competencia para la regulación del tráfico pueden autorizar la instalación y el uso de videocámaras de vigilancia. De manera que la Jefatura Central de Tráfico será la encargada de controlar tal supuesto, salvo que la competencia corresponda a las entidades locales, ya que, en tal caso, la instalación corresponderá a aquéllas. En este sentido, es preciso remarcar que el Ministerio de Interior ejerce sus competencias sobre

25. Reglamento (UE) 2016/679 del Parlamento Europeo y del Consejo, de 27 de abril de 2016, relativo a la protección de las personas físicas en lo que respecto al tratamiento de datos personales y a la libre circulación de estos datos y por el que se deroga la Directiva 95/46/CE (Reglamento general de protección de datos). *Diario Oficial de la Unión Europea L 119, de 4 de mayo de 2016, pp. 1-88.* Y Ley Orgánica 3/2018, de 5 de diciembre, de Protección de Datos Personales y garantía de los derechos digitales. *Boletín Oficial del Estado, núm. 294, de 6 de diciembre de 2018.*
26. Sobre el marco jurídico administrativo de la instalación de cámaras de vigilancia policiales en espacios públicos, vid. CASTRO LÓPEZ, M. P., *Régimen jurídico administrativo de la videovigilancia policial de espacios públicos,* Tirant lo Blanch, Valencia, 2019.
27. Con tal redacción se evita que la norma quede anticuada frente a la aparición de nuevos sistemas.
28. «La visión computerizada tiene por finalidad que los ordenadores sean capaces de identificar los objetos presentes en una imagen estática o en un vídeo. Las aplicaciones de visión computerizada se utilizan para etiquetar imágenes, reconocer caras o contar personas en espacios públicos». Vid. CERRILLO i MARTÍNEZ, A., «El impacto de la inteligencia artificial en el derecho administrativo. ¿Nuevos conceptos para nuevas realidades técnicas?», *Revista General de Derecho Administrativo,* núm. 50 (2019), p. 5.
29. Real Decreto 596/1999, de 16 de abril, por el que se aprueba el Reglamento de desarrollo y ejecución de la Ley Orgánica 4/1997, de 4 de agosto, por la que se regula la utilización de videocámaras por las Fuerzas y Cuerpos de Seguridad en lugares públicos. *Boletín Oficial del Estado, núm. 93, de 19 de abril de 1999.*

el organismo autónomo Jefatura Central de Tráfico a través de la Dirección General de Tráfico[30].

Así, se establece un régimen de autorización administrativa para la instalación de equipos de videovigilancia para el control de la disciplina en las carreteras. La resolución que, finalmente, permita la instalación y uso de los dispositivos de captación y reproducción de imágenes del tráfico tendrá que identificar (genéricamente) las vías públicas o los tramos de aquella cuya imagen pueda ser captada y se pronunciará sobre las medidas para garantizar la preservación de la disponibilidad, confidencialidad e integridad de las grabaciones obtenidas. E igualmente deberá informar sobre el órgano encargado de su custodia y de resolver las solicitudes de acceso y supresión[31]. Para la vigilancia del tráfico esta resolución será indefinida en tanto no varíen las circunstancias que la motivaron[32].

La custodia y conservación de las grabaciones y la resolución de las solicitudes de acceso y cancelación a las mismas corresponderá a los órganos que determinen las Administraciones Públicas competentes. En el

30. A la Dirección General de Tráfico le corresponde, entre otras funciones: la regulación, ordenación, gestión, vigilancia y disciplina del tráfico en vías interurbanas y travesías; la implantación, mantenimiento y explotación de los medios y sistemas inteligentes de transporte necesarios; la dirección de los Centros de Gestión de Tráfico y del Centro de Tratamiento de Denuncias Automatizadas, así como la resolución sobre la instalación de videocámaras y dispositivos para el control, regulación, vigilancia y disciplina del tráfico en el ámbito de la Administración General del Estado; la tramitación de procedimientos sancionadores en materia de tráfico, la elaboración de instrucciones sobre esta materia y sus procedimientos administrativos relacionados, así como la tramitación de los recursos administrativos; la creación de los registros informáticos y bases de datos necesarios para la ejecución de las competencias del organismo; y el suministro de información sobre el estado del tráfico en tiempo real e incidencias. Vid. artículo 11.1 del Real Decreto 734/2020, de 4 de agosto, por el que se desarrolla la estructura orgánica básica del Ministerio del Interior. *Boletín Oficial del Estado, núm. 211, de 5 de agosto de 2020.*
31. Artículo 3 de la Ley Orgánica 4/1997, de 4 de agosto, por la que se regula la utilización de videocámaras por las Fuerzas y Cuerpos de Seguridad en lugares públicos y Disposición Adicional Única (apartado 3) del Real Decreto 596/1999, de 16 de abril, por el que se aprueba el Reglamento de desarrollo y ejecución de la Ley Orgánica 4/1997, de 4 de agosto, por la que se regula la utilización de videocámaras por las Fuerzas y Cuerpos de Seguridad en lugares públicos.
32. No así para otros supuestos. Vid. artículo 3 de la Ley Orgánica 4/1997, de 4 de agosto, por la que se regula la utilización de videocámaras por las Fuerzas y Cuerpos de Seguridad en lugares públicos y Disposición Adicional Única (apartado 3) del Real Decreto 596/1999, de 16 de abril.

ámbito estatal, tal competencia corresponderá a las Jefaturas Provinciales de Tráfico[33].

Por último, es preciso indicar que, si las cámaras de videovigilancia fueran capaces de medir con precisión la velocidad de circulación de los vehículos a motor, en tal caso, dichos aparatos deben cumplir con los requisitos que establezcan las normas metrológicas[34].

3. LA TUTELA JURÍDICA DE LA PROTECCIÓN DE DATOS PERSONALES EN LOS SISTEMAS DE VIDEOVIGILANCIA INTELIGENTES DEL TRÁFICO

3.1. MARCO NORMATIVO PARA LA PROTECCIÓN DE LOS DATOS PERSONALES

La sociedad digital en la que estamos inmersos, marcada por la rápida evolución de la tecnología, ha planteado nuevos retos para el derecho a la protección de los datos personales. Esto se ha acrecentado exponencialmente debido a la llegada de la inteligencia artificial, cuyos sistemas aprovechan multitud de fuentes de información para ofrecer unos resultados más certeros. Este tipo de tecnología propicia que tanto las autoridades públicas como las empresas privadas puedan valerse de un gran volumen de información personal para realizar sus actividades. Todo ello, ha propiciado que exista una gran preocupación por intentar reforzar la seguridad jurídica de los datos que afectan a las personas.

Con el derecho a la protección de datos personales se pretende evitar la circulación indiscriminada de datos personales, preservando la intimidad del ciudadano. El Derecho primario de la Unión Europea (UE) reconoce ampliamente esta prerrogativa. Así, aparece en el Tratado de Funcionamiento de la Unión Europea, en su artículo 16.1, y en la Carta de los Dere-

33. La Agencia Española de Protección de Datos ha elaborado una guía para la instalación de videocámaras, donde se refiere al uso para el control del tráfico. Vid. AGENCIA ESPAÑOLA DE PROTECCIÓN DE DATOS. *Guía sobre el uso de videocámaras para seguridad y otras finalidades.* Disponible en: https://www.aepd.es/documento/guia-videovigilancia.pdf

34. Ley 32/2014, de 22 de diciembre, de Metrología. *Boletín Oficial del Estado, núm. 309, de 23 de diciembre de 2014.* Real Decreto 244/2016, de 3 de junio, por el que se desarrolla la Ley 32/2014, de 22 de diciembre, de Metrología *Boletín Oficial del Estado, núm. 137, de 7 de junio de 2016.* Y Anexo XII de la Orden ICT/155/2020, de 7 de febrero, por la que se regula el control metrológico del Estado de determinados instrumentos de medida. *Boletín Oficial del Estado, núm. 47, de 24 de febrero de 2020.*

chos Fundamentales de la Unión Europea, en su artículo 8.1[35]. Como afirma NIETO GARRIDO, la inclusión en este documento jurídico «supone el reconocimiento de este derecho como derecho fundamental de la Unión, haciéndolo más visible e invocable por todos»[36].

A partir de ahí, se desarrolló el marco normativo para garantizar la protección de este derecho. En 1995, se promulgó la Directiva 95/46/CE de protección de datos personales[37]. La cual, perseguía un doble objetivo: «por un lado, obligaba a los Estados miembros a garantizar la protección de las libertades y de los derechos fundamentales de las personas físicas, y, en particular, del derecho a la intimidad, en lo que respecta al tratamiento de los datos personales; por otro, prohibía toda restricción a la libre circulación de datos personales entre Estados miembros por motivos relacionados con la protección de datos personales»[38]. Junto a ello, definió los derechos del interesado y las obligaciones del responsable del tratamiento, así como, los principios de la salvaguarda de la información personal. Además, preveía la existencia de una autoridad de control independiente en cada Estado miembro para vigilar la aplicación de la norma.

Después de meses de negociaciones, se aprobó el Reglamento (UE) 2016/679[39], denominado Reglamento General de Protección de Datos, que derogó la Directiva 95/46/CE. La norma es aplicable desde el 25 de mayo de 2018 y el primer aspecto destacable es que se transita de una directiva a un

35. Como antecedentes relevantes en la protección de este derecho, podemos citar el Convenio Europeo de Derecho Humanos de 1950, que, en su artículo 8, reconocía el derecho a la vida privada, que englobaba la protección de los datos referidos a una persona. En 1980, la Organización para la Cooperación y Desarrollo Económico (OCDE) fijó las directrices sobre protección de la privacidad y flujos transfronterizos de datos personales. Un año más tarde, el Consejo de Europa aprobó el Convenio sobre la protección de personas con respecto al tratamiento automatizado de datos de carácter personal.

36. NIETO GARRIDO, E., «Transparencia y acceso a los documentos versus derecho a la protección de datos de carácter personal en la reciente jurisprudencia del TJUE», en DUPRAT, J. PIÑAR MAÑAS, J. L. y RODOTÀ, S., *Derecho administrativo: transparencia, acceso a la información y protección de datos*, Reus, Madrid, 2014, p. 78.

37. Directiva 95/46/CE del Parlamento Europeo y del Consejo, de 24 de octubre de 1995, relativa a la protección de las personas físicas en lo que respeta al tratamiento de datos personales y a la libre circulación de estos datos [DOCE núm. 281, de 23 de noviembre de 1995].

38. CAZURRO BARAHONA, V., *Antecedentes y fundamentos del Derecho a la protección de datos*, J. M. Bosch, Barcelona, 2020, p. 32.

39. Reglamento (UE) 2016/679 del Parlamento Europeo y del Consejo, de 27 de abril de 2016, relativo a la protección de las personas físicas en lo que respecto al tratamiento de datos personales y a la libre circulación de estos datos y por el que se deroga la Directiva 95/46/CE (Reglamento general de protección de datos). *Diario Oficial de la Unión Europea L 119, de 4 de mayo de 2016, pp. 1-88.*

reglamento, aplicable directamente en cada Estado miembro, sin necesidad de transposición interna[40]. Para TERRÓN SANTOS y DOMÍNGUEZ ÁLVAREZ, con el Reglamento se evidencia un cambio de modelo a la hora de proteger la información de carácter personal. Mientras que hasta entonces la protección se basaba en el control, con la nueva regulación se apuesta por un sistema de responsabilidad proactiva, por el cual, el responsable o encargado del tratamiento tiene que valorar los riesgos que pudieran existir sobre los datos para adoptar las medidas pertinentes[41]. Es decir, se exige una actitud preventiva o anticipatoria a la hora de salvaguardar la información relativa a las personas frente a posibles amenazas.

A nivel interno, la Constitución Española, en su artículo 18.4, lo erige como un derecho fundamental. Tras reconocer los derechos a la intimidad, el honor, la propia imagen, la inviolabilidad del domicilio y el secreto de las comunicaciones, dispone que «[l]a Ley limitará el uso de la informática para garantizar el honor y la intimidad personal y familiar de los ciudadanos y el pleno ejercicio de sus derechos». Es cierto que no hay una mención explícita, pero el Tribunal Constitucional (TC) se ha encargado de matizar la existencia del mismo, considerándolo un derecho fundamental autónomo, diferenciado del derecho a la intimidad. Es más, el máximo intérprete de la Constitución ha reconocido que su ámbito de protección no solo abarca a los datos íntimos o aquellos sometido a tratamiento informático, sino también a los que identifiquen o permitan identificar a una persona[42].

A nivel normativo, tanto a principios como a finales de los noventa se dictan dos normas relevantes en la materia. La Ley Orgánica 5/1992 de Regulación del Tratamiento Automatizado de los Datos de Carácter Personal de y la Ley Orgánica 15/1999 de Protección de Datos de Carácter Personal[43]. Ésta última contó con un su propio reglamento de desarrollo[44]. Este marco sirvió para regular el derecho con más detalle y se mantuvo hasta la llegada de la Ley Orgánica 3/2018, de Protección de Datos Personales y

40. Para profundizar sobre esta norma, vid. PIÑAR MAÑAS, J. L. (dir.). *Reglamento General de Protección de Datos,* Reus, Madrid, 2017.

41. TERRÓN SANTOS, D. y DOMÍNGUEZ ÁLVAREZ, J. L., *op. cit.*, p. 194.

42. STC de 30 de noviembre de 2000. (RTC 2000, 292). ECLI:ES:TC:2000:292. [BOE núm. 4, de 4 de enero de 2001].

43. Ley Orgánica 5/1992, de 29 de octubre, de regulación del tratamiento automatizado de los datos de carácter personal. *Boletín Oficial del Estado, núm. 262, de 31 de octubre de 1992.* Y Ley Orgánica 15/1999, de 13 de diciembre, de Protección de Datos de Carácter Personal. *Boletín Oficial del Estado, núm. 298, de 14 de diciembre de 1999.*

44. Real Decreto 1720/2007, de 21 de diciembre, por el que se aprueba el Reglamento de desarrollo de la Ley Orgánica 15/1999, de 13 de diciembre, de protección de datos de carácter personal. *Boletín Oficial del Estado, núm. 17, de 19 de enero de 2008.*

Garantía de los Derechos Digitales[45], la cual, vio la luz tras la aprobación, a nivel comunitario, del RGPD[46].

3.2. LA PROTECCIÓN DE LOS DATOS PERSONALES EN LOS SISTEMAS DE VIDEOVIGILANCIA INTELIGENTES DE TRÁFICO

Una vez establecido el marco legal para instalar un equipo de videovigilancia del tráfico y la normativa que rige en materia de protección de datos, a la cual deben ajustase, es preciso recabar la atención particular en cómo se protege la información personal que recaban estos sistemas. Como se ha comentado anteriormente, la inteligencia artificial en el control del tráfico está llegando a nuestro país. Pueden leer la matrícula de un vehículo y, de este modo, identificar a su titular. No es el único ejemplo, también son capaces de verificar si alguien conduce sin llevar el debido cinturón de seguridad o manejando el dispositivo móvil. En el futuro sus aplicaciones se van a incrementar, hasta ver lo que ocurre en el interior del vehículo mediante cámaras con sensores térmicos y, quien sabe, si incluso, practicar el reconocimiento facial[47].

Ante el escenario inminente y futuro, conviene reparar en la normativa de protección de datos para comprobar de qué manera este tipo de equipos inteligentes deben salvaguardan la información que relaciona a personas

45. Ley Orgánica 3/2018, de 5 de diciembre, de Protección de Datos Personales y Garantía de los Derechos Digitales. *Boletín Oficial del Estado, núm. 294, de 6 de diciembre de 2018.*
46. SÁNCHEZ CASTRO, I., «Nuevas tecnologías, protección de datos y otras amenazas al derecho a la intimidad del trabajador», en TERRÓN SANTOS, D. y DOMÍNGUEZ ÁLVAREZ, J. L. (dirs.), *Inteligencia Artificial y defensa. Nuevos horizontes,* Thomson Reuters Aranzadi, Pamplona, 2021, pp. 262-263.
47. El Reglamento europeo sobre Inteligencia Artificial establece que «el uso de sistemas de IA para la identificación biométrica remota "en tiempo real" de personas físicas en espacios de acceso público con fines de aplicación de la ley invade especialmente los derechos y las libertades de las personas afectadas, en la medida en que puede afectar a la vida privada de una gran parte de la población, provocar la sensación de estar bajo una vigilancia constante y disuadir indirectamente a los ciudadanos de ejercer su libertad de reunión y otros derechos fundamentales. Además, la inmediatez de las consecuencias y las escasas oportunidades para realizar comprobaciones o correcciones adicionales en relación con el uso de sistemas que operan "en tiempo real" acrecientan el riesgo para los derechos y las libertades de las personas afectadas por las actividades de aplicación de la ley». Vid. Considerando 18 de la Propuesta de Reglamento del Parlamento Europeo y del Consejo por el que se establecen normas armonizadas en materia de inteligencia artificial (Ley de Inteligencia Artificial) y se modifican determinados actos legislativos de la Unión [COM (2021) 206 final].

concretas[48]. En primer lugar, debemos precisar que, según establece el artículo 6.1.c) del RGPD y el artículo 8.1 de la LOPDP-GDD, en cuanto a la licitud del tratamiento de datos personales por obligación legal, interés público o ejercicio de poderes públicos, la Ley Orgánica 4/1997 reguladora de la utilización de videocámaras por las Fuerzas y Cuerpos de seguridad en lugares públicos, constituye la norma con rango legal habilitadora para tratar los datos obtenidos de las cámaras con fines de control de tráfico. A partir de ahí, es esa misma norma, en su Disposición Adicional Octava, la que remite a la aplicación de la normativa sobre protección de datos en el tratamiento de imágenes de videocámaras de vigilancia del tráfico.

En primer lugar, conviene dilucidar qué tipos de datos personales son objeto de tratamiento al ser captados por estos equipos. Dado que este tipo de cámaras son capaces de leer la matrícula de un vehículo y, a partir de ahí, identificar a su titular, es preciso establecer si la placa identificativa de un vehículo es un dato de carácter personal, y, por tanto, merecedor de amparo de la normativa sobre protección de datos[49]. Así, el RGPD considera que un dato personal es toda información sobre una persona física identificada o identificable. Entendiendo como persona física identificable, toda persona cuya identidad pueda determinarse, directa o indirectamente, en particular mediante un identificador (artículo 4.1 RGPD). De la definición aportada se puede traslucir que el código alfanumérico de las placas de los vehículos entraría en tal consideración. Máxime si tenemos en cuenta que existe un registro público de vehículos a cargo del Ministerio del Interior, donde constan todos los vehículos matriculados del país[50]. En este sentido, se ha pronunciado la Agencia Española de Protección de Datos. Considera que el dato de la matrícula de un automóvil tiene carácter personal, en tanto en cuanto se incorpora a un fichero, dado que el Registro de Vehículos per-

48. TERRÓN SANTOS y DOMÍNGUEZ ÁLVAREZ consideran que la protección de datos personales es «[...] el instituto básico para la plena eficacia y garantía del conjunto de derechos fundamentales reconocidos constitucionalmente, erigiéndose como piedra angular del Estado social y democrático de Derecho ante la (r)evolución digital». Vid. TERRÓN SANTOS, D. y DOMÍNGUEZ ÁLVAREZ, J. L, «Los derechos fundamentales de la privacidad: derecho y necesidad en tiempo de crisis», *Revista General de Derecho Administrativo*, núm. 55 (2020), p. 4.

49. De forma general, la utilización de inteligencia artificial con personas implica un tratamiento de datos que debe quedar protegido bajo la normativa de protección de datos.

50. El artículo 5.h) del Real Decreto Legislativo 6/2015, de 30 de octubre, por el que se aprueba el texto refundido de la Ley sobre Tráfico, Circulación de Vehículos a Motor y Seguridad Vial establece que al Ministerio de Interior le corresponde «los registros de vehículos, de conductores e infractores». El artículo 2 del Real Decreto 2822/1998, de 23 de diciembre, por el que se aprueba el Reglamento General de Vehículos. *Boletín Oficial del Estado, núm. 22, de 26 de enero de 1999*, desarrolla el funcionamiento de este registro administrativo.

mite conocer los datos del titular de un vehículo[51]. Junto con ello, hay que precisar que los sistemas de videovigilancia inteligentes van a captar la propia imagen de una persona (con nitidez y en alta resolución) para averiguar si comete alguna infracción relacionada con el tráfico[52].

Atendiendo a la definición anteriormente expuesta que efectúa el RGPD y su concepción de tratamiento de datos, podemos considerar que la recogida y almacenamiento de imágenes obtenidas por las cámaras de videovigilancia de tráfico, donde se capten las matrículas de los vehículos que circulan por zonas videovigiladas, así como las imágenes de sus conductores, constituye un tratamiento de datos de carácter personal[53]. En esta ocasión, la utilización de cámaras con fines de control y disciplina del tráfico, se reputa legitima, tiene su habilitación legal, se trata del ejercicio de poderes públicos y en cumplimiento de una misión realizada en interés público, por lo que no es preciso el consentimiento de los afectador para el tratamiento de las imágenes (artículo 6.1. e) y Considerando 45 del RGPD)[54].

El responsable del tratamiento[55] tiene que tomar medidas para facilitar al interesado la información oportuna sobre el tratamiento, de forma concisa, transparente, inteligible y de fácil acceso, con un lenguaje claro y sencillo. La información podrá ser facilitada por escrito, por medios electrónicos o verbalmente (artículo 12.1 RGPD). Además, cuando se obtenga de una persona datos personales, el responsable del tratamiento, en el momento en que estos se capten, le facilitará información como: la identidad y los datos de contacto del responsable (o su representante); los datos de contacto del delegado de protección de datos, en su caso; los fines del tratamiento a que

51. AGENCIA ESPAÑOLA DE PROTECCIÓN DE DATOS. *Informe 297/2012*. Disponible en: https://www.aepd.es/documento/2012-0297.pdf
52. Quién sabe si en el futuro se aplicarán técnicas de reconocimiento fácil para identificar a determinados conductores por motivos de seguridad. Sobre esta técnica, vid. SÁNCHEZ SORIANO, G., «Tecnología de reconocimiento facial: perspectivas, casos de usos y retos», *Digital Law and Innovation Review*, núm. 7 (2020).
53. Ya que las matrículas proporcionan al responsable del tratamiento una información con la que puede identificar, directa o indirectamente, a las personas físicas titulares de los vehículos que circulan por la zona videovigilada o, en su caso, a los conductores de los mismos.
54. AGENCIA ESPAÑOLA DE PROTECCIÓN DE DATOS. *Resolución de archivo de actuaciones. Expediente núm. E/01075/2018*. Disponible en: https://www.aepd.es/documento/e-01075-2018.pdf
55. Es «la persona física o jurídica, autoridad pública, servicio u otro organismo que, solo o junto con otros, determine los fines y medios del tratamiento; si el Derecho de la Unión o de los Estados miembros determina los fines y medios del tratamiento, el responsable del tratamiento o los criterios específicos para su nombramiento podrá establecerlos el Derecho de la Unión o de los Estados miembros» (artículo 4.7 del RGPD).

se destinan los datos personales y la base jurídica del tratamiento; si el tratamiento se basa en la satisfacción de intereses legítimos perseguidos por el responsable del tratamiento o por un tercero, habrá que precisar esos intereses; los destinatarios o las categorías de destinatarios de los datos personales, en su caso; o la intención del responsable de transferir datos personales a un tercer país u organización internacional, en su caso (artículo 13.1 RGPD). Junto con ello, el responsable del tratamiento proporcionará al interesado, en el momento en que se obtengan los datos personales, la siguiente información: el plazo durante el cual se conservarán los datos personales o, cuando no sea posible, los criterios utilizados para determinar este plazo; la existencia del derecho a solicitar al responsable del tratamiento el acceso a los datos personales relativos al interesado, y su rectificación o supresión, o la limitación de su tratamiento, o a oponerse al tratamiento, así como el derecho a la portabilidad de los datos; si el tratamiento se basa en un interés legítimo, la existencia del derecho a retirar el consentimiento en cualquier momento; el derecho a presentar una reclamación ante una autoridad de control; si la comunicación de datos personales es un requisito legal o contractual, o un requisito necesario para suscribir un contrato, y si el interesado está obligado a facilitar los datos personales y está informado de las posibles consecuencias de que no facilitar tales datos; y la existencia de decisiones automatizas, incluida la elaboración de perfiles (artículo 13.2 RGPD)[56]. Asimismo, si el responsable del tratamiento proyecta el tratamiento ulterior de datos personales para un fin que no sea aquel para el que se recogieron, proporcionará al interesado, con anterioridad a dicho tratamiento ulterior, información sobre ese otro fin y cualquier información adicional (artículo 13.3 RGPD)[57].

A tener del artículo 13 del RGPD, el ciudadano tiene derecho a saber, de manera clara y pertinente, de la existencia de videocámaras con fines de control de tráfico. El hecho de que las mismas utilicen IA no implica que se tenga que avisar de tal extremo, ya que la norma tan solo precisa que se dé cuenta de la presencia de videocámaras. Así, las áreas videovigiladas tienen que estar debidamente señalizadas con carteles que informen de tal situa-

56. AGENCIA ESPAÑOLA DE PROTECCIÓN DE DATOS. *Informe jurídico El tráfico de semáforos*. Disponible en: https://www.aepd.es/documento/informe-juridico-rgpd-trafico-semaforos.pdf

57. La Agencia Española de Protección de Datos ha elaborado una guía para que los tratamientos de datos con inteligencia artificial se adecuen al Reglamento General de Protección de Datos. Vid. AGENCIA ESPAÑOLA DE PROTECCIÓN DE DATOS. (2020). *Adecuación al RGPD de tratamientos que incorporan Inteligencia Artificial. Una introducción*. Disponible en: https://www.aepd.es/documento/adecuacion-rgpd-ia.pdf

ción para dar cumplimiento al derecho de información[58]. Esto se complementa con lo establecido en la LOPDP-GDD, la cual, considera cumplido este deber con la colación de un dispositivo informativo (un cartel o una placa), «en un lugar suficientemente visible, identificando, al menos, la existencia del tratamiento, la identidad del responsable y la posibilidad de ejercitar los derechos previstos»[59]. También podrá incluirse en el dispositivo informativo un código de conexión o dirección de internet a esta información (artículo 22.4 LOPDP-GDD).

No obstante, ese principio de información en la recogida de datos personales en el ámbito del tráfico y la circulación de vehículos queda desdibujado por la propia especialidad de la materia. Así, su aplicación práctica se torna complicada. Ante ello, la Agencia Española de Protección de Datos ha especificado que tal derecho puede verse cumplido mediante diversas fórmulas e instrumentos informativos como puede ser que la información sobre la existencia de cámaras y su ubicación aparezca en la web del responsable del tratamiento.

Además, en beneficio del interesado, el responsable del tratamiento deberá dar respuesta a las solicitudes de ejercicio de los derechos que contempla el RGPD, en los artículos del 15 a 22. Estos son:

- Derecho de acceso del interesado: El interesado tendrá derecho a obtener del responsable del tratamiento confirmación de si se están tratando o no datos personales que le conciernen y, en tal caso, derecho de acceso a los mismos y a los fines del tratamiento; comprobar las categorías de datos personales que se trate; los destinatarios o las categorías de destinatarios a los que se comunicaron o serán comunicados los datos personales, en particular, terceros u organizaciones internacionales; de ser posible, el plazo previsto de conservación de los datos personales o, de no ser posible, los criterios utilizados para determinar este plazo; la existencia del derecho a solicitar del responsable la rectificación o supresión de datos personales o la limitación del tratamiento de datos personales relativos al interesado, o, a oponerse a dicho tratamiento; el derecho a presentar una reclamación ante una autoridad de control; cuando los

58. Anexo del Real Decreto 596/1999, de 16 de abril, por el que se aprueba el Reglamento de desarrollo y ejecución de la Ley Orgánica 4/1997, de 4 de agosto, por la que se regula la utilización de videocámaras por las Fuerzas y Cuerpos de Seguridad en lugares públicos.
59. En una ocasión llegó a la Agencia Española de Protección de Datos una denuncia indicando que el cartel informativo de zona videovigilada se encontraba oculto tras los árboles de la vía y, por tanto, se privaba al ciudadano de tal información.

datos personales no se hayan obtenido del interesado, cualquier información disponible sobre su origen; y la existencia de decisiones automatizadas. Además, cuando se transfieran datos personales a un tercer país o a una organización internacional, el interesado tendrá derecho a ser informado de las garantías correspondientes (artículo 15 RGPD).

- Derecho de rectificación: El interesado tendrá derecho a obtener sin dilación indebida del responsable del tratamiento la rectificación de los datos personales inexactos que le conciernan (artículo 16 RGPD).
- Derecho de supresión: El interesado tendrá derecho a obtener sin dilación indebida del responsable del tratamiento la supresión de los datos personales que le conciernan, el cual, estará obligado a proceder de este modo cuando concurran alguna de las circunstancias siguientes: los datos personales ya no sean necesarios en relación con los fines para los que fueron recogidos o tratados de otro modo; puede retirar el consentimiento (siempre que éste no se base en otro fundamento jurídico); puede oponerse al tratamiento, siempre que no prevalezcan otros motivos legítimos para el tratamiento; si los datos personales han sido tratados ilícitamente; si los datos personales deben suprimirse para el cumplimiento de una obligación legal establecida en el Derecho de la Unión o de los Estados miembros que se aplique al responsable del tratamiento (artículo 17 RGPD).
- Derecho a la limitación del tratamiento: El interesado tendrá derecho a obtener del responsable del tratamiento la limitación del tratamiento de los datos cuando se cumpla alguna de las condiciones siguientes: el interesado impugne la exactitud de los datos personales, durante un plazo que permita al responsable verificar la exactitud de los mismos; el tratamiento sea ilícito y el interesado se oponga a la supresión de los datos personales y solicite en su lugar la limitación de su uso; el responsable ya no necesite los datos personales para los fines del tratamiento, pero el interesado los necesite para la formulación, el ejercicio o la defensa de reclamaciones; el interesado se haya opuesto al tratamiento, mientras se verifica si los motivos legítimos del responsable prevalecen sobre los del interesado (artículo 18 RGPD).
- Derecho a la portabilidad de los datos: El interesado tendrá derecho a recibir los datos personales que le incumban, que haya facilitado

a un responsable del tratamiento, en un formato estructurado, de uso común y lectura mecánica, y a transmitirlos a otro responsable del tratamiento sin que lo impida el responsable al que se los hubiera facilitado, cuando: el tratamiento esté basado en el consentimiento o en un contrato; o el tratamiento se efectúe por medios automatizados (artículo 20 RGPD).

- Derecho de oposición: El interesado tendrá derecho a oponerse en cualquier momento, por motivos relacionados con su situación particular, a que datos personales que le conciernan sean objeto de un tratamiento automatizado, incluido la elaboración de perfiles. En tal caso, el responsable del tratamiento dejará de tratar los datos personales, salvo que acredite motivos legítimos imperiosos para el tratamiento que prevalezcan sobre los intereses, los derechos y las libertades del interesado, o para la formulación, el ejercicio o la defensa de reclamaciones (artículo 21 RGPD).
- Derecho a no objeto de decisiones individuales automatizadas: Todo interesado tendrá derecho a no ser objeto de una decisión basada únicamente en el tratamiento automatizado, incluida la elaboración de perfiles, que produzca efectos jurídicos en él o le afecte significativamente de modo similar. Aunque se contemplan excepciones como la celebración o la ejecución de un contrato entre el interesado y un responsable del tratamiento; o que exista autorización por el Derecho de la Unión o de los Estados miembros a que se aplique al responsable del tratamiento y que establezca asimismo medidas adecuadas para salvaguardar los derechos y libertades y los intereses legítimos del interesado o se basa en el consentimiento explícito del interesado (artículo 22 RGPD).

En cualquier caso, a la hora de optar por un sistema de videovigilancia con fines de control de tráfico, será preciso la creación de un registro de actividad de tratamiento, a cargo del responsable del tratamiento (o de su representante). Con ello, se cumple con el principio de responsabilidad proactiva que propugna la norma europea. En ese registro se debe incluir la siguiente información: el nombre y los datos de contacto del responsable y, en su caso, del corresponsable, del representante del responsable, y del delegado de protección de datos; los fines del tratamiento; una descripción de las categorías de interesados y de las categorías de datos personales; las categorías de destinatarios a quienes se comunicaron o comunicarán los datos personales, incluidos los destinatarios en terceros países u organizaciones internacionales; en su caso, las transferencias de datos personales a un tercer país o una organización internacional, incluida la identificación de dicho tercer país u organización internacional; cuando sea posible, los plazos previstos para la supresión de las diferentes categorías de datos; y cuando sea posible, una descripción general de las medidas técnicas y organizativas de seguridad (artículo 30.1 RGPD).

Cada encargado (o su representante) deberá llevar un registro de todas las categorías de actividades de tratamiento que realice, donde se debe contener: el nombre y los datos de contacto del encargado o encargados y de cada responsable por cuenta del cual actúe el encargado, y, en su caso, del representante del responsable o del encargado, y del delegado de protección de datos; las categorías de tratamientos efectuados por cuenta de cada responsable; en su caso, las transferencias de datos personales a un tercer país u organización internacional, incluida la identificación de dicho tercer país u organización internacional; y cuando sea posible, una descripción general de las medidas técnicas y organizativas de seguridad (artículo 30.2 RGPD). Tanto el responsable como el encargado del tratamiento (o sus representantes) están obligado a poner el registro a disposición de la autoridad de control que lo solicite.

A su vez, la LOPDP-GDD dedica espacio concreto al tratamiento de datos personales con fines de videovigilancia. Legitima que las autoridades públicas puedan tratar las imágenes a través de este tipo de sistemas en infraestructuras de transporte o en la vía pública (en la medida que resulte imprescindible para la seguridad). Por regla general, los datos se conservarán como máximo un mes desde su captación, salvo cuando hubieran de ser conservados para acreditar la comisión de actos contra la integridad de personas, bienes o instalaciones (artículo 22 LOPDP-GDD).

4. LOS SISTEMAS DE VIDEOVIGILANCIA INTELIGENTES Y SU AFECCIÓN A LOS DERECHOS CIUDADANOS: DE LA PROPORCIONALIDAD A LA SOCIEDAD HIPERVIGILADA

Los sistemas de videovigilancia dotados con un *software* de inteligencia artificial no solo posibilitan recopilar información fotográfica y sonora de determinados lugares y personas, además, disponen de una gran capacidad de almacenamiento[60] y una amplia variedad de aplicaciones mediante el *big data*[61]. El cruce de datos, su almacenamiento, tratamiento y cesión se

60. ARZOZ SANTISTEBAN, X, *Videovigilancia, seguridad ciudadana y derechos fundamentales*, Thomson Reuters-Civitas, Pamplona, 2010, p. 53.
61. Con el término se alude a «sistemas que manipulan enormes cantidades de datos, sobre los que ejecutan diferentes tipos de análisis con técnicas propias de *business analytics, data mining* o *text mining* para buscar patrones». Vid. SERRANO-COBOS, J.,

produce en cuestión de minutos. Su desarrollo motivado por el avance tecnológico y el devenir de los algoritmos se multiplicará en los próximos años, conectando datos de ciudadanos y, con ello, repercutiendo en los derechos y libertades de las personas. Dentro de una década, posiblemente, la sociedad viva rodeada de cámaras y programas de IA que realicen de manera instantánea interconexiones entre bases de datos (también de carácter biométricas[62]) que permitan rastrear comportamientos de las personas, color de la vestimenta, establecer clasificaciones por edades, por clase sociales, por vehículos que utilizan, o monitorizar su contribución a la contaminación del planeta[63]. Es lo que muchos denominan la sociedad «hipervigilada»[64], que rememora al gran hermano de George Orwell[65].

Los avances de la videovigilancia la erigen como una herramienta eficaz para garantizar la seguridad ciudadana, como ya se puede apreciar en las ciudades de medio mundo. Su aplicación al control del tráfico no es nueva, pero sus sistemas se están perfeccionando y expandiendo para ser más efectivos. Por ello, cabe reflexionar sobre su oportunidad en relación a su afección a los derechos de los ciudadanos[66].

«Big data y not so big data», *Anuario ThinkEPI*, vol. 7 (2013), p. 161. Disponible en: https://recyt.fecyt.es/index.php/ThinkEPI/article/view/30353/15949. Para profundizar sobre el concepto, vid. GALLO SALLENT, J. A., «El big data. Implicaciones jurídicas para un cambio de paradigma: El derecho al olvido y el consentimiento» [Tesis Doctoral], Universitat Internacional de Catalunya, 2020, pp. 54-56. Disponible en: https://www.tesisenred.net/bitstream/handle/10803/670038/Tesi_JuanAntonio_Gallo_Sallent..pdf?sequence=6&isAllowed=y

62. Es decir, las que incluyen datos como la huella dactilar, la imagen facial, el iris, la retina, la firma, la voz, la forma de caminar o las venas de la mano.
63. En este sentido, vid. RTVE NOTICIAS. (14 de febrero de 2023). *10.000 días: Carlos Franganillo y los sistemas que nos «vigilarán» en el futuro*. [Archivo de vídeo]. Disponible en Youtube: https://www.youtube.com/watch?v=3koIKJlCPtM&ab_channel=RTVENoticias
64. Sobre este concepto, vid. NÚÑEZ BECERRA, M. A., «La Ciudadanía en la Globalización Neoliberal. Los nuevos mecanismos de gobierno humano mundial» [Tesis Doctoral], Universitat de Barcelona, 2019. Disponible en: https://diposit.ub.edu/dspace/handle/2445/135405. Y CARREÑO DUEÑAS, D. y SÁNCHEZ, M., «La asunción del Hiper-Estado», *Utopía y Praxis Latinoamericana*, vol. 23, núm. 2 (2018). Disponible en: https://www.redalyc.org/journal/279/27957770003/27957770003.pdf
65. En el libro 1984, George Orwell plantea una sociedad distópica caracterizada por la vigilancia masiva como mecanismo de control. El texto popularizó el término de «gran hermano» como el juez supremo que lo vigila todo. La novela surge como una crítica a los regímenes totalitarios basados en el control estatal de la sociedad.
66. A todo ello se suma el eterno debate sobre si los sistemas de control de tráfico sirven para mejorar la seguridad vial y reducir los siniestros o solo guardan afán recaudatorio.

En cualquier caso, en su utilización, las autoridades públicas deben de actuar bajo el principio de legalidad, impidiendo que se produzca vulneración en los derechos fundamentales de las personas. De hecho, cabe recordar que el Convenio Europeo de Derechos Humanos, en su artículo 8.2, obliga a que cualquier injerencia de una autoridad pública en la vida privada de las personas cuente con amparo legal y sea necesaria para la seguridad o para proteger los derechos y libertades de la sociedad. Por su parte, el Tribunal Europeo de Derechos Humanos, considera que la captación de las imágenes de una persona por videocámaras constituye una injerencia en su vida privada, salvo que éstas sean obtenidas con fundamento legal[67]. En el mismo sentido se ha pronunciado nuestro Tribunal Constitucional, el cual, sentencia que la videovigilancia es un medio invasivo en la intimidad de las personas que precisa de la existencia de las condiciones necesarias para legitimar los tratamientos[68]. Y recuerda que el derecho a la intimidad debe ser protegido frente a las intrusiones tradicionales, pero también de los riesgos que se derivan del desarrollo tecnológico[69].

En este punto es preciso señalar que según la Ley Orgánica 4/1997 por la que se regula la utilización de videocámaras por las Fuerzas y Cuerpos de Seguridad en lugares públicos, la cual habilita para la instalación de sistemas de videovigilancia en el control del tráfico, establece que las cámaras deben de utilizarse con respeto al principio de proporcionalidad, en su doble versión de idoneidad y de intervención mínima. En relación con la primera vertiente, solo podrá emplearse cuando resulte adecuadas para mantener la seguridad vial. Con la intervención mínima se exige la ponderación, en cada caso, entre la finalidad pretendida y la posible afectación que se pueda realizar al derecho al honor, a la propia imagen y a la intimidad personal[70]. De manera que la medida adoptada tiene que ser idónea para lograr el fin pretendido, necesaria e imprescindible y que no existan otras actuaciones más moderadas para conseguir el objetivo final.

Como ha matizado el Tribunal Constitucional y recuerda DE LA SERNA BILBAO, cualquier medida que limite un derecho fundamental tiene que

67. STEDH de 27 de mayo de 2014. (TEDH 2014, 34). Asunto De la Flor Cabrera c. España.
68. STC de 11 de febrero de 2013. (RTC 2013, 29). ECLI: ES:TC:2013:29. [BOE núm. 61, de 12 de marzo de 2013].
69. STC de 23 de febrero de 2004. (RTC 2004, 16). ECLI: ES:TC:2004:16. [BOE núm. 74, de 26 de marzo de 2004].
70. Artículo 6 de la Ley Orgánica 4/1997, de 4 de agosto, por la que se regula la utilización de videocámaras por las Fuerzas y Cuerpos de Seguridad en lugares públicos.

superar un juicio de proporcionalidad[71], que se fundamenta en los siguientes aspectos[72]:

- Juicio de idoneidad: la medida debe servir para satisfacer el objetivo perseguido.
- Juicio de necesidad: debe verificarse que no existe otra medida menos agresiva para conseguir el propósito.
- Juicio de intervención mínima: se debe ponderar la finalidad pretendida y la posible repercusión en los derechos fundamentales de las personas.
- Principio estricto de proporcionalidad: implica que la medida adoptada es equilibrada siempre que proporcione más beneficios para el interés general que perjuicios sobre otros valores.

En el caso concreto de la instalación de videocámaras para vigilar el tráfico es preciso indicar que su justificación estriba en el control del tráfico, la disciplina viaria y el mantenimiento de la seguridad vial. Las mismas ejercen un control general e indeterminado sobre el tráfico como actividad pública que es. En principio, no persiguen la vigilancia de sujetos. Además, en la captación de imágenes en el tráfico se da la particularidad que existe la figura mediata del vehículo y esto puede ejercer un plus de protección al ciudadano, que le brinda cierta indeterminación. Eso sí, mediante la identificación de la matrícula queda perfectamente reconocido el titular del vehículo. Pero, en el cualquier caso, parece razonable afirmar que la instalación de videocámaras en las carreteras (o en las zonas urbanas) para vigilar el tráfico supera el debido juicio de proporcionalidad.

No obstante, podría surgir la duda de si los avances tecnológicos que proporciona la IA en los sistemas de videovigilancia del tráfico pudieran afectar a la proporcionalidad requerida. Con la IA se va a poder vislumbrar la imagen de un conductor de manera totalmente nítida, aunque viaje a gran velocidad. E incluso con sensores infrarrojos se podrá ver lo que ocurre en el interior del vehículo. En este sentido, no está de más recordar que el artículo 18 de la CE proclama el derecho a la intimidad personal y familiar, en línea con lo estipulado en el artículo 8 del Convenio Europeo de Derechos

71. DE LA SERNA BILBAO, M. N., «Seguridad ciudadana y los sistemas de videovigilancia. Límites, garantías y regulación». *IUSTA*, núm. 45 (2016), pp. 152-153.
72. Sobre el juicio de proporcionalidad, vid. AGENCIA ESPAÑOLA DE PROTECCIÓN DE DATOS. *Informe 297/2012*. Disponible en: https://www.aepd.es/documento/2012-0297.pdf

Humanos[73]. Como afirma IZQUIERDO-CARRASCO las «[...] imágenes captadas en un lugar público no es motivo suficiente para excluir una injerencia en el derecho a la vida privada, pues el propio TEDH [Tribunal Europeo de Derechos Humanos] ha sostenido que, aunque esa expectativa es importante [por cuanto una persona no podría tener una expectativa razonable de privacidad al caminar en un lugar público] no es un factor concluyente»[74]. Sin embargo, en el ámbito particular del tráfico, la fugacidad con la que se captan las imágenes de los ciudadanos y mediando siempre un vehículo, provoca que la incidencia sobre la privacidad de los individuos y sobre su imagen sea escasa.

Cuestión distinta es la aplicación de técnicas de reconocimiento facial y/o un tratamiento, posterior, de esas imágenes que se repute abusivo o excesivo[75]. Estas tecnologías permiten obtener lo que se denominan datos biométricos sobre una persona[76]. Estos son «datos personales obtenidos a partir de un tratamiento técnico específico, relativos a las características físicas, fisiológicas o conductuales de una persona física que permitan o confirmen la identificación única de dicha persona, como imágenes faciales o datos dactiloscópicos» (artículo 4.14 del RGPD). Se tratan de categorías especiales de datos, por lo cual, gozan de una serie de garantías extras en su tratamiento, según especifica el RGPD. Y, por lo tanto, según el artículo 9 del

73. «Las estelas del Estado de Derecho [...] se ven amenazadas por los retos que en materia de privacidad desvelan estos nuevos escenarios digitales, que imponen necesariamente el establecimiento de controles y límites éticos sobre el uso y el tratamiento de los datos de los ciudadanos, así como una regulación normativa proteccionista del derecho a la privacidad, que evite la implantación de la comodidad bajo el precio de la vigilancia total [...]». Vid. RODRÍGUEZ PEÑA, N. L., «Nuevo enfoque de los Derechos Humanos en el entorno digital», en TERRÓN SANTOS, D. y DOMÍNGUEZ ÁLVAREZ, J. L. (dirs.), *Inteligencia Artificial y defensa. Nuevos horizontes,* Thomson Reuters Aranzadi: Pamplona, 2021, p. 161.
74. IZQUIERDO CARRASCO, M., «La utilización policial del reconocimiento facial automático en despliegues ocasionales en la vía pública y los derechos fundamentales», en TERRÓN SANTOS, D. y DOMÍNGUEZ ÁLVAREZ, J. L. (dirs.), *Inteligencia Artificial y defensa. Nuevos horizontes,* Thomson Reuters Aranzadi, Pamplona, 2021, p. 68.
75. Como acierta a decir la Unión Europea, «[...] teniendo en cuenta el enorme impacto que puede tener la IA en nuestra sociedad y la necesidad de que esta suscite confianza, resulta clave que la inteligencia artificial europea se asiente en nuestros valores y derechos fundamentales, como la dignidad humana y la protección de la privacidad». Comunicación de la Comisión Europea, de 19 de febrero de 2020, denominada «Libro Blanco sobre la Inteligencia Artificial – un enfoque europeo orientado a la excelencia y la confianza» [COM (2020) 65 final].
76. El Parlamento Europeo ha analizada el impacto del reconocimiento facial para identificar a personas en espacios públicos. Vid. PARLAMENTO EUROPEO. (2021). *Person identification, human rights and ethical principles Rethinking biometrics in the era of artificial intelligence*. Disponible en: https://www.europarl.europa.eu/RegData/etudes/STUD/2021/697191/EPRS_STU(2021)697191_EN.pdf

RGPD, para utilizar este tipo de datos se requiere que exista un «interés público esencial» plasmado en una norma con rango de ley[77]. En España no existe habilitación legal o regulación expresa para que las Fuerzas y Cuerpos de Seguridad puedan utilizan el reconocimiento facial automático[78].

En este sentido, es preciso referenciar el Reglamento de la Unión Europea sobre Inteligencia Artificial (denominada Ley de Inteligencia Artificial — *AI Act*)[79], la cual, señala la prohibición de usar sistemas de identificación biométrica remota en tiempo real en espacios públicos, salvo que esto sea necesario para alcanzar objetivos como la búsqueda selectiva de posibles víctimas de un delito (incluido, menores desaparecidos); la prevención de una amenaza específica, importante e inminente para la vida o la seguridad de las personas o de un atentado terrorista; o la detención, localización, identificación o enjuiciamiento de la persona que ha cometido o se sospecha que ha cometido determinados delitos[80]. En tales casos, será necesaria la autorización previa por parte de una autoridad judicial o administrativa independiente del Estado miembro, previa solicitud motivada. No obstante, en situaciones de urgencia se podrá empezar el sistema antes de obtener la correspondiente autorización[81].

77. Es más, la Carta de Derechos Fundamentales de la Unión Europea establece, en su artículo 52, que «cualquier limitación del ejercicio de los derechos y libertades reconocidos por la presente Carta deberá ser establecida por la ley y respetar el contenido esencial de dichos derechos y libertades. Dentro del respeto del principio de proporcionalidad, sólo podrán introducirse limitaciones cuando sean necesarias y respondan efectivamente a objetivos de interés general reconocidos por la Unión o a la necesidad de protección de los derechos y libertades de los demás». Concretamente, con respecto a este tipo de datos el Reglamento General de Protección de Datos permite que los Estados miembros puedan mantener o introducir condiciones adicionales, inclusive limitaciones, con respecto al tratamiento de datos genéticos, datos biométricos o datos relativos a la salud (artículo 94 del RGPD).
78. Aunque se podría inferir de otras disposiciones legales como afirma IZQUIERDO CARRASCO, M., *op. cit.*, pp. 70-71.
79. Propuesta de Reglamento del Parlamento Europeo y del Consejo, de 21 de abril de 2021, por el que se establecen normas armonizadas en materia de inteligencia artificial (Ley de Inteligencia Artificial) y se modifican determinados actos legislativos de la Unión [COM (2021) 206 final]. El texto sigue un enfoque basado en el riesgo. Aquellas aplicaciones de inteligencia artificial que presentan un riesgo inadmisible, se prohíben.
80. Asimismo, se prohíbe la recopilación indiscriminada de imágenes faciales de cámaras CCTV (Circuito Cerrado de Televisión) para crear bases de datos de reconocimiento facial.
81. Artículos 5.1.d), 5.2, 5.3 y 5.4 Propuesta de Reglamento del Parlamento Europeo y del Consejo por el que se establecen normas armonizadas en materia de inteligencia artificial (Ley de Inteligencia Artificial) y se modifican determinados actos legislativos de la Unión.

En cualquier caso, por sí mismos, los sistemas de videovigilancia para controlar el tráfico dotados de IA (según el estado actual de la técnica) no van a suponer una merma especialmente agresiva en el derecho a la intimidad de los ciudadanos, por el momento. Potencialmente, gozan de mayor peligro la vigilancia en espacios públicos que monitorizan a los peatones, en tanto en cuanto, permiten identificar a personas, captando imágenes y sonidos; en el ámbito de la circulación viaria, indiscutiblemente, va a mediar un vehículo que provoca una cierta imprecisión (máxima si alguien porta un casco integral en una motocicleta)[82]. Sin embargo, esta proliferación de sistemas de videovigilancia en el espacio público supone un paso más hacia la sociedad «hipervigilada» hacia la que se camina, potenciada por el poder público en aras de un «fin superior».

El gran problema se dará a medida que los sistemas de IA se perfeccionen y estén omnipresentes en la vida pública (y privada)[83]. De manera que el Estado gracias al *big data* y, con ello, al almacenamiento y análisis masivo de información de los ciudadanos pueda trazar datos de diferentes bases de datos y con ello incidir en una desnaturalización de los derechos fundamentales de las personas. Y, posiblemente, a este escenario se llegue poco a poco, de manera casi imperceptible por la sociedad, debido al papel cada vez más preminente de las tecnologías en la vida diaria y también en el funcionamiento de la propia Administración Pública[84].

5. LA DEBIDA TRANSPARENCIA DE LOS SISTEMAS DE INTELIGENCIA ARTIFICIAL EN LA ADMINISTRACIÓN PÚBLICA

La inteligencia artificial se basa en el uso de algoritmos y de datos. La multiplicación de técnicas de minería de datos propicia un protagonismo

82. Otra cuestión sería la identificación de ciclistas o personas que se desplazan en patinete.
83. El Reglamento europeo de Inteligencia Artificial excluye la obligación de información al usuario de sistema de categorización biométrica autorizados por la ley para fines de detección, prevención e investigación de infracciones penales. Vid. artículo 52.2 de la Propuesta de Reglamento del Parlamento Europeo y del Consejo por el que se establecen normas armonizadas en materia de inteligencia artificial (Ley de Inteligencia Artificial) y se modifican determinados actos legislativos de la Unión. Esto nos conduce al binomio libertad-seguridad que trae el desarrollo tecnológico.
84. Véase el caso chino: GARCÍA SÁNCHEZ, M. D., «Big brother ¿Ciencia ficción o realidad?». *Ius et Scientia*, vol. 8, núm. 1 (2022), pp. 11-14. Disponible en: https://idus.us.es/bitstream/handle/11441/142145/Big%20brother.pdf?sequence=1&isAllowed=y

esencial de los algoritmos[85]. La capacidad potencial de éste lo convierten en un recurso de extraordinario valor para ejecutar tareas complejas de manera autónoma sin necesidad de control constante. Debido a la posibilidad de aprendizaje que tienen, conforme va aumentando su experiencia, sus resultados se vuelven más certeros. Por ello, si el algoritmo se va a convertir en piedra angular de la actuación de la Administración Pública será necesario reparar en él con el fin de que el mismo, en su diseño y conceptualización, se adecúe a los principios de un Estado de Derecho[86].

Los algoritmos posibilitan la automatización de tareas. Así, cuando hablamos de una actuación automatizada de la Administración Pública hacemos referencia a un procedimiento algorítmico que es configurado para un fin determinado[87]. Este tipo de actuaciones están presentes en el Centro de Tratamiento de Denuncias Automatizadas de la Dirección General de Tráfico[88] para automatizar la tramitación de infracciones en la seguridad vial y la circulación de vehículos a motor. Sin embargo, la creciente evolución hacia una «Administración algorítmica» con gran cantidad de procedimientos automatizados plantea numerosos problemas desde el punto de vista del Derecho Administrativo. Especialmente relevante, los que se relacionan con la transparencia y con la protección de datos.

Primeramente, es preciso remarcar que una decisión automatizada que no tome en consideración datos personales quedaría fuera del ámbito de aplicación del RGPD. Si las decisiones automatizadas implican el trata-

---

85. Sobre el funcionamiento de estos sistemas, vid. COTINO HUESO, L., «Riesgos e impactos del *big data*, la inteligencia artificial y la robótica. Enfoques, modelos y principios de la respuesta del derecho», *Revista General de Derecho Administrativo*, núm. 50 (2019), pp. 1-16.
86. «La consecuencia inmediata de este cambio de paradigma, al que no escapan las diferente Administraciones públicas, es una ratificación masiva de la sociedad en su conjunto, lo que plantea importantes interrogantes desde el prisma de la seguridad nacional, la garantía y pleno disfrute de los derechos y libertades fundamentales de la ciudadanía o el normal funcionamiento del Estado social y democrático de Derecho». Vid. DOMÍNGUEZ ÁLVAREZ, J. L., «La efectividad de la normativa de protección de datos de carácter personal ante el avance de la Inteligencia Artificial. Una revisión del binomio libertad y seguridad», en TERRÓN SANTOS, D. y DOMÍNGUEZ ÁLVAREZ, J. L. (dirs.), *Inteligencia Artificial y defensa. Nuevos horizontes*, Thomson Reuters Aranzadi, Pamplona, 2021, pp. 206-207.
87. Según el artículo 41.1 de la Ley 40/2015, de 1 de octubre, de Régimen Jurídico del Sector Público. *Boletín Oficial del Estado, núm. 236, de 2 de octubre de 2015:* «Se entiende por actuación administrativa automatizada, cualquier acto o actuación realizada íntegramente a través de medios electrónicos por una Administración Pública en el marco de un procedimiento administrativo y en la que no haya intervenido de forma directa un empleado público».
88. Orden INT/2035/2007, de 2 de julio, por la que se crea el Centro de Tratamiento de Denuncias Automatizadas. *Boletín Oficial del Estado, núm. 164, de 10 de julio de 2007.*

miento automatizado de datos personales deben cumplir con la normativa europea y contar, así, con habilitación legal. En este sentido, habrá que prestar atención, en especial al artículo 22 del RGPD.

Por otro lado, nos enfrentamos al oscurantismo con los que proceden los algoritmos. Es lo que se denomina *black box:* la incapacidad para comprender cómo operan a la hora de tomar decisiones. Su complejo funcionamiento provoca que al ciudadano común le resulte complicado entender sus mecanismos de actuación, lo que incide en la transparencia y la seguridad jurídica[89]. Pero, incluso los propios programadores se ven impertérritos en muchas ocasiones para explicar la actuación de los algoritmos que han diseñado. Estos sistemas responden a patrones de aprendizaje automatizado, por lo cual, tienen un código fuente adaptativo. A partir de los datos que recibe, va aumentando su capacidad de autonomía y redefiniéndose constantemente. De ahí, que ante una misma pregunta/acción se obtenga diferentes resultados.

Llegados a este punto, uno de los debates más acuciantes entre la doctrina administrativa gira en torno a la naturaleza jurídica de los algoritmos. Hay un sector que considera que son reglamentos[90], mientras que otro se muestra totalmente contrario a esto[91], y algunos lo definen como actos administrativos[92]. La disyuntiva no es baladí, ya que si se entiende que un algoritmo es un reglamento entonces ello significaría que los mismos nacen conforme a un procedimiento administrativo establecido que garantiza la debida transparencia pública[93]. Sin embargo, parece plausible pensar como afirma GAMERO CASADO, que el algoritmo es un «medio de actuación». «Un algoritmo aisladamente considerado no puede ser un reglamento por-

89. Esto podría convertirse en un defecto del procedimiento administrativo frente a una decisión tomada por la Administración de manera automatizada.

90. Como BOIX PALOP, A., «Los algoritmos son reglamentos: la necesidad de extender las garantías propias de las normas reglamentarias a los programas empleados por la Administración para la toma de decisiones», *Revista de Derecho Público: Teoría y Método*, vol. 1 (2020), pp. 223 y ss.

91. Como HUERGO LORA, A., «Una aproximación a los algoritmos desde el Derecho administrativo», en HUERGO LORA, A., *La regulación de los algoritmos*, Thomson Reuters Aranzadi, Pamplona, 2020, pp. 64 y ss.

92. Vid. FERNANDO PABLO, M. M., «Inteligencia artificial y derecho administrativo: de la precaución a la garantía de derechos», en TERRÓN SANTOS, D. y DOMÍNGUEZ ÁLVAREZ, J. L. (dirs.), *Inteligencia Artificial y defensa. Nuevos horizontes,* Thomson Reuters Aranzadi, Pamplona, 2021, p. 124.

93. DE LA CUEVA, J., «Código fuente, algoritmos y fuentes de Derecho», *El Notario del siglo XX*, núm. 89 (2020), pp. 24-27. El autor considera que el algoritmo es fuente de Derecho.

que no puede innovar el sistema jurídico, sino que tiene que limitarse a encajar en él»[94].

En este sentido, el 14 de julio de 2021, el Gobierno español aprobó la Carta de Derechos Digitales[95], un documento sin valor normativo, pero que consagra «la transparencia sobre el uso de instrumentos de inteligencia artificial y sobre su funcionamiento y alcance en cada procedimiento concreto y, en particular, acerca de los datos utilizados, su margen de error, su ámbito de aplicación y su carácter decisorio o no decisorio» (artículo 6.b Carta de Derechos Digitales)[96]. Por su parte, la Agencia Española de Protección de Datos Personales recomienda que los nuevos desarrollos tecnológicos, especialmente en el diseño y configuración de algoritmos, impulsen «la mayor transparencia posible para que los usuarios y usuarias conozcan qué datos se están recabando, cuándo se registran y para qué se emplean»[97]. Esto nos conduce a establecer que en el procedimiento de elaboración de un algoritmo para su utilización el sector público debe primar o se debe tener en cuenta las garantías de los ciudadanos.

Dada la opacidad del algoritmo es necesario invocar el principio de transparencia que rige en el ámbito público[98]. El ciudadano tiene derecho a conocer los sistemas de IA que utiliza la propia Administración Pública para llevar a cabo sus potestades. En aras de la efectiva tutela, cualquier ciudadano afectado por una decisión tomada de manera automatizada por un algoritmo debe de poder conocer la regla que ha seguido la Administración para que se haya adoptado tal decisión. Frente al oscurantismo con el que actúa el algoritmo, la liberalización del código fuente se antoja per-

94. GAMERO CASADO, E., «Sistemas automatizados de toma de decisiones en el Derecho Administrativo Español», *Revista General de Derecho Administrativo*, núm. 63 (2023), p. 3. https://laadministracionaldia.inap.es/noticia.asp?id=1514110
95. GOBIERNO DE ESPAÑA. (2021). *Carta de Derechos Digitales*. Disponible en: https://www.lamoncloa.gob.es/presidente/actividades/Documents/2021/140721-Carta_Derechos_Digitales_RedEs.pdf
96. Vid. GONZÁLEZ BUSTOS, M. A, «Nuevo enfoque de los Derechos Humanos en el entorno digital», en TERRÓN SANTOS, D. y DOMÍNGUEZ ÁLVAREZ, J. L. (dirs.), *Inteligencia Artificial y defensa. Nuevos horizontes,* Thomson Reuters Aranzadi, Pamplona, 2021, pp. 135-144.
97. AGENCIA ESPAÑOLA DE PROTECCIÓN DE DATOS PERSONALES. *Pacto Digital para la protección de las personas*, p. 22. Disponible en: https://www.aepd.es/documento/pacto-digital.pdf
98. Sobre la transparencia algorítmica, vid. VESTRI, G., «La Inteligencia Artificial y la transparencia algorítmica aplicada al sistema de *whistleblowing* y de protección del *whistleblower* en el ámbito del sector público», en TERRÓN SANTOS, D. y DOMÍNGUEZ ÁLVAREZ, J. L. (dirs.), *Inteligencia Artificial y defensa. Nuevos horizontes,* Thomson Reuters Aranzadi, Pamplona, 2021, pp. 321-323.

tinente[99]. El código fuente es el archivo que contiene las instrucciones mediante las cuales actúa el mismo, se constituye como su esencia[100]. Aunque se podría pensar que esto choca con el derecho de propiedad intelectual, lo cierto es que el algoritmo está compuesto por cálculos o principios que quedarían fuera de la protección de los derechos de autor[101].

Con ello, lo deseable, en aras de la transparencia algorítmica, sería contar con sistemas predecibles y controlables tanto por las autoridades públicas como por los ciudadanos. Sin perjuicio, de que se pudiera vetar el acceso de ciertos parámetros del algoritmo en aras del orden público. Como sostiene RODRÍGUEZ PEÑA, «[c]uanto mejor se conozca el funcionamiento del algoritmo, tanto en su diseño como en sus resultados y su aplicación, más fácil será detectar si contiene algún sesgo, o bien, facilitara detectar si el algoritmo en su aplicación ha cometido una determinada discriminación»[102].

Así, el algoritmo tanto en su diseño como desarrollo e implementación debe responder a los términos establecidos, impidiendo una posible desviación posterior propia del aprendizaje autónomo del mismo[103]. Esto implica que el mismo debe de ser objeto de control por parte de una persona de manera recurrente. Una vez creado el algoritmo para la función deseada, traducido al lenguaje de programación y ejecutado por una computadora;

99. Salvo en ciertos supuestos como la seguridad pública, cuya liberalización del código fuente de determinados algoritmos provocaría consecuencias nefastas para el fin que se persigue. Aunque en tales casos, no tendría por qué revelarse la totalidad del código.

100. Relevante fue la polémica con la aplicación BOSCO, un programa desarrollado por el Ejecutivo para saber si un usuario se encontraba en situación de vulnerabilidad y podía acogerse al bono social eléctrico. La Justicia denegó el acceso al código fuente alegando peligros para la **seguridad pública, la defensa nacional y la propiedad intelectual**.

101. La Directiva 2009/24/CE del Parlamento Europeo y del Consejo de 23 de abril de 2009 sobre la protección jurídica de programas de ordenador. *Diario Oficial de la Unión Europea L 111, de 5 de mayo de 2009, pp. 16-22*: «[...] debe establecerse claramente que solo se protege la expresión del programa de ordenador y que las ideas y principios implícitos en los elementos del programa, incluidas las de sus interfaces, no pueden acogerse a la protección de los derechos de autor con arreglo a la presente Directiva».

102. RODRÍGUEZ PEÑA, N. L., *op. cit.*, p. 173.

103. El Reglamento europeo sobre Inteligencia Artificial establece una serie de obligaciones de transparencia para sistemas que interactúen con personas físicas, a excepción de «los sistemas de IA autorizados por la ley para fines de detección, prevención, investigación o enjuiciamiento de infracciones penales, salvo que estos sistemas estén a disposición del público para denunciar una infracción penal». Vid. artículo 52.1 de la Propuesta de Reglamento del Parlamento Europeo y del Consejo por el que se establecen normas armonizadas en materia de inteligencia artificial (Ley de Inteligencia Artificial) y se modifican determinados actos legislativos de la Unión.

debe someterse a evaluaciones periódicas para comprobar que sigue los parámetros establecidos.

Se propone, así, un sistema de auditorías periódicas, que aúne la parte técnica y jurídica. Ya que la una sin la otra no tiene sentido en un mundo digitalizado. Esto obliga a incluir perfiles específicos de carácter técnico en la Administración Pública, debido a que se van a necesitar conocimientos informáticos precisos para llevar a cabo esta tarea. Sin embargo, para efectuar un adecuado control jurídico será necesario disponer de normas que regulen el fenómeno. Si el operador jurídico no repara la atención en este sentido, poco se puede hacer. Esta desidia responde en ocasiones a la incomprensibilidad de estos sistemas por el legislador, que provocan que las regulaciones brillen por su ausencia o no sean del todo clara. Una vez más, se reclama el necesario diálogo entre el Derecho y la Informática[104]. Y es que, generalmente, el legislador no dispone de los conocimientos técnicos necesarios para regular un fenómeno de estas características y, en consecuencia, las normas no resulten efectivas.

Por otro lado, sería aconsejable que los algoritmos se ajustaran a ciertos niveles de estandarización o normalización en el ámbito del sector público. Mediante normas UNE o ISO se podrían establecer unos patrones comunes para seguir en la elaboración de un algoritmo y que su aplicación responda a unas directrices de normalización[105]. Recurriendo a este tipo de instrumentos se podría conseguir una cierta homogenización a nivel global[106]. Sin

104. Como afirma TOMÉ DOMÍNGUEZ, «[...] la IA no debería afectar a la configuración de los principios básicos de Derecho Administrativo, ni de sus instituciones, pero es necesaria una relectura y una adaptación a las circunstancias, creando un nuevo marco jurídico flexible y sectorial que permita incrementar la seguridad jurídica y garantizar la protección de los derechos y libertades fundamentales de los ciudadanos». Vid. TOMÉ DOMÍNGUEZ, P. M., «Seguridad, *smart cities* y provisión de servicios públicos personalizados», en TERRÓN SANTOS, D. y DOMÍNGUEZ ÁLVAREZ, J. L. (dirs.), *Inteligencia Artificial y defensa. Nuevos horizontes*, Thomson Reuters Aranzadi, Pamplona, 2021, p. 413.

105. Las normas ISO son carácter internacional desarrolladas por la Organización Internacional de Estandarización (*International Organization for Standardization* —ISO—), la cual, está formada por representantes de un amplio número de países. Las normas UNE son normas creadas por la Asociación Española de Normalización y Certificación (AENOR). Ambas tratan de asegurar el empleo de estándares en la industria para asegurar ciertos niveles de calidad y seguridad.

106. Sobre las génesis de las normas UNE, vid. CARRIEL PALMA, R. J., BARROS MERIZALDE, C. K. y FERNÁNDEZ FLORES, F. M., «Sistema de gestión y control de la calidad», *RECIMUNDO: Revista Científica de la Investigación y el Conocimiento*, vol. 2, núm. 1 (2018), pp. 629-630. Disponible en: https://dialnet.unirioja.es/servlet/articulo?codigo=6732908

embargo, el gran problema de ello es que las normas UNE o ISO no son obligatorias, de hecho, no son normas en sí, sino más bien especificaciones[107].

6. CONCLUSIONES

1. La veloz e intensa irrupción de la inteligencia artificial está transformando multitud de aspectos de la vida diaria. Esta revolucionaria tecnología también ha llegado al sector de los transportes y la movilidad. Concretamente, tiene un gran potencial en la detección de infracciones de tráfico. Aunque todavía está en una etapa incipiente, diferentes aplicaciones de la IA para identificar contravenciones a la normativa de circulación vial están emergiendo de manera constante.

En este sentido, los principales usos de la IA para controlar el tráfico se basan en su aplicación a los sistemas de videovigilancia instalados en las carreteras (denominados sistemas de videovigilancia inteligentes). A las cámaras se las dota de un *software* de IA que reconoce instantáneamente diferentes motivos susceptibles de sanción, independientemente de la situación climática y del momento del día (ya sea por la mañana o por la noche). Así, se detecta si un conductor no lleva el cinturón de seguridad, si habla por el teléfono móvil mientras conduce, si consume alcohol, si el vehículo excede el máximo de plazas del que dispone o si se cumple con los sistemas de retención infantil en caso de que viajen menores; junto con los excesos de velocidad. Además, al identificar el vehículo a través de la lectura de la matrícula, se cruza la información con diferentes bases de datos públicas y se comprueba si el medio de transporte está al corriente de los impuestos de circulación, si cuenta con el seguro obligatorio o si ha pasado las correspondientes inspecciones técnicas. Y todo ello, se hace en un solo equipo, gracias a la IA.

El sistema realiza un análisis automático de las imágenes que capta para detectar las infracciones en materia de circulación y seguridad vial, a través de los diferentes parámetros que se le han introducido. En caso de que exista una transgresión a la normativa, comienza, de manera automatizada, el correspondiente procedimiento sancionador. Son capaces de controlar el tráfico en varios carriles, identificando a los diferentes vehículos, aunque circulen a gran velocidad.

107. El Reglamento General de Protección de Datos, en su artículo 70.e), establece que el Comité Europeo de Protección de Datos tiene entre sus funciones la emisión de «[...]directrices, recomendaciones y buenas prácticas a fin de promover la aplicación coherente del presente Reglamento». Se apuesta así por el *soft law*. En tal sentido, el Comité podría recomendar al establecimiento de normas estandarizadas para aplicar algoritmos que protejan los datos personales.

Este tipo de aplicaciones para el control del tráfico se han puesto en marcha en países como Reino Unido con «éxito», habida cuenta de las sanciones impuestas. En España, estos sistemas desembarcarán «cuanto antes» debido a los objetivos marcados por el Ejecutivo para reducir la siniestralidad en las carreteras. Aunque ya se localizan usos de la IA para disciplinar el tráfico y la circulación en diferentes territorios del país.

En cualquier caso, estos sistemas se irán perfeccionando a medida que avancen en el tiempo y que los algoritmos con los que funcionan aprenden de manera autónoma (*machine learning*). Así, podrán ver lo que ocurre y existe en el interior de un vehículo en movimiento y detectar situaciones contrarias al ordenamiento jurídico, como comprobar si alguien conduce bajo los efectos del alcohol o las drogas, o si en el vehículo se portan sustancias ilegales o armas prohibidas.

No obstante, es preciso remarcar que estos ejemplos no solo se hallan en el ámbito interurbano; están siendo más que habituales en las ciudades. Más pronto que tarde, los sistemas de videovigilancia inteligentes controlarán a los conductores y también a los peatones en las zonas urbanas (verificando cruces ilegales, no atender las señales de tráfico, etc.). El último paso, podría ser utilizar técnicas de reconocimiento facial para reconocer al individuo que comete una situación antijurídica.

De esta forma, la aplicación de la IA al tráfico se une a su uso masivo en multitud de actividades públicas. La recogida de datos de los individuos en espacios públicos crecerá exponencialmente (datos captados a través de sensores instalados en los mobiliarios urbanos, cámaras de seguridad en la vía pública, etc.). Lo realmente crucial ocurrirá cuando se integran múltiples bases de datos de carácter público y se tracen los datos que el Estado recoja de los ciudadanos. Desembocando en una vigilancia masiva por parte del poder público, que afecte a las libertades de los ciudadanos.

2. En las instalaciones de sistemas de videovigilancia inteligentes de control de tráfico, tenemos que hacer referencia a la Ley Orgánica 4/1997 sobre utilización de videocámaras por las Fuerzas y Cuerpos de Seguridad en lugares públicos, la cual, regula la instalación y uso de videocámaras y de cualquier otro medio de captación y reproducción de imágenes para el control, regulación, vigilancia y disciplina del tráfico. Este cometido será llevado a cabo por la autoridad encargada de la regulación del tráfico a los fines previstos en el Texto Refundido de la Ley sobre Tráfico, Circulación de Vehículos a Motor y Seguridad Vial. De este modo, será la Jefatura Central de Tráfico la encargada de controlar, vigilar y disciplinar el tráfico, salvo que la competencia corresponda a las entidades locales, ya que, en tal caso, la instalación corresponderá a aquéllas.

Se establece un régimen de autorizaciones para poder instalar un sistema de videovigilancia del tráfico. La resolución que permita el emplazamiento de éste tendrá que identificar (genéricamente) las vías públicas o los tramos de aquella cuya imagen pueda ser captadas y se pronunciará sobre las medidas para garantizar la preservación de la disponibilidad, confidencialidad e integridad de las grabaciones obtenidas. E igualmente deberá informar sobre el órgano encargado de su custodia y de resolver las solicitudes de acceso y supresión.

Estos sistemas de videovigilancia deben cumplir con la normativa sobre protección del derecho al honor, la intimidad y la imagen, concretada en la Ley Orgánica 1/1982, de Protección Civil del Derecho al Honor, a la Intimidad Personal y Familiar y a la Propia Imagen; y de protección de datos personales, basada en el Reglamento General de Protección de Datos y la Ley Orgánica 3/2018, de Protección de Datos Personales y Garantía de los Derechos Digitales.

3. En el Derecho primario de la Unión Europea la protección de los datos personales goza de gran arraigo. A nivel legislativo, la principal norma en la materia es el Reglamento General de Protección de Datos, aplicable desde 2018. Éste supuso un cambio de paradigma en la materia al apostar por un sistema de responsabilidad proactiva.

Por su parte, la Constitución Española reconoce el derecho fundamental a la protección de datos en el artículo 18.4, siendo un derecho autónomo diferenciado del derecho a la intimidad. A escala legislativa, tal prerrogativa ha gozado de un amplio desarrollo. Tras la aprobación del Reglamento comunitario en la materia, el Estado español decidió promulgar la Ley Orgánica 3/2018, de Protección de Datos Personales y Garantía de los Derechos Digitales para adaptarse a las disposiciones de tal norma.

4. En cuanto a la aplicación de tal normativa a los sistemas de videovigilancia inteligentes de tráfico, encontramos que Ley Orgánica 4/1997 reguladora de la utilización de videocámaras por las Fuerzas y Cuerpos de seguridad en lugares públicos, es la norma con rango legal habilitadora para tratar los datos obtenidos de las cámaras con fines de control de tráfico. Junto a ello, es preciso remarcar que la matrícula de un vehículo constituye un dato de carácter personal (como ha precisado la Agencia Española de Protección de Datos) y, por lo tanto, queda bajo el amparo de la normativa sobre protección de datos. De manera que la recogida y almacenamiento de imágenes obtenidas por las cámaras de videovigilancia de tráfico donde se capten las matrículas de los vehículos que circulan por las zonas videovigiladas, así como imágenes de sus conductores, conforman un tratamiento de datos de carácter personal.

En tal sentido, el responsable del tratamiento tiene que tomar medidas para facilitar al interesado la información oportuna sobre el tratamiento de sus datos personales, de forma concisa, transparente, inteligible y de fácil acceso, con un lenguaje claro y sencillo. Así, el ciudadano tiene derecho a saber de la existencia de sistemas de videocámaras con fines de control de tráfico. El hecho de que éstas estén dotadas de inteligencia artificial no supone ninguna innovación. No se tiene que avisar de tal extremo, ya que la normativa tan solo precisa que se dé cuenta de la presencia de una zona videovigilada. Esto se va a materializar en la existencia de paneles informativos donde se informe del emplazamiento de videocámaras para vigilar el tráfico, colocados en un lugar visible. Además, la instalación de un sistema de videovigilancia con fines de control de tráfico conllevará la creación de un registro de actividad de tratamiento, a cargo del responsable del tratamiento (o de su representante).

Con ello, a la hora de proteger los datos personales en los sistemas de videovigilancia inteligentes, la normativa sobre protección de datos se estima conveniente. El hecho de que utilicen un *software* con inteligencia artificial no introduce ningún matiz diferenciador para que no sea de aplicación las normas correspondientes en la materia. Así, se van a captar imágenes sobre vehículos y sobre conductores (y peatones) para después someterlas a técnicas de análisis mediante algoritmos diseñados al efecto para evidenciar algún tipo de irregularidad; junto a la lectura de las matrículas de los vehículos. En tanto cuanto, las imágenes captadas identifican a ciudadanos concretos y considerando que las matrículas son datos personales, el tratamiento que se haga de ellas debe cumplir con lo establecido en la normativa sobre protección de datos. En este sentido, el marco legal establecido al efecto se reputa suficiente y en nada cambia la modernización de los sistemas mediante IA.

5. Sin embargo, tal y como establece la Ley Orgánica 4/1997 por la que se regula la utilización de videocámaras por las Fuerzas y Cuerpos de Seguridad en lugares públicos, la instalación de este tipo de sistemas debe quedar amparada por el principio de proporcionalidad, en su doble versión de idoneidad y de intervención mínima. En relación con el primer aspecto, las videocámaras deben emplazarse cuando sean adecuadas para mantener la seguridad vial. Con respecto al segundo, habrá que realizar un juicio de ponderación entre la finalidad perseguida y la posible afección a derechos fundamentales.

En esta línea, las videocámaras inteligentes pueden tener mayor repercusión debido a las múltiples posibilidades que ofrece y el potencial peligro de que el Estado haga acopio de multitud de datos de sus ciudadanos, que, unido a las técnicas de *big data,* desemboque en una especie de gran hermano orwelliano. No obstante, si nos atenemos al desarrollo actual de estos equipos implantados en España podemos concluir que las videocámaras para vigilar el tráfico, aunque cuenten con sistemas de inteligencia artificial, por el momento, realizan un control general e indeterminado sobre una actividad pública como es el tráfico. En principio, no persiguen la vigilancia de sujetos determinados. Además, hay que tener en cuenta que en la captación y grabación de imágenes en las carreteras se da la particularidad que existe la figura intermedia del vehículo y esto asegura una mayor «privacidad» al ciudadano, al otorgarle cierta indeterminación. Eso sí, la lectura de la matrícula por estas cámaras permite identificar al titular del vehículo. En cualquier caso, dado el estado actual de la técnica en el país, estos sistemas superarían el correspondiente juicio de proporcionalidad.

Por sí mismos, los sistemas de videovigilancia inteligentes para controlar el tráfico no van a incidir de manera agresiva en el derecho a la intimidad de los ciudadanos, por el momento. Uno de los potenciales peligros estriba en el emplazamiento de estos sistemas en las vías públicas para monitorizar a peatones, ya que aquí, se van a identificar a personas, captando imágenes (e incluso sonidos); mientras que, en el ámbito de la circulación rodada, siempre va a mediar un vehículo que brinda cierta indeterminación al individuo.

El desarrollo de estos sistemas y su cada vez más que omnipresencia en los espacios públicos (y privados), puede conllevar a lo que algunos autores denominan la sociedad «hipervigilada», con sus nefastas consecuencias para las libertades públicas. Las diferentes posibilidades que ofrece la minería de datos y el almacenamiento masivo de volúmenes ingentes de información personal en el ámbito de la Administración Pública pueden incidir en una desnaturalización de los derechos fundamentales.

6. En este contexto de sistemas que recurren a la inteligencia artificial hay un elemento protagonista: el algoritmo. Esto es, el conjunto de instrucciones sistemáticas y diseñadas previamente para realizar una tarea. El rasgo diferenciador del mismo es su oscurantismo (*black box*). El desconocimiento sobre su funcionamiento y su futuro devenir contrasta con los principios de transparencia que deben regir en la Administración Pública. En muchas ocasiones, ni los propios programadores del algoritmo aciertan a precisar su comportamiento futuro, ya que éste responde a patrones de aprendizaje automatizado, adaptándose conforme va adquiriendo más información y, por lo cual, se redefine continuamente.

De ahí, que se haya planteado en la doctrina administrativista la naturaleza jurídica del algoritmo. Si se considera un reglamento, el problema de su transparencia quedaría solucionado. No obstante, parece difícil encajar al algoritmo bajo esta categoría o como un acto administrativo. Más bien se trata de un «medio de actuación». Y esto nos lleva a considerar la necesaria transparencia que debe existir en el sector público cuando éste recurra a la inteligencia artificial y a sus «mágicos» algoritmos. La ciudadanía tiene derecho a conocer su funcionamiento y alcance en cada procedimiento, así como los datos utilizados, su margen de error y su aplicación.

Por ello, en el diseño e implementación de los sistemas de inteligencia artificial en el seno de la Administración deben ajustarse a la legalidad establecida, velando porque el proceso sea lo más transparente posible. Y dado que el sistema se readapta continuamente es preciso que los mismos sean objeto de control humano de manera recurrente, sometiéndolos a evaluaciones periódicas para verificar que se ajustan a los parámetros establecidos (evitando sesgos). En este sentido, se podría apostar la liberación del código fuente, es decir, de la «esencia» del algoritmo, para posibilitar que el ciudadano tenga mayor conocimiento sobre los sistemas de IA que utiliza la Administración Pública.

7. En cualquier caso, el uso de la inteligencia artificial en el ámbito público no afecta a la conceptualización de los principios básicos del Derecho Administrativo, ni de sus instituciones. Es más, puede convertirse en una herramienta de gran valor para cumplir sus fines. Pero, es necesario una revisión y adaptación a las circunstancias particulares de este medio, propiciando un marco jurídico sectorial caracterizado por una flexibilidad que le permita adaptarse al desarrollo tecnológico de la IA, y que vele por la seguridad jurídica, garantizando la salvaguarda de los derechos y libertades fundamentales de los individuos.

7. BIBLIOGRAFÍA

ARZOZ SANTISTEBAN, X, *Videovigilancia, seguridad ciudadana y derechos fundamentales*, Thomson Reuters-Civitas, Pamplona, 2010.

BOIX PALOP, A., «Los algoritmos son reglamentos: la necesidad de extender las garantías propias de las normas reglamentarias a los programas empleados por la Administración para la toma de decisiones». *Revista de Derecho Público: Teoría y Método*, vol. 1 (2020), pp. 223-269.

CAZURRO BARAHONA, V., Antecedentes y fundamentos del Derecho a la protección de datos, J. M. Bosch, Barcelona, 2020.

CARREÑO DUEÑAS, D. y SÁNCHEZ, M., «La asunción del Hiper-Estado», *Utopía y Praxis Latinoamericana,* vol. 23, núm. 2 (2018), pp. 37-48.

CARRIEL PALMA, R. J., BARROS MERIZALDE, C. K. y FERNÁNDEZ FLORES, F. M., «Sistema de gestión y control de la calidad», *RECIMUNDO: Revista Científica de la Investigación y el Conocimiento,* vol. 2, núm. 1 (2018), pp. 629-630.

CASTRO LÓPEZ, M. P., Régimen jurídico administrativo de la videovigilancia policial de espacios públicos, Tirant lo Blanch, Valencia, 2019.

CERRILLO i MARÍTNEZ, A., «El impacto de la inteligencia artificial en el derecho administrativo. ¿Nuevos conceptos para nuevas realidades técnicas?», *Revista General de Derecho Administrativo,* núm. 50 (2019).

CORNAGO BARATECH, J. F. y SÁNCHEZ ZURDO, F. J., «El papel de la Inteligencia Artificial en la defensa nacional», en TERRÓN SANTOS, D. y DOMÍNGUEZ ÁLVAREZ, J. L. (dirs.), *Inteligencia Artificial y defensa. Nuevos horizontes,* Thomson Reuters Aranzadi, Pamplona, 2021, pp. 45-62.

COTINO HUESO, L., «Riesgos e impactos del *big data,* la inteligencia artificial y la robótica. Enfoques, modelos y principios de la respuesta del derecho», *Revista General de Derecho Administrativo,* núm. 50 (2019).

DE LA SERNA BILBAO, M. N., «Seguridad ciudadana y los sistemas de videovigilancia. Límites, garantías y regulación». *IUSTA,* núm. 45 (2016), pp. 129-163.

DE LA CUEVA, J., «Código fuente, algoritmos y fuentes de Derecho», *El Notario del siglo XX,* núm. 89 (2020).

DOMÍNGUEZ ÁLVAREZ, J. L., «La efectividad de la normativa de protección de datos de carácter personal ante el avance de la Inteligencia Artificial. Una revisión del binomio libertad y seguridad», en TERRÓN SANTOS, D. y DOMÍNGUEZ ÁLVAREZ, J. L. (dirs.), *Inteligencia Artificial y defensa. Nuevos horizontes,* Thomson Reuters Aranzadi, Pamplona, 2021, pp. 206-227.

FERNANDO PABLO, M. M., «Inteligencia artificial y derecho administrativo: de la precaución a la garantía de derechos», en TERRÓN SANTOS, D. y DOMÍNGUEZ ÁLVAREZ, J. L. (dirs.), *Inteligencia Artificial y defensa. Nuevos horizontes,* Thomson Reuters Aranzadi, Pamplona, 2021, pp. 111-130.

GAMERO CASADO, E., «Sistemas automatizados de toma de decisiones en el Derecho Administrativo Español», *Revista General de Derecho Administrativo*, núm. 63 (2023).

GARCÍA SÁNCHEZ, M. D., «Big brother ¿Ciencia ficción o realidad?», *Ius et Scientia*, vol. 8, núm. 1 (2022).

GALLO SALLENT, J. A., «El big data. Implicaciones jurídicas para un cambio de paradigma: El derecho al olvido y el consentimiento» [Tesis Doctoral], Universitat Internacional de Catalunya, 2020.

GONZÁLEZ-AGUILERA, D., RODRÍGUEZ GONZÁLVEZ, P., RODRÍGUEZ-MARTÍN, M. y SÁNCHEZ-APARICIO, L. «Gemelo Digital: los modelos 3D y la inteligencia artificial como apoyo a la toma de decisiones en el ámbito de la seguridad», en TERRÓN SANTOS, D. y DOMÍNGUEZ ÁLVAREZ, J. L. (dirs.), *Inteligencia Artificial y defensa. Nuevos horizontes*, Thomson Reuters Aranzadi, Pamplona, 2021, pp. 79-94.

GONZÁLEZ BUSTOS, M. A, «Nuevo enfoque de los Derechos Humanos en el entorno digital», en TERRÓN SANTOS, D. y DOMÍNGUEZ ÁLVAREZ, J. L. (dirs.), *Inteligencia Artificial y defensa. Nuevos horizontes*, Thomson Reuters Aranzadi, Pamplona, 2021, pp. 131-146.

HUERGO LORA, A., «Una aproximación a los algoritmos desde el Derecho administrativo», en HUERGO LORA, A., *La regulación de los algoritmos*, Thomson Reuters Aranzadi, Pamplona, 2020, pp. 23-87.

IZQUIERDO CARRASCO, M., «La utilización policial del reconocimiento facial automático en despliegues ocasionales en la vía pública y los derechos fundamentales», en TERRÓN SANTOS, D. y DOMÍNGUEZ ÁLVAREZ, J. L. (dirs.), *Inteligencia Artificial y defensa. Nuevos horizontes*, Thomson Reuters Aranzadi, Pamplona, 2021, pp. 63-77.

MARTÍNEZ JIMÉNEZ, M. A., «Detección de personas ebrias mediante técnicas de Deep Learning» [Trabajo Fin de Grado], Universidad de Alicante, 2022.

MARTÍNEZ NIZA, R., «La Potestad Sancionadora de la Administración Local. Problemas en el procedimiento y en la tramitación de expedientes sancionadores de tráfico por medio de dispositivos de captación de evidencias visuales. Garantía probatoria vs eficacia administrativa» [Tesis Doctoral], Universidad Autónoma de Madrid, 2019.

NIETO SACRISTÁN, P., «La videovigilancia con reconocimiento facial en España tras la RGPD» [Trabajo Fin de Máster], Universitat Oberta de Catalunya, 2019.

NIETO GARRIDO, E., «Transparencia y acceso a los documentos versus derecho a la protección de datos de carácter personal en la reciente jurisprudencia del TJUE», en DUPRAT, J. PIÑAR MAÑAS, J. L. y RODOTÀ, S., *Derecho administrativo: transparencia, acceso a la información y protección de datos*, Reus, Madrid, 2014, pp. 63-96.

NÚÑEZ BECERRA, M. A., «La Ciudadanía en la Globalización Neoliberal. Los nuevos mecanismos de gobierno humano mundial» [Tesis Doctoral], Universitat de Barcelona, 2019.

PIÑAR MAÑAS, J. L. (dir.), *Reglamento General de Protección de Datos*, Reus, Madrid, 2017.

RODRÍGUEZ PEÑA, N. L, «Nuevo enfoque de los Derechos Humanos en el entorno digital», en TERRÓN SANTOS, D. y DOMÍNGUEZ ÁLVAREZ, J. L. (dirs.), *Inteligencia Artificial y defensa. Nuevos horizontes*, Thomson Reuters Aranzadi, Pamplona, 2021, pp. 159-178.

SÁNCHEZ CASTRO, I., «Nuevas tecnologías, protección de datos y otras amenazas al derecho a la intimidad del trabajador», en TERRÓN SANTOS, D. y DOMÍNGUEZ ÁLVAREZ, J. L. (dirs.), *Inteligencia Artificial y defensa. Nuevos horizontes*, Thomson Reuters Aranzadi, Pamplona, 2021, pp. 257-268.

SÁNCHEZ SORIANO, G., «Tecnología de reconocimiento facial: perspectivas, casos de usos y retos», *Digital Law and Innovation Review*, núm. 7 (2020).

SERRANO-COBOS, J., «Big data y not so big data», *Anuario ThinkEPI*, vol. 7 (2013).

TERRÓN SANTOS, D. y DOMÍNGUEZ ÁLVAREZ, J. L., I-*Administración Pública, sistemas algorítmicos y protección de datos*, Iustel, Madrid, 2020.

TERRÓN SANTOS, D. y DOMÍNGUEZ ÁLVAREZ, J. L. (dirs.), *Inteligencia Artificial y defensa. Nuevos horizontes*, Thomson Reuters Aranzadi, Pamplona, 2021.

TERRÓN SANTOS, D. y DOMÍNGUEZ ÁLVAREZ, J. L, «Los derechos fundamentales de la privacidad: derecho y necesidad en tiempo de crisis», *Revista General de Derecho Administrativo*, núm. 55 (2020), p. 4.

TOMÉ DOMÍNGUEZ, P. M., «Seguridad, smart cities y provisión de servicios públicos personalizados», en TERRÓN SANTOS, D. y DOMÍNGUEZ ÁLVAREZ, J. L. (dirs.), *Inteligencia Artificial y defensa. Nuevos horizontes*, Thomson Reuters Aranzadi, Pamplona, 2021, pp. 397-417.

VESTRI, G., «La Inteligencia Artificial y la transparencia algorítmica aplicada al sistema de *whistleblowing* y de protección del *whistleblower* en el ámbito del sector público», en TERRÓN SANTOS, D. y DOMÍNGUEZ ÁLVAREZ, J. L. (dirs.), *Inteligencia Artificial y defensa. Nuevos horizontes*, Thomson Reuters Aranzadi, Pamplona, 2021, pp. 313-326.

8. JURISPRUDENCIA

STEDH de 27 de mayo de 2014. (TEDH 2014, 34). Asunto De la Flor Cabrera c. España.

STC de 16 de noviembre de 1992. (RTC 1992, 18). ECLI: ES:TC:1996:183 [BOE núm. 303, de 8 diciembre de 1992].

STC de 30 de noviembre de 2000. (RTC 2000, 292). ECLI: ES:TC:2000:292. [BOE núm. 4, de 4 de enero de 2001].

STC de 23 de febrero de 2004. (RTC 2004, 16). ECLI: ES:TC:2004:16. [BOE núm. 74, de 26 de marzo de 2004].

STC de 11 de febrero de 2013. (RTC 2013, 29). ECLI: ES:TC:2013:29. [BOE núm. 61, de 12 de marzo de 2013].

Capítulo IV

La actividad administrativa automatizada: control e inspección administrativa con inteligencia artificial

María Teresa Barranco Pérez
Doctora en Derecho
Profesora Asociada de Derecho Administrativo
Universidad de Málaga

1. INTRODUCCIÓN

En el supuesto de la movilidad y la actividad administrativa automatizada en el transporte, las posibilidades son tan amplias como necesarias. La implementación exitosa de la automatización en la Administración Pública requiere una planificación cuidadosa, considerando aspectos como la seguridad de datos, la participación ciudadana y la accesibilidad. Además, la colaboración con el sector privado y la comunidad puede ser crucial para el éxito de estas iniciativas. Desde la automatización en la gestión de tráfico mediante la implementación de sistemas de semáforos inteligentes que se ajustan automáticamente según las condiciones del tráfico en tiempo real y el uso de algoritmos para optimizar la sincronización de semáforos y reducir congestiones hasta la planificación del denominado «estacionamiento inteligente» mediante el desarrollo de aplicaciones móviles que permitan a los ciudadanos encontrar estacionamiento fácilmente o la instalación de sensores inteligentes en las plazas de estacionamiento para informar sobre la disponibilidad en tiempo real.

La inteligencia artificial (IA) en el sector del transporte y de la movilidad urbana permite, entre otras cosas, la planificación de rutas que integren múltiples modos de transporte público y ofrezcan recomendaciones en tiempo real así como proporcionar una información en tiempo real sobre el estado y horarios de los servicios de transporte público, la implementación de sistemas de pago electrónico para el transporte público y la automatización de la gestión de tarifas y descuentos para diferentes grupos de usuarios, la monitorización de emisiones y calidad del aire mediante sensores y sistemas automáticos para monitorear las emisiones de vehículos y la calidad del aire y alertas automáticas y acciones correctivas en caso de niveles de contaminación excesivos, la creación de plataformas para la solicitud y aprobación automatizada de permisos para eventos y trabajos en la vía pública y de sistemas de notificación para informar a los ciudadanos sobre cierres de calles y desvíos de tráfico, la detección de infracciones en materia de seguridad vial mediante sistemas de control automatizados y cámaras de vigilancia inteligentes, la posibilidad de instaurar sistemas en línea para la presentación de sugerencias y quejas relacionadas con la movilidad urbana y de automatizar las respuestas y el seguimiento de problemas reportados por los ciudadanos o la publicación de datos abiertos relacionados con la movilidad urbana para fomentar la transparencia y la innovación.

Cuando hablamos de inteligencia artificial nos estamos refiriendo a todos aquellos sistemas que manifiestan un comportamiento inteligente, pues son capaces de analizar su entorno y pasar a la acción con cierto grado de autonomía a fin de alcanzar objetivos específicos. Estos sistemas basados en la IA pueden consistir simplemente en un programa informático (p. ej. asistentes de voz, programas de análisis de imágenes, motores de búsqueda, sistemas de reconocimiento facial y de voz), pero también pueden estar incorporados en dispositivos de *hardware* (p. ej. robots avanzados, automóviles autónomos, drones o aplicaciones del internet de las cosas). De este modo, utilizamos la IA diariamente, por ejemplo, para traducir de un idioma a otro, o para generar subtítulos en los vídeos o bloquear el correo electrónico no solicitado (*spam*). Muchas tecnologías de IA requieren datos para poder mejorar su rendimiento. Una vez que funcionan bien, pueden ayudar a mejorar y automatizar la adopción de decisiones en el mismo ámbito. Por ejemplo, un sistema de IA se puede entrenar con vistas a utilizarlo para detectar los ataques informáticos a partir de los datos obtenidos de la red o del sistema en cuestión.

Es por ello que la IA presenta enormes oportunidades globales y tiene el potencial de transformar y mejorar el bienestar humano, pero, para ello, debe diseñarse, desarrollarse, implementarse y utilizarse de manera segura, centrándonos en el ser humano. Tanto es así, que, en los últimos años, son numerosos los esfuerzos de la comunidad internacional para cooperar en materia de IA con objeto de promover el crecimiento económico inclusivo, el desarrollo sostenible y la innovación, proteger los derechos humanos y las libertades fundamentales y fomentar la confianza pública en los sistemas de IA.

Los sistemas de IA, como hemos dicho, ya se encuentran implementados en muchos ámbitos de la vida diaria, incluidos la vivienda, el empleo, el transporte, la educación, la salud, la accesibilidad y la justicia y, a medida que van surgiendo más innovaciones y aplicaciones de carácter tecnológico, su uso seguirá aumentando. Por este motivo, nos encontramos en el momento propicio para marcar las pautas de su regulación y, desde el punto de vista del Derecho Administrativo, de establecer las bases jurídicas para la implementación de la IA en aquellos procesos y procedimientos de las Administraciones Públicas que faciliten la prestación de mejores servicios públicos a la ciudadanía.

No hay que olvidar que la IA plantea riesgos importantes y que es precisamente por ese motivo por el que hay que realizar un esfuerzo adicional a la hora de examinar y abordar el impacto de los sistemas de IA existentes, y de los que potencialmente se implanten, teniendo especialmente en cuenta la protección de los derechos humanos, la transparencia, la equidad, la rendición de cuentas, la regulación o la seguridad jurídica. Es necesario abordar la supervisión humana, la ética, la mitigación de prejuicios, la privacidad y la protección de datos, así como los posibles riesgos imprevistos derivados de la capacidad de manipular contenido o generar contenido engañoso. Surgen riesgos de seguridad particulares en aquellos modelos de IA de propósito general altamente capaces, incluidos los modelos básicos, que podrían realizar una amplia variedad de tareas, así como IA específicas relevantes que podrían exhibir capacidades que causen daño, que igualan o superan las capacidades presentes en los modelos más avanzados de hoy.

También pueden surgir riesgos sustanciales debido a un posible uso indebido intencional o problemas de control no deseados relacionados con conductas delictivas difíciles de predecir. Estos riesgos son especialmente preocupantes en ámbitos como la ciberseguridad y la biotecnología, así como donde los sistemas de inteligencia artificial de vanguardia pueden amplificar riesgos como la desinformación.

Muchos de los riesgos descritos tienen carácter internacional por lo que, la mejor manera de abordarlos es mediante instrumentos de cooperación internacional[1]. Así, la reciente Declaración de Bletchley (histórico lugar donde se descifraron los códigos nazis durante la Segunda Guerra Mundial) recoge, de manera textual la necesidad de trabajar conjuntamente para «garantizar una IA centrada en las personas, confiable y responsable que sea segura y apoye el bien de todos a través de los foros internacionales existentes y otras iniciativas relevantes, para promover la cooperación para abordar la amplia gama de riesgos que plantean IA. Al hacerlo, reconocemos que los países deben considerar la importancia de un enfoque regulatorio y de gobernanza proporcionado y pro-innovación que maximice los beneficios y tenga en cuenta los riesgos asociados con la IA. Esto podría incluir realizar, cuando corresponda, clasificaciones y categorizaciones de riesgo basadas en las circunstancias nacionales y los marcos legales aplicables. También observamos la importancia de la cooperación, cuando corresponda, en enfoques como principios y códigos de conducta comunes. Con respecto a los riesgos específicos que probablemente se encuentren en relación con la IA de frontera, decidimos intensificar y mantener nuestra cooperación, y ampliarla con más países, para identificar, comprender y, según corresponda, actuar, a través de los foros internacionales existentes y otras iniciativas relevantes, incluidas futuras cumbres internacionales sobre seguridad de la IA».

Partiendo de la base de que garantizar la seguridad de la IA es una tarea que implica tanto a Estados como a empresas, sociedad civil, académicos, investigadores y al sector público, la colaboración debe ser total.

Tampoco cabe obviar la importancia de una IA inclusiva y la necesidad de abordar la brecha digital en un sentido amplio y desde todas sus dimensiones trabajando desde múltiples frentes, como mejorar el acceso a la tecnología, proporcionar educación y capacitación inclusivas, garantizar la

1. La Primera Cumbre Mundial sobre la seguridad de la IA ha tenido lugar recientemente: El 1 y el 2 de noviembre de 2023, un total de 29 países, entre los que se encontraban China y Estados Unidos, han firmado la Declaración de Bletchley por la que se comprometen a establecer un mecanismo permanente de diálogo y coordinación para asegurar el desarrollo responsable de la IA.

equidad en el desarrollo y aplicación de algoritmos, y considerar cuidadosamente el impacto social y económico de estas tecnologías ante el riesgo de caer en cualquiera de las siguientes tipologías:

- La brecha de acceso: La implementación de tecnologías de inteligencia artificial a menudo requiere acceso a recursos tecnológicos avanzados, como computadoras potentes, conexiones de alta velocidad y grandes conjuntos de datos. Las comunidades o regiones con acceso limitado a estas infraestructuras pueden quedar rezagadas en la adopción y aprovechamiento de la IA.
- La brecha de habilidades: La implementación efectiva de sistemas de inteligencia artificial suele requerir habilidades técnicas especializadas. Existe una brecha educativa en términos de formación en ciencia de datos, programación y comprensión de algoritmos, lo que puede limitar la participación equitativa en la creación y aplicación de tecnologías de IA.
- La brecha socioeconómica: Las comunidades con recursos limitados pueden tener menos acceso a dispositivos inteligentes, servicios en línea y otras tecnologías habilitadas para la IA. Esto puede agravar las desigualdades socioeconómicas, ya que las personas con mayores recursos pueden beneficiarse más de las oportunidades que ofrece la inteligencia artificial.
- La brecha de sesgo: Los algoritmos de inteligencia artificial pueden incorporar sesgos si los conjuntos de datos utilizados para entrenarlos no son representativos o contienen prejuicios. Esto puede llevar a resultados discriminatorios que afectan desproporcionadamente a ciertos grupos, contribuyendo así a la ampliación de las brechas existentes.
- La brecha laboral: La automatización impulsada por la inteligencia artificial puede tener impactos en el empleo, afectando a ciertos sectores de manera desproporcionada. Las personas con habilidades que son fácilmente automatizables pueden enfrentar desafíos en el mercado laboral, mientras que aquellos con habilidades especializadas en tecnología pueden tener mayores oportunidades.
- La brecha de beneficios: Si las aplicaciones de la inteligencia artificial se implementan de manera desigual, algunas comunidades pueden perderse de los beneficios potenciales, como mejoras en la atención médica, eficiencias en servicios públicos o avances en la investigación científica.

Lejos de ser ciencia-ficción, la inteligencia artificial forma ya parte de nuestras vidas: utilizamos un asistente personal para organizar nuestra jornada laboral, nos desplazamos en un vehículo de conducción automática o nuestro teléfono nos sugiere canciones o restaurantes. Además de facilitarnos la vida, la IA nos ayuda a resolver algunos de los principales retos a los que se enfrenta nuestro mundo: desde el tratamiento de las enfermedades crónicas o la reducción de las tasas de mortalidad en los accidentes de tráfico[2] hasta la lucha contra el cambio climático o la previsión de las amenazas a la ciberseguridad. Muchas explotaciones agrarias de toda Europa ya están utilizando la IA para controlar los desplazamientos, la temperatura y el consumo de pienso de los animales. El sistema de IA es capaz de reajustar automáticamente la calefacción y la maquinaria de alimentación, con lo cual ayuda a los ganaderos a supervisar el bienestar del ganado y liberarse para la realización de otras tareas. La IA también está contribuyendo a que el sector industrial europeo resulte más eficiente y a que la fabricación vuelva a Europa. Estos son algunos de los muchos ejemplos de lo que la IA ha demostrado que puede aportar en todos los sectores, desde la energía hasta la educación, o desde los servicios financieros hasta la construcción, pero otros muchos, que ni siquiera podemos imaginar en la actualidad, surgirán a lo largo de la próxima década[3].

Tras la publicación del Libro Blanco sobre la IA elaborado por la Comisión Europea el 19 de febrero de 2020[4] donde se definen las opciones existentes para alcanzar el doble objetivo de promover la adopción de la IA y de abordar los riesgos vinculados a determinados usos de esta nueva tecnología, se eleva Propuesta de Reglamento del Parlamento Europeo y del Consejo por el que se establecen normas armonizadas en materia de IA (Ley de Inteligencia Artificial) y se modifican determinados actos legislativos de

---

2. Se calcula que alrededor del 90 % de los accidentes de tráfico se debe a errores humanos. Véase el informe de la Comisión sobre «Salvar vidas: impulsar la seguridad de los vehículos en la UE» [COM (2016) 0787 final].
3. En la Comunicación de la Comisión al Parlamento Europeo, al Consejo Europeo, al Consejo, al Comité Económico y Social Europeo y al Comité de las Regiones, de 25 de abril de 2018, denominada «Inteligencia artificial para Europa» [COM (2018) 237 final], se hace una especial referencia a la IA en el sector público en cuanto a las medidas relacionadas con facilitar el intercambio de datos con vistas a su reutilización. Entre estos datos cabe citar, en particular, los del sector público, tales como los relacionados con los servicios de utilidad pública y el medio ambiente, así como los datos de los ámbitos de la investigación y de la sanidad.
4. Comunicación de la Comisión Europea, de 19 de febrero de 2020, denominada «Libro Blanco sobre la Inteligencia Artificial – un enfoque europeo orientado a la excelencia y la confianza» [COM (2020) 65 final].

la Unión[5]. Este texto, aún en fase de aprobación, persigue promover en la Unión la adopción de una inteligencia artificial fiable y centrada en el ser humano y garantizar un elevado nivel de protección de la salud, la seguridad, los derechos fundamentales, la democracia y el Estado de Derecho y del medio ambiente frente a los efectos nocivos de los sistemas de inteligencia artificial, apoyando al mismo tiempo la innovación y mejorando el funcionamiento del mercado interno. Dicho Reglamento pretende establecer un marco jurídico uniforme, en particular en lo que respecta al desarrollo, la introducción en el mercado, la puesta en servicio y la utilización de la inteligencia artificial de conformidad con los valores de la Unión y garantiza la libre circulación transfronteriza de bienes y servicios basados en la IA, con lo que impide que los Estados miembros impongan restricciones al desarrollo, la comercialización y la utilización de sistemas de inteligencia artificial, a menos que el Reglamento lo autorice expresamente. Algunos sistemas de AI pueden afectar asimismo a la democracia, el Estado de Derecho y el medio ambiente. Esas preocupaciones se abordan específicamente en los sectores y los casos de uso críticos teniendo en cuenta que los mismos elementos y técnicas que potencian los beneficios socioeconómicos de la IA también pueden dar lugar a nuevos riesgos o consecuencias negativas para personas concretas o la sociedad en su conjunto. En vista de la velocidad a la que cambia la tecnología y las dificultades que podrían surgir, la Unión Europea está decidida a buscar un enfoque equilibrado.

El 8 de diciembre de 2023, la Unión Europea pactó la denominada Ley de Inteligencia Artificial, la primera norma reguladora de la inteligencia artificial en el mundo, cuya aprobación corresponderá al Parlamento y al Consejo Europeo y que tiene como objetivo garantizar que los derechos fundamentales, la democracia, el Estado de Derecho y la sostenibilidad ambiental estén protegidos contra la IA de alto riesgo, al tiempo que impulsa la innovación y convierte a Europa en líder en este campo. La norma plantea la prohibición de sistemas de categorización biométrica que utilizan características sensibles (por ejemplo, creencias políticas, religiosas, filosóficas, orientación sexual, raza); extracción no dirigida de imágenes faciales de Internet o imágenes de CCTV para crear bases de datos de reconocimiento facial; reconocimiento de emociones en el lugar de trabajo y en instituciones educativas y la denominada puntuación social basada en comportamiento social o características personales, con algunas excepciones para el uso de sistemas de identificación biométrica (RBI) en espacios de

5. Propuesta de Reglamento del Parlamento Europeo y del Consejo, de 21 de abril de 2021, por el que se establecen normas armonizadas en materia de inteligencia artificial (Ley de Inteligencia Artificial) y se modifican determinados actos legislativos de la Unión [COM (2021) 206 final].

acceso público con fines policiales, sujetos a autorización judicial previa y para listas de delitos estrictamente definidas. La RBI «post-remota» se utilizaría estrictamente en la búsqueda selectiva de una persona condenada o sospechosa de haber cometido un delito grave.

También se ha incluido una evaluación obligatoria del impacto sobre los derechos fundamentales, entre otros requisitos, aplicable también a los sectores bancarios y de seguros. Los sistemas de inteligencia artificial utilizados para influir en el resultado de las elecciones y el comportamiento de los votantes también se clasifican como de alto riesgo. Los ciudadanos tendrán derecho a presentar quejas sobre los sistemas de IA y recibir explicaciones sobre las decisiones basadas en sistemas de IA de alto riesgo que afecten a sus derechos. Los sistemas de IA de propósito general (GPAI), y los modelos GPAI en los que se basan, tendrán que cumplir con requisitos de transparencia como propuesto inicialmente por el Parlamento. Estas incluyen la elaboración de documentación técnica, el cumplimiento de la ley de derechos de autor de la Unión Europea y la difusión de resúmenes detallados sobre el contenido utilizado para la formación. Para los modelos GPAI de alto impacto con riesgo sistémico, tendrán que realizar evaluaciones de modelos, evaluar y mitigar riesgos sistémicos, realizar pruebas contradictorias, informar a la Comisión sobre incidentes graves, garantizar la ciberseguridad e informar sobre su eficiencia energética.

En España, y en cuanto a los primeros intentos normativos para establecer un marco jurídico apropiado para controlar el cumplimiento de la legalidad en la implementación de técnicas de IA, debemos referirnos al reciente Real Decreto 817/2023, de 8 de noviembre, que establece un entorno controlado de pruebas para el ensayo del cumplimiento de la propuesta de Reglamento del Parlamento Europeo y del Consejo por el que se establecen normas armonizadas en materia de inteligencia artificial[6]. Su Preámbulo destaca que la IA es «una tecnología disruptiva con una alta capacidad de impacto en la economía y la sociedad. En el plano económico, y junto a otras tecnologías digitales, presenta un alto potencial para el aumento de la productividad, la apertura de nuevas líneas de negocio, el desarrollo de nuevos productos o servicios —basados, por ejemplo, en la personalización, la optimización de los procesos industriales o las cadenas de valor—, la mejora en la facilidad de realización de tareas cotidianas, la automatización de ciertas tareas rutinarias y el desarrollo de la innovación. Este potencial incide positivamente en el crecimiento económico, la creación de empleo y

6. Real Decreto 817/2023, de 8 de noviembre, que establece un entorno controlado de pruebas para el ensayo del cumplimiento de la propuesta de Reglamento del Parlamento Europeo del Consejo por el que se establecen normas armonizadas en materia de inteligencia artificial. *Boletín Oficial del Estado, núm. 268, de 9 de noviembre de 2023.*

el progreso social. No obstante, los sistemas de inteligencia artificial también pueden suponer riesgos sobre el respeto de los derechos fundamentales de la ciudadanía, como por ejemplo los relativos a la discriminación y a la protección de datos personales, o incluso causar problemas graves sobre la salud o la seguridad de la ciudadanía».

El objeto de esta norma es poner en marcha, con la colaboración de la Comisión Europea, el primer entorno controlado de pruebas para comprobar la forma de implementar los requisitos aplicables a los sistemas de inteligencia artificial de alto riesgo de la propuesta de reglamento europeo de inteligencia artificial con el ánimo de obtener, como resultado de esta experiencia, unas guías basadas en la evidencia y la experimentación que faciliten a las entidades, especialmente las pequeñas y medianas empresas, y a la sociedad en general, el alineamiento con la propuesta del Reglamento Europeo de Inteligencia Artificial. Durante el desarrollo de este entorno controlado de pruebas, se utilizará como referencia la posición del Consejo de la Unión Europea del 25 de noviembre de 2022.

Este entorno controlado de pruebas también posibilita la cooperación entre los usuarios y los proveedores de inteligencia artificial, validando desde ambos aspectos la implementación de los requisitos tanto de sistemas de inteligencia artificial de alto riesgo, así como de los sistemas de propósito general y modelos fundacionales con respecto al cumplimiento de los requisitos de la futura normativa europea para así estudiar la operatividad de los requisitos establecidos en la propuesta de Reglamento europeo, la realización de una autoevaluación de cumplimiento de los mismos y la evaluación del plan posterior a la comercialización de los sistemas de inteligencia artificial de las entidades participantes. Esta iniciativa se espera que dé lugar al desarrollo de un informe conteniendo buenas prácticas y conclusiones obtenidas, así como a unas guías técnicas de ejecución y supervisión basadas en la evidencia y la experimentación que se pondrá a disposición de la Comisión Europea para el desarrollo de guías europeas, y a disposición de los organismos de normalización como aportación para el proceso de estandarización, así como a disposición de la sociedad en su conjunto.

2. ANTECEDENTES DE LA ACTIVIDAD ADMINISTRATIVA AUTOMATIZADA

La actividad administrativa automatizada con inteligencia artificial implica el uso de tecnologías avanzadas para mejorar y agilizar procesos administrativos en determinadas áreas clave en las que la IA puede desempeñar un papel importante en la administración, control e inspección y tiene sus antecedentes en la evolución de la tecnología de la información y la informática.

Entre los hitos importantes en la historia de la administración automatizada podemos destacar los primeros sistemas informáticos electrónicos surgidos en la década de 1950 del pasado siglo consistentes en máquinas enormes capaces de realizar cálculos y procesar datos de manera más eficiente que los anteriores métodos anuales. No es hasta la siguiente década, en 1960, cuando surgen los primeros sistemas de procedimiento de transacciones (TPS) para gestionar eficientemente las operaciones diarias de las organizaciones y que contribuyeron a mejorar procesos relacionados con la contabilidad y la gestión de inventarios.

A partir de 1970, surgen los sistemas de planificación de recursos empresariales (ERP), que integraban diversas funciones empresariales en un único sistema. Esto permitió una mayor automatización y coordinación de procesos en diferentes departamentos.

En 1980, los sistemas de apoyo a decisiones (DSS) se desarrollaron para ayudar a los órganos superiores de las organizaciones a tomar decisiones más informadas. Estos sistemas utilizaban datos almacenados para proporcionar información relevante para la toma de decisiones.

El auge de Internet en la década de 1990 permitió una mayor automatización en áreas como el comercio electrónico y la gestión de relaciones con los clientes (CRM), facilitando la interacción y transacciones en línea y propiciando un auge de la automatización robótica de procesos (RPA) en el siglo XXI. La RPA se convirtió en una tendencia importante en la década de 2000. Estos sistemas, a menudo basados en reglas, automatizaban tareas repetitivas y manuales realizadas por humanos en sistemas digitales.

Es en la década de 2010 cuando se producen los primeros avances en IA. Con los avances en algoritmos de aprendizaje automático y procesamiento de lenguaje natural, la IA comenzó a desempeñar un papel más significativo en la automatización de tareas complejas, como la toma de decisiones y el análisis de datos.

Y es a partir de 2020 cuando comienza a integrarse la IA en los procesos administrativos para mejorar la toma de decisiones, la automatización de procesos y la eficiencia operativa, si bien, hasta la fecha, no existe en España ninguna norma que obligue o imponga el uso de la IA o de los algoritmos para dictar actos administrativos.

La única referencia que se encuentra es la mención a la actividad administrativa automatizada que se contiene en el artículo 41.2 de la Ley 40/2015, de 1 de octubre, reguladora del Régimen Jurídico de las Administraciones Públicas: «En caso de actuación administrativa automatizada, deberá establecerse previamente el órgano u órgano competentes, según los casos, para la definición de las especificaciones, programación, mantenimiento, supervisión y control de calidad y, en su caso, auditoría del sistema de información y de su código fuente. Asimismo, se indicará el órgano que debe ser considerado responsable a efectos de su impugnación».

Actualmente, la Estrategia Nacional de Inteligencia Artificial[7], componente 16 del Plan de Recuperación, Transformación y Resiliencia de la economía española y uno de los ejes de la Agenda España Digital 2026, pretende proporcionar un marco de referencia para el desarrollo de una IA inclusiva, sostenible y centrada en la ciudadanía. El objetivo es permitir mejorar la preparación del tejido productivo español de cara a impulsar su competitividad en el plano europeo e internacional.

Se trata, por tanto, de un paso fundamental en la apuesta por la transformación digital de la economía y la sociedad a través del desarrollo de tecnologías disruptivas de alto valor añadido. La Estrategia España Digital 2026 marca una serie de fines en relación con la inteligencia artificial y la economía del dato:

- Convertir a España en un referente en la transformación hacia una economía del dato.
- Impulsar la inteligencia artificial como motor de innovación y crecimiento económico social, inclusivo y sostenible.
- Establecer marcos regulatorios que delimiten y guíen el diseño de la inteligencia artificial, de forma que las aplicaciones resultantes respeten los derechos de la ciudadanía.
- Fomentar las infraestructuras de datos y tecnológicas, que dan soporte a la inteligencia artificial.
- Fortalecer la competitividad a través de las actividades de I+D en el conjunto de las Tecnologías Habilitadoras Digitales (THD).

7. GOBIERNO DE ESPAÑA. Ministerio de Asuntos Económicos y Transformación Digital. (noviembre de 2020), *Estrategia Nacional de Inteligencia Artificial*, p. 26. Disponible en: https://portal.mineco.gob.es/RecursosArticulo/mineco/ministerio/ficheros/220530_Componente16.pdf

Para ello, presenta una serie de medidas y actuaciones en el ámbito de la IA y la Economía del Dato:

- Creación de la Oficina del Dato y la figura del *Chief Data Officer*.
- Puesta en marcha del Consejo Asesor de Inteligencia Artificial.
- Publicación de la Carta de Derechos Digitales.
- Aprobación del Plan Nacional de Tecnologías del Lenguaje.
- PERTE: Nueva Economía de la Lengua.
- Iniciativa *Quantum Spain*: Proyecto estratégico de supercomputación.
- GAIA-X, hub español para el desarrollo nacional de espacio de datos sectoriales y gestión de datos.
- Programa Nacional de Algoritmos Verdes (PNAV).
- *Sandbox* regulatorio para la implementación del futuro Reglamento Europeo de IA.
- Creación del Centro Nacional de Neurotecnologías.
- Creación de la Agencia Nacional de Supervisión de la Inteligencia Artificial.

Hasta 2026 se continuarán impulsando actuaciones para cumplir con los objetivos en el marco de la inteligencia artificial y la economía del dato: fomentar un marco ético y normativo para el despliegue de la IA; impulsar el I+D+i; fomentar la atracción de talento nacional e internacional; impulsar la creación de infraestructuras de datos y tecnológicas; e integrar la IA en las cadenas de valor del tejido industrial.

3. LA AUTOMATIZACIÓN DE LOS PROCESOS ADMINISTRATIVOS

3.1. LOS FLUJOS DE TRABAJO AUTOMATIZADOS

En primer lugar, cabría destacar aquellos procesos administrativos consistentes en la implementación de sistemas que utilizan algoritmos de IA para automatizar flujos de trabajo administrativos como la gestión de documentos, la asignación de tareas o la comunicación interna. Esta implementación puede proporcionar a las Administraciones Públicas una ventaja competitiva al mejorar la eficiencia operativa y permitir una respuesta más rápida al ciudadano. Como ejemplos de flujos de trabajo automatizados en el sector público nos podemos encontrar con procesos de aprobación de documentos o solicitudes, con la gestión documental para la revisión, creación o aprobación de documentos o con la implementación de campañas automatizadas basadas en comportamientos del usuario.

Los flujos de trabajo automatizados, también conocidos como automatización de procesos empresariales (BPA, por sus siglas en inglés), se refieren a la automatización de tareas y procesos en una organización para mejorar la eficiencia, reducir errores y liberar tiempo para actividades más estratégicas. Estos flujos de trabajo automatizados suelen emplear herramientas y tecnologías específicas para diseñar, ejecutar y gestionar procesos de manera eficiente.

Hablamos de herramientas de automatización tales como la definición de procesos, donde se identifican y documentan los procesos administrativos que pudieran beneficiarse de la automatización o el diseño de esos mismos procesos, por los que se crea el diseño detallado del flujo de trabajo, incluyendo las tareas específicas y las condiciones para su ejecución.

También nos referimos a las herramientas de automatización tales como las Plataformas BPM (*Business Process Management*), diseñadas específicamente para modelar, ejecutar y optimizar procesos y las RPA (*Robotic Process Automation*) por las que se utilizan robots o «bots» para automatizar tareas repetitivas y basadas en reglas.

En cuanto a las herramientas para la integración de sistemas es usual referirnos a las APIs (*Application Programming Interfaces*), en cuanto que facilitan la comunicación entre diferentes sistemas y aplicaciones, y las *middleware*, esto es, capas de *software* que conecta aplicaciones y sistemas heterogéneos.

La orquestación de servicios y de gestión de flujos se conciben como mecanismos para la coordinación de múltiples servicios para lograr un objetivo, en este caso determinado por la Administración Pública encargada de la automatización de esos datos así como para la supervisión y control centralizado de los flujos de trabajo.

Es imprescindible, en este punto, articular procesos de monitorización y mejora continua a través de técnicas tales como el análisis de datos (recopilación y análisis de datos para evaluar el rendimiento de los flujos de trabajo) y de optimización mediante la identificación de áreas de mejora y ajuste de los procesos automatizados.

Por último, y como venimos exponiendo en el presente trabajo, no debemos olvidar aspectos tales como la seguridad y el cumplimiento normativo en cuanto al control de acceso a los flujos de trabajo y a los datos involucrados y a la articulación de técnicas para asegurar que esos flujos de trabajo cumplen con los requisitos legales de aplicación.

3.2. EL PROCESO DEL LENGUAJE NATURAL (NLP)

El procesamiento del lenguaje natural (NLP, por sus siglas en inglés) es una rama de la inteligencia artificial que se ocupa de la interacción entre las computadoras y el lenguaje humano. Su objetivo es permitir que las máquinas comprendan, interpreten y generen texto o habla de manera similar a como lo haría un humano. Tiene aplicaciones en una amplia variedad de campos, desde la atención médica hasta el análisis de redes sociales, y sigue evolucionando con los avances en la inteligencia artificial y el aprendizaje profundo.

En el sector público, implementar técnicas de NLP permiten el análisis y comprensión de documentos escritos, facilitando la extracción de información relevante de contratos, informes y otros documentos administrativos, así como incluir bots o agentes de *software* que pueden realizar tareas administrativas rutinarias, como el procesamiento de datos, la actualización de registros y la respuesta a consultas frecuentes.

En este apartado nos encontramos con algunos conceptos claves como la tokenización, entendido como el proceso de dividir el texto en unidades más pequeñas denominadas «tokens», como palabras o frases y que facilita el análisis del texto y la comprensión de su estructura, el análisis morfológico por el que se procede a la descomposición de palabras en sus componentes fundamentales, el análisis sintáctico mediante el que se analiza la estructura gramatical de las oraciones para comprender las relaciones entre las palabras, la semántica, para comprender el significado de las palabras y cómo combinarlas para formar significados más complejos, la «desambiguación», que permite resolver las ambigüedades en el lenguaje para determinar el significado correcto y así entender el sentido de una palabra en función del contexto, los modelos de lenguaje consistentes en sistemas estadísticos o de aprendizaje profundo entrenados para comprender y generar texto (modelos como GPT o *Generative Pre-trained Transformer*), el reconocimiento de entidades nombradas (NER) donde se identifican y clasifican entidades como nombres de personas, lugares y organizaciones en un texto, el procesamiento del discurso que, mediante la comprensión y generación del habla, permite crear sistemas de reconocimiento y de síntesis de voz, y aplicaciones como los asistentes virtuales, la traducción automática o el análisis de sentimientos mediante la evaluación de opiniones o emociones expresadas en el texto.

3.3. CONTROL Y MONITORIZACIÓN

El control y la monitorización son aspectos críticos en la automatización de procesos administrativos. Estos elementos aseguran que los flujos de trabajo automatizados funcionen de manera eficiente, cumplan con los objetivos organizativos y se ajusten a los estándares de calidad y cumplimiento. La implementación efectiva de controles y sistemas de monitorización asegura que la automatización de procesos administrativos contribuya a la eficiencia y eficacia de una Administración Pública, al tiempo que se mantienen altos estándares de calidad y cumplimiento.

Para ello es primordial la supervisión de los procesos administrativos mediante el rastreo y la observación del progreso de los procesos automatizados. Es un factor importante para proporcionar visibilidad en tiempo real y así identificar posibles problemas o «cuellos de botella».

En este ámbito también hay que tener en cuenta la gestión de excepciones como capacidad de manejar aquellas situaciones inesperadas o errores cometidos durante la ejecución de un proceso con objeto de permitir una respuesta rápida y eficiente a problemas repentinos para evitar interrupciones significativas.

Es esencial la determinación de herramientas visuales (panel y cuadro de mandos) que ofrezcan información clave sobre el rendimiento de los procesos automatizados y faciliten la toma de decisiones informadas y la supervisión centralizada así como el establecimiento de reglas y validaciones que garanticen la precisión y coherencia de los datos para ayudar a mantener la integridad de los mismos y evitar errores en la automatización de los procesos.

Todo lo expuesto debe constar en un registro detallado que incluya aquellas actividades y cambios realizados durante la ejecución de los procesos automatizados ya que, de este modo, se facilita la auditoría interna y externa a efectos del cumplimiento normativo.

Se incluye en este apartado un sistema de alerta y notificaciones que de aviso a los responsables sobre eventos o problemas y que permita una respuesta rápida ante situaciones que requieran de una intervención humana con objeto de activar una optimización continua que permita identificar oportunidades de mejora y que garantice que los flujos de trabajo se ajusten continuamente a los cambios en los requisitos y el entorno administrativo.

Los últimos elementos hacen referencia a la seguridad, control de acceso y cumplimiento normativo en relación a la implementación de medidas de seguridad para proteger datos y procesos automatizados que mitiguen riesgos de seguridad y confirmen que solo el personal autorizado tenga acceso a información sensible y a garantizar que los procesos administrativos automatizados cumplan con las regulaciones y normativas específicas con objeto de evitar sanciones legales y/o administrativas así como a garantizar la integridad y la ética en la ejecución de dichos procesos.

4. VENTAJAS E INCONVENIENTES DE LA AUTOMATIZACIÓN ADMINISTRATIVA

La automatización de procedimientos administrativos ofrece varias ventajas, pero también presenta algunos inconvenientes. Es importante considerar ambos aspectos al implementar sistemas automatizados en el entorno administrativo por cuanto se requiere de una exhaustiva planificación previa a los efectos de evitar el fracaso del modelo de proceso automatizado en cuestión habida cuenta de que la inteligencia artificial a menudo se basa en el tratamiento de grandes volúmenes de datos y de los muchos sistemas y aplicaciones de IA para el tratamiento de datos personales.

La IA es un conjunto de tecnologías de rápida evolución que puede aportar, y de hecho ya aporta, un amplio abanico de beneficios económicos, medioambientales y sociales en todos los sectores y actividades sociales, si se desarrolla de conformidad con un marco jurídico adecuado. El uso de la inteligencia artificial, al mejorar la predicción, optimizar las operaciones y la asignación de los recursos, y personalizar las soluciones digitales que se encuentran a disposición de la población y de las organizaciones, puede proporcionar ventajas competitivas esenciales a las administraciones públicas y facilitar la obtención de resultados positivos desde el punto de vista social y medioambiental en los ámbitos de la asistencia sanitaria, la agricultura, la seguridad alimentaria, la educación y la formación, los medios de comunicación, los deportes, la cultura, la administración de infraestructuras, la energía, el transporte y la logística, la gestión de crisis, los servicios públicos, la seguridad, la justicia, la eficiencia energética y de los recursos, la supervisión medioambiental, la conservación y restauración de la biodiversidad y los ecosistemas y la mitigación del cambio climático y la adaptación a él, entre otros.

Esas ventajas de la automatización administrativa implican una eficiencia operativa por cuanto reduce el tiempo necesario para completar tareas administrativas y mejora de ese modo la eficiencia y la productividad. También contribuye a minimizar los errores humanos especialmente en tareas repetitivas, lo que conduce a una mayor precisión en los procesos administrativos. Supone un ahorro de tiempos y costes al reducir los plazos para la realización de tareas y eliminar costes en relación al menor número de errores cometidos. Implica una mejora en la toma de decisiones por cuanto los sistemas automatizados pueden analizar grandes cantidades de datos en tiempo real proporcionando información valiosa para la toma de decisiones informada. Estos sistemas pueden escalar fácilmente para manejar volúmenes crecientes de trabajo sin necesidad de aumentar proporcionalmente los recursos humanos, garantizan la consistencia en la aplicación de políticas y procedimientos, lo que es crucial para el cumplimiento normativo y suponen una mejora de la experiencia del usuario al acelerar la ejecución de los servicios y reducir los tiempos de espera.

Sin embargo y aunque la automatización administrativa puede proporcionar muchos beneficios, también conlleva ciertos inconvenientes que deben ser considerados y gestionados adecuadamente. Es esencial abordar estos inconvenientes de manera proactiva y estratégica. La planificación cuidadosa, la comunicación efectiva y la capacitación adecuada son factores clave para mitigar estos desafíos y garantizar una implementación exitosa de la automatización administrativa.

Algunos de los inconvenientes comunes asociados con la automatización administrativa podemos encuadrarlos dentro de los siguientes supuestos:

- Costos iniciales de inversión en tecnología: la implementación de sistemas de automatización puede requerir una inversión inicial significativa en *hardware*, *software* y capacitación.
- Complejidad tecnológica en relación a la integración de sistemas y a los desafíos técnicos: la integración de nuevas soluciones con sistemas existentes puede ser compleja y requerir un tiempo considerable. Asimismo, la complejidad técnica de algunos procesos puede dificultar su automatización especialmente si no se cuenta con el personal capacitado para mantener y actualizar la tecnología.
- Dependencia por riesgo tecnológico: la dependencia de la tecnología puede aumentar el riesgo de interrupciones si hay problemas técnicos o fallos en el sistema.
- Desplazamiento laboral: la automatización de tareas repetitivas puede llevar al desplazamiento de empleados que realizaban esas tareas. De otro lado, la implementación de tecnologías avanzadas puede requerir habilidades diferentes a las que tenían los empleados públicos previamente.

- Resistencia al cambio: algunos empleados y equipos pueden resistirse al cambio, especialmente si implica aprender nuevas habilidades o adaptarse a nuevas formas de trabajar.
- Falta de flexibilidad: los sistemas automatizados pueden ser menos flexibles para adaptarse a cambios rápidos o inesperados en los procesos.
- Errores y fallos: aunque la automatización reduce los errores humanos, también puede introducir nuevos errores si no se implementa correctamente. Es por ello que se requiere supervisión adicional para garantizar que los procesos automatizados funcionen según lo previsto.
- Seguridad y privacidad: los sistemas automatizados pueden ser vulnerables a amenazas cibernéticas, lo que aumenta la importancia de la seguridad de la información. La gestión inadecuada de datos automatizados puede plantear riesgos de privacidad.
- Adaptación a cambios legales y normativos: cambios en las regulaciones pueden requerir modificaciones en los sistemas automatizados para garantizar el cumplimiento normativo.
- Personalización limitada: algunos sistemas automatizados pueden no ser fácilmente personalizables para adaptarse a necesidades específicas de la Administración Pública.

5. CONTROL E INSPECCIÓN ADMINISTRATIVA CON INTELIGENCIA ARTIFICIAL

El control e inspección administrativa con inteligencia artificial implica el uso de tecnologías avanzadas para supervisar y evaluar el desempeño de procesos administrativos con objeto de proporcionar una visión más detallada y precisa, así como mejorar la eficiencia y la toma de decisiones.

Así, entre las técnicas en las que la IA puede ser aplicada en el control e inspección administrativa nos encontramos con el análisis predictivo mediante la comprobación de datos históricos y en tiempo real para prever posibles problemas o tendencias. Esto ayuda en la identificación temprana de áreas de riesgo y permite una intervención proactiva.

De otra parte, los algoritmos de IA pueden ser entrenados para identificar patrones normales y detectar anomalías en los datos administrativos. Esto es útil para prevenir fraudes, errores y actividades inusuales, pero también puede automatizar el proceso de auditoría, revisando grandes cantidades de datos de manera rápida y eficiente. Así, puede identificar inconsistencias, errores o posibles violaciones de políticas.

En referencia al ya mencionado procesamiento de lenguaje natural (NLP), la IA puede analizar documentos, correos electrónicos y otras fuentes de información escrita para extraer datos relevantes y evaluar el cumplimiento normativo monitoreando de manera continua el cumplimiento de normativas y políticas y generando alertas en el supuesto de identificación de posibles infracciones.

En cuanto a herramientas ya desarrolladas en el ámbito empresarial, la denominada inteligencia de negocios predictiva, trasladada al ámbito público, puede proporcionar análisis predictivos para evaluar el rendimiento administrativo y prever posibles desafíos o áreas de mejora y se encuentra íntimamente relacionada con la evaluación de riesgos donde la IA puede evaluar los riesgos asociados con decisiones administrativas específicas, ayudando a los líderes a tomar decisiones más informadas y a mitigar posibles consecuencias negativas.

Cuando se utilizan sistemas automatizados en el ámbito del control y la inspección en el sector público, la IA puede supervisar continuamente estos procesos para asegurarse de que funcionen correctamente y detectar cualquier desviación de los estándares establecidos, desempeñando un papel crucial en la identificación y prevención de riesgos de seguridad y violaciones de privacidad, así como garantizando el manejo adecuado de la información sensible.

Es importante destacar que la implementación exitosa de la IA en el control e inspección administrativa requiere una comprensión clara de los objetivos, una integración adecuada con los sistemas existentes y la consideración de aspectos éticos y de privacidad. Además, el personal debe estar capacitado para interpretar y tomar decisiones basadas en los resultados proporcionados por los sistemas de IA.

6. CONSIDERACIÓN DE ASPECTOS ÉTICOS Y DE PRIVACIDAD EN LA IMPLEMENTACIÓN DE SISTEMAS DE CONTROL E INSPECCIÓN ADMINISTRATIVA CON INTELIGENCIA ARTIFICIAL

La consideración de aspectos éticos y de privacidad es esencial al implementar sistemas de control e inspección administrativa con inteligencia artificial. Integrar estas consideraciones en el desarrollo y uso de la IA es esencial para construir la confianza del público, mitigar riesgos y garantizar que estas tecnologías beneficien a la sociedad de manera ética y responsable.

Dentro de los aspectos técnicos, cobra especial importancia el concepto de Transparencia. Es importante que los procesos de control e inspección basados en IA sean transparentes. Los usuarios deben comprender cómo se toman las decisiones y qué datos se utilizan ya que la transparencia contribuye a la confianza y a la aceptación ética. Por otro lado, dado que la IA puede heredar sesgos presentes en los datos de entrenamiento, es crucial identificar y mitigar estos sesgos para garantizar que las decisiones no favorezcan a ciertos grupos o discriminen a otros.

También es fundamental establecer claridad en la responsabilidad. A estos efectos, se deben definir roles y responsabilidades en relación con las decisiones tomadas por sistemas de IA, evitando la falta de rendición de cuentas y, cuando sea posible, se debe obtener el consentimiento informado de las partes afectadas por la inspección administrativa automatizada y, en todo caso, fomentar la participación y la retroalimentación de los usuarios.

Otro elemento a considerar es el impacto social de la implementación de la IA en los procesos administrativos ya que hay que considerar cómo afectará a los empleados, ciudadanos y otras partes interesadas, y tomar medidas para mitigar cualquier impacto negativo.

En cuanto a los aspectos de privacidad a considerar, debemos asegurarnos de que la implementación de la IA en el control e inspección administrativa cumpla con las regulaciones de privacidad pertinentes (Ley Orgánica 3/2018, de 5 de diciembre, de Protección de Datos Personales y Garantía de los Derechos Digitales[8] u otra normativa de aplicación específica) y adoptar el principio de minimización de datos, es decir, recopilar y retener solo la información necesaria para cumplir con los objetivos de control e inspección, reduciendo así el riesgo de exposición innecesaria de datos.

Otras medidas en cuanto a reforzar la seguridad de los datos incluirían la implementación de medidas de seguridad robustas para proteger los datos almacenados y procesados por los sistemas de IA (encriptación, controles de acceso y monitoreo de posibles vulnerabilidades), cuando sea posible, el uso de técnicas de anonimización y pseudonimización para proteger la identidad de los individuos en los datos utilizados por los sistemas de IA, garantizar que las personas tengan la capacidad de solicitar la eliminación de sus datos personales, en cumplimiento con los derechos de privacidad y el derecho al olvido en ciertos contextos, el desarrollo de evaluaciones de impacto en la privacidad para comprender y mitigar los riesgos para la privacidad asociados con la implementación de la IA en el con-

8. Ley Orgánica 3/2018, de 5 de diciembre, de Protección de Datos Personales y garantía de los derechos digitales. *Boletín Oficial del Estado, núm. 294, de 6 de diciembre de 2018.*

trol e inspección administrativa y, finalmente, establecer mecanismos que permitan confirmar que la transmisión de datos entre sistemas y durante el procesamiento sea segura para prevenir posibles brechas de privacidad.

Finalmente, la inspección administrativa debe comprender aquellos sistemas de auditoría automatizados que permitan utilizar algoritmos de IA para realizar auditorías automáticas de procesos administrativos, identificando posibles áreas de mejora o riesgos y la implementación de soluciones de IA que puedan monitorear automáticamente el cumplimiento de normativas y políticas, asegurando que la organización siga los procedimientos legales y éticos.

En palabras del profesor GAMERO CASADO, «[n]o podemos interpretar la omisión de regulación en relación con la IA como una patente de corso para prescindir por completo de los principios de actuación del sector público y de los derechos y garantías de los ciudadanos que establecen respectivamente la LRJSP y la LPAC. Dicho en otras palabras: el hecho de que estas normas no aludan una y otra vez a la IA no significa que cuando se utilicen estos sistemas queden al margen del Ordenamiento jurídico. Todo lo contrario. La LRJSP y la LPAC han de respetarse sea cual sea el medio de actuación o soporte que se utilice en la actividad administrativa formalizada. Lo que resulta necesario es integrar la laguna determinando de qué concreta manera deben salvaguardarse los principios de actuación del sector público y las garantías de los ciudadanos cuando se utiliza la IA como soporte a la toma de decisiones que les afectan»[9].

Otro factor a tener en cuenta es el seguimiento del desempeño mediante la utilización de análisis predictivos para evaluar el desempeño administrativo y hacer recomendaciones para la mejora continua, que comentaremos con más detalle en el apartado siguiente.

Por último, se requiere también la implementación de medidas de seguridad basadas en IA para proteger la información sensible y prevenir posibles violaciones de seguridad utilizando algoritmos para garantizar el cumplimiento de normativas de privacidad, como el Reglamento General de Protección de Datos en la Unión Europea[10].

---

9. GAMERO CASADO, E., «Las garantías de régimen jurídico del sector público y del procedimiento administrativo común frente a la actividad automatizada y la inteligencia artificial», en GAMERO CASADO, E. (dir.), PÉREZ GUERRERO, F. L. (coord.), *Inteligencia Artificial y Sector Público*, Tirant lo Blanch, Valencia, 2023, pp. 397-461.
10. Reglamento (UE) 2016/679 del Parlamento Europeo y del Consejo, de 27 de abril de 2016, relativo a la protección de las personas físicas en lo que respecto al tratamiento

7. LA CAPACITACIÓN DE LOS EMPLEADOS PÚBLICOS EN LA INTERPRETACIÓN Y TOMA DE DECISIONES RESPECTO DE RESULTADOS PROPORCIONADOS POR SISTEMAS DE INTELIGENCIA ARTIFICIAL

La capacitación de empleados públicos en la interpretación y toma de decisiones basadas en los resultados proporcionados por sistemas de inteligencia artificial es esencial para maximizar los beneficios de la implementación de estas tecnologías. Esta capacitación no se debe limitar a una mejora de las competencias digitales sino que debe extenderse también a las denominadas competencias de *upskilling* y *reskilling* y al fomento de las competencias intelectuales.

En cuanto a las competencias digitales, es necesario una adecuación a los nuevos contextos de trabajo y necesidades de la Administración, esto es, no sólo implican el manejo de herramientas informáticas, sino también la promoción de cambios organizativos y de cultura del trabajo. No encontramos ninguna referencia a las competencias digitales ni en el Real Decreto Legislativo 5/2015, de 30 de octubre, por el que se aprueba el Texto Refundido de la Ley del Estatuto Básico del Empleado Público ni en el resto de normativa de función pública, aunque, a nivel no normativo, el Instituto Nacional de Administraciones Públicas ha aprobado el Marco de Competencias Digitales de las empleadas y los empleados públicos[11].

Está estructurado en seis áreas competenciales y 17 competencias, en cada una de las cuales hay establecidos tres niveles de complejidad. Para cada nivel se especifican descriptores basados en términos de conocimientos, capacidades y habilidades. Las seis áreas que definen el marco son las siguientes:

- Área 1. Alfabetización digital, información y datos. En este ámbito, las competencias definidas son:

  1.1. Alfabetización en entornos digitales.

  1.2. Navegación, búsqueda y filtrado de información, datos y contenidos digitales.

  1.3. Evaluación de información, datos y contenidos digitales.

---

de datos personales y a la libre circulación de estos datos y por el que se deroga la Directiva 95/46/CE (Reglamento General de Protección de Datos). *Diario Oficial de la Unión Europea L 119, de 4 de mayo de 2016, pp. 1-88.*

11. Competencias Digitales de las Empleadas y los Empleados Públicos. Disponible en: https://www.inap.es/documents/10136/1976576/Marco_competencias+digitales_EEPP.pdf/a049ece6-999e-17f1-d819-b4d7f58fe515

1.4. Almacenamiento y recuperación de información, datos y contenidos digitales.

1.5. Análisis y explotación de datos.

- Área 2. Comunicación y colaboración. Aquí, las competencias serán:

2.1. Comunicación y colaboración dentro de mi administración y con otras Administraciones Públicas.

2.2. Comunicación y colaboración con la ciudadanía, empresas y otras organizaciones privadas.

2.3. Identidad digital.

- Área 3. Creación de contenidos digitales. Las competencias incluidas son las siguientes:

3.1. Desarrollo de contenidos digitales.

3.2. Derechos de autor y licencias.

- Área 4. Seguridad Área. Las competencias en este apartado se corresponden con:

4.1. Protección de dispositivos.

4.2. Protección de datos personales e identidad digital.

4.3. Protección de la salud y del entorno.

- Área 5. Resolución de problemas. Aquí, las competencias se definen como:

5.1. Identificación de necesidades tecnológicas y resolución de problemas técnicos.

5.2. Identificación de lagunas en la competencia digital y autoaprendizaje.

- Área 6. Transformación digital e innovación. En este apartado, las competencias incluyen:

6.1. Objetivos y mecanismos de la transformación digital.

6.2. Innovación en los servicios públicos.

Cada una de las competencias anteriores se divide en tres niveles que permiten identificar el grado de profundización del empleado público en una competencia digital concreta, estableciendo así, un nivel progresivo de desarrollo y autonomía que va desde el nivel A hasta el nivel C.

En el Nivel Básico (A): Un empleado público con este nivel de competencia es capaz de realizar tareas sencillas en entornos digitales. Conoce tecnologías digitales básicas y es capaz de utilizarlas siempre y cuando su uso esté bien integrado en el desarrollo de su actividad profesional. Es consciente del potencial de las tecnologías digitales y está interesado en explorarlas para mejorar su práctica profesional.

En el Nivel Intermedio (B): Un empleado público con este nivel de competencia es capaz de realizar tareas rutinarias y novedosas siempre que estén bien definidas y puede resolver problemas sencillos en entornos digitales. Utiliza diversas tecnologías digitales con confianza y es capaz de seleccionar la tecnología más adecuada en función de cada situación. Comprende los beneficios y las desventajas de las diferentes estrategias digitales en el desarrollo de sus actividades profesionales. Experimenta con tecnologías digitales en una variedad de contextos y para diversos propósitos, integrando algunas de ellas en sus prácticas profesionales.

En el Nivel Avanzado (C): Un empleado público con este nivel de competencia es capaz de realizar tareas con soltura utilizando los entornos digitales de la Administración. Es capaz de adaptarse a los recursos tecnológicos disponibles y realizar adecuadamente tareas más complejas. Tiene un enfoque consistente y completo para aplicar las tecnologías digitales más adecuadas en cada situación. Experimenta con tecnologías digitales innovadoras y/o complejas, desarrollando enfoques profesionales novedosos e impulsando la transformación digital de su puesto de trabajo.

Más allá de esta capacitación digital del empleado público, también debemos tener en cuenta una serie de competencias, que sin estar vinculadas de un modo directo a la tecnología, sí van a incidir en la implantación óptima de la IA en la actividad administrativa. Estas habilidades, que un sector de la doctrina ha denominado *soft kills*[12], están relacionadas con la creatividad, la iniciativa, la resiliencia y adaptación al cambio, la empatía, el trabajo en equipo y el pensamiento crítico.

12. CAMPOS ACUÑA, C. (2021), «"Fast check" al Reglamento de actuación y funcionamiento electrónico del sector público» [entrada de blog]. *Blog Concepción Campos.* Disponible en: http://concepcioncampos.org/fast-check-al-reglamento-de-actuacion-y-funcionamiento-electronica-del-sector-publico/

Otro factor importante es el aprendizaje continuo durante la carrera administrativa dado que justo esta materia está sometida a cambios e innovaciones de una manera casi diaria. Aquí entran en juego los procesos de *upskilling* y *reskilling*, que implican, respectivamente, la capacidad de adquirir nuevas competencias para optimizar el desempeño del empleado público en función de las nuevas necesidades y la capacidad para reciclarse y desempeñar nuevos puestos de trabajo.

Ni que decir tiene que esto supone un cambio de cultura en las Administraciones Públicas que, si no va acompañado de incentivos y de oportunidades de promoción dentro de la carrera administrativa, tendrá pocas opciones de éxito. La concienciación al empleado público de que la IA ha llegado para quedarse pasa por la definición de estrategias que proporcionen, de entrada, una introducción general a la inteligencia artificial, explicando conceptos básicos y su aplicación en entornos administrativos. Esto ayuda a crear una base común de conocimientos entre los empleados. Asimismo, las demostraciones prácticas mediante sesiones donde los empleados vean cómo funcionan los sistemas de IA en situaciones reales, pueden tener un efecto directo relacionado con su área de trabajo. También puede contribuir el diseño de simulaciones y escenarios realistas que permitan a los empleados practicar la interpretación de resultados de la IA y tomar decisiones basadas en ellos en un entorno controlado.

Finalmente, hacer constar que los empleados públicos han demostrado recientemente su capacidad para adaptarse a cambios en la actividad administrativa cuando las circunstancias así lo han exigido. Tras la pandemia de la COVID, y tras esa adaptación a la digitalización y el teletrabajo cuando ni las propias administraciones públicas de las que dependían estaban preparadas para ello, la actividad administrativa automatizada avanzó en seis meses más de lo que había avanzado en la última década, gracias a ese cambio en los métodos de trabajo impulsado tanto por la necesidad en tiempos de crisis sanitaria, como por la propia iniciativa del personal al servicio de las administraciones públicas.

8. CONCLUSIONES

La automatización de la actividad administrativa en el sector del transporte público y de la movilidad ofrece numerosas ventajas y oportunidades para mejorar la eficiencia operativa, la calidad del servicio, la experiencia del usuario y puede transformar la manera en que se planifican, operan y experimentan los servicios de movilidad urbana, proporcionando beneficios tanto para las autoridades responsables como para los ciudadanos. Sin embargo, se deben abordar cuidadosamente los desafíos asociados para maximizar los resultados positivos.

Hemos visto cómo la automatización reduce la carga administrativa al eliminar tareas manuales repetitivas, lo que permite a la Administración Pública enfocarse en actividades más estratégicas y productivas y en una gestión automatizada de flotas, programación de rutas y mantenimiento de vehículos contribuye a una operación más eficiente y rentable. Los sistemas de planificación de rutas, información en tiempo real y opciones de pago electrónico mejoran la experiencia del usuario, haciendo que el transporte público sea más conveniente y accesible, lo que se une a que la automatización en la emisión de boletos y el acceso a servicios en línea simplifica los procesos para los usuarios finales.

A nivel medioambiental, la automatización puede apoyar la gestión ambientalmente sostenible mediante la optimización de rutas y el control de emisiones, fomentando la adopción de prácticas más ecológicas y es una herramienta útil para la implantación de plataformas que permitan la participación ciudadana y la presentación de sugerencias de cara a una gestión más transparente y a la adaptación de servicios a las necesidades reales de la comunidad del mismo modo que la publicación de datos abiertos relacionados con la movilidad urbana promueve la transparencia y la colaboración con desarrolladores externos.

Todo ello, sin embargo, se topa con una serie de desafíos que se hacen necesario superar para que pueda considerarse exitosa la implementación de sistemas automatizados de IA en el transporte público y en la movilidad urbana. Por un lado, nos encontramos con una fuerte inversión inicial, la integración de sistemas preexistentes y la ciberseguridad, de especial importancia en el ámbito de la prestación de un servicio público esencial por parte de una Administración Pública. Del otro lado, ya hemos visto que la formación de personal y la gestión del cambio son esenciales para garantizar que los equipos estén preparados para trabajar con las nuevas tecnologías.

Capítulo V

La regulación de la inteligencia artificial en el sector público en el ordenamiento jurídico español: los derechos de los ciudadanos ante la inteligencia artificial en el marco de la actuación administrativa

María del Pilar Castro López
Doctora en Derecho
Profesora de Derecho Administrativo
Universidad de Málaga

1. LA REGULACIÓN DE LA SOCIEDAD DIGITAL COMO NECESARIO E INELUDIBLE PUNTO DE PARTIDA

Hasta fechas bien recientes, hablar de sociedad digital (o sus términos asociados: sociedad de la información, sociedad del conocimiento, etc.) evocaba más una meta, una aspiración, que una realidad. Basta echar la vista atrás para comprobar cómo desde finales de la pasada centuria, la apuesta por la digitalización ha sido un auténtico *leitmotiv* de las políticas comunitarias, plasmada en numerosos documentos y textos normativos, donde se insiste en la necesidad de que Europa se sume a la transformación digital, afrontando los múltiples retos que de ella se derivan y aprovechando sus igualmente múltiples potencialidades[1].

Como todo proyecto de futuro, el de la sociedad digital se nos ha presentado como un objeto de contornos no siempre precisos y bien delimitados, lo que ha provocado que en el momento presente, cuando, debido al avance imparable del progreso tecnológico y quizá en un lapso temporal sorprendentemente breve, ese proyecto ha devenido una realidad tangible, no resulte fácil designar con precisión qué significa una sociedad digital, qué características reviste ni, sobre todo, qué consecuencias entraña.

En una primera aproximación conceptual podemos convenir que una sociedad digital es aquella en la que las prácticas productivas y comunicativas se realizan fundamentalmente a través de medios o tecnologías digitales, entendiendo por tales todas las herramientas electrónicas, sistemas automáticos, dispositivos y recursos tecnológicos que generan, procesan o almacenan información. Además, el panorama tecnológico se encuentra en continua y constante evolución, como lo prueba la irrupción de las denominadas tecnologías digitales emergentes, entre ellas, la inteligencia artificial, en la que se va a centrar nuestro estudio, situación que complica aún más si cabe la comprensión de esta nueva realidad, en vías de convertirse, si no se ha convertido ya, en coto reservado para expertos y profesionales del sector.

Ante esta vorágine tecnológica en la que estamos inmersos, no es de extrañar que el sentimiento generalizado en la ciudadanía sea el desconcierto y la desazón. Desconcierto por esa falta de comprensión a la que acabamos de aludir, y desazón ante las profundas transformaciones de los modos tradicionales de vida que se están produciendo en torno a la sociedad digital, transformaciones que afectan a todos los ámbitos y sectores: desde la producción industrial, el comercio, las relaciones sociales, el tra-

1. Los primeros pronunciamientos comunitarios sobre el impacto de las nuevas tecnologías en la sociedad y la economía se remontan a la década de los noventa del pasado siglo, así en Comunidades europeas: Comisión. *Crecimiento, competitividad, empleo. Retos y pistas para entrar en el siglo XXI. Libro blanco.* Suplemento 6/93 del Boletín de las CE. Luxemburgo: Oficina de Publicaciones Oficiales de las Comunidades Europeas, 1993, 166 pp. En la actualidad la acción institucional de la UE en materia de digitalización se recoge en: Comunicación de la Comisión al Parlamento Europeo, al Consejo, al Comité Económico y Social Europeo y al Comité de las Regiones, denominada «Brújula Digital 2030: el enfoque de Europa para el Decenio Digital» [COM (2021) 118 final].

bajo, la educación, la salud..., e, incluso, alteraciones en la propia personalidad y modo de ser de los individuos[2]. Todo ello pone de manifiesto que no estamos ante la simple incorporación de nuevas herramientas tecnológicas a nuestras vidas, sino ante un cambio radical del mundo tal y como hasta ahora lo hemos conocido[3].

Por otra parte, es un hecho que la investigación y el desarrollo de las nuevas tecnologías digitales está en manos de grandes corporaciones supranacionales con un poder económico y financiero nunca antes visto[4], de modo que la creación y funcionamiento de este nuevo espacio de interacción que se conoce como sociedad digital responde a los objetivos e intereses particulares de esas corporaciones privadas que los sustentan, los cuales no coinciden, ni tienen por qué coincidir, con el interés general. No podemos, pues, esperar que la digitalización se ponga *per se* al servicio de la expansión del conocimiento, y la educación, la mejora de la comunicación y el intercambio de ideas, el impulso de la creatividad y la productividad, el acceso a los servicios públicos, la promoción del bienestar y la calidad de vida de las personas, el fomento de la transparencia y la participación en la vida pública..., por solo citar algunos de los beneficios que comúnmente se predican del nuevo universo tecnológico, ni que evite o, al menos limite, los riesgos inherentes al mismo, como la concentración del poder económico y el consiguiente aumento de la desigualdad, la polarización social, el aislamiento de las personas, la vulneración de derechos fundamentales (entre ellos, muy significativamente, los derechos a la intimidad y a la protección de datos personales y las libertades de expresión y de información) o, en fin, que sea campo abonado para otras muchas actividades poco éticas, cuando no directamente ilegales[5] .

---

2. Una magnífica exposición de las transformaciones radicales a las que nos está conduciendo el imparable desarrollo digital en FUERTES LÓPEZ, M., *Metamorfosis del Estado. Maremoto digital y ciberseguridad*, Marcial Pons, Madrid, 2022.
3. A este respecto nos parece muy acertada la diferenciación entre las nociones de «digitalización» y «transformación digital» que apunta SOUVIRÓN MORENILLA, J. M.ª, «Digitalización y derechos digitales en la actual "década digital" europea», en ÁVILA RODRÍGUEZ, C. M.ª y GONZÁLEZ RÍOS, I. (Dirs.) y TAVARES DA SILVA, S. (Coord.), *Transición energética y digital justa en el ámbito de los transportes*, Thomson Reuters Aranzadi, Pamplona, 2023.
4. Fundamentalmente, las cinco grandes empresas tecnológicas estadounidenses: *Google* (principal filial de *Alphabet*), *Amazon*, *Facebook* (ahora *Meta*), *Apple* y *Microsoft*, conocidas por el acrónimo GAFAM.
5. De hecho, la aún incipiente historia de la sociedad digital está ya plagada de casos de hackeos, filtraciones, propagación de noticias falsas, ciberespionaje, etc., casos que evidencian que los gigantes tecnológicos no están precisamente al servicio del

Solo el Estado y, por ende, la Administración Pública en cuanto aparato organizativo llamado a realizar los fines del Estado, puede proteger los intereses generales en la nueva sociedad digital, ya que en un Estado democrático la justificación de la existencia misma del Estado y de su Administración radica, precisamente, en la satisfacción de los intereses generales (artículo 103.1 de la Constitución)[6], concebidos éstos como intereses sociales o colectivos que los individuos no pueden atender por sí mismos, razón por la cual el Estado los asume como propios, convirtiéndolos en objetivos y prioridades políticas y poniendo los medios, tanto jurídicos como materiales, necesarios para su gestión y defensa[7].

Ahora bien, como es de sobra conocido, en un Estado de Derecho no corresponde a la Administración determinar cuáles sean los intereses generales a cuya satisfacción ha de encaminar su actividad, esa es misión del ordenamiento jurídico, son las normas las que deben definir los intereses generales y habilitar a la Administración para su servicio, confiriéndole al efecto los poderes jurídicos de actuación pertinentes. Tal es el significado del principio de legalidad de la Administración, en su concepción de vinculación positiva de la Administración a la legalidad, y su articulación a través del concepto técnico de potestad administrativa[8].

A fin de despejar los interrogantes que envuelven el avance de las nuevas tecnologías, resulta, pues, imperativo que el Derecho intervenga regulando el nuevo ecosistema digital y atribuyendo a la Administración las potestades que sean precisas para asegurar la protección de los intereses generales en juego. Esa intervención normativa, que ha de producirse a nivel internacional, europeo[9] y nacional, dado que la sociedad digital es una

---

avance de la democracia y la protección de los derechos humanos. La filtración de datos de *Facebook* a *Cambridge Analytica* para favorecer la campaña presidencial de Donald Trump en Estados Unidos y el Brexit en el Reino Unido; la difusión de noticias falsas a través de *WhatsApp* durante las elecciones presidenciales de Brasil de 2018, impulsadas por simpatizantes del entonces candidato Bolsonaro; o la exposición de datos de los perfiles personales de cientos de miles de usuarios de la red social *Google* +, debida a un fallo de *software*, ocultada por la compañía, son una buena muestra de los «intereses» que mueven a estas compañías.

6. ACOSTA GALLO, P., «El interés general como principio inspirador de las políticas públicas», *Revista General de Derecho Administrativo*, núm. 41 (2016), pp. 1-22.
7. SÁNCHEZ MORÓN, M., *Derecho Administrativo. Parte general. 18.ª ed.*, Tecnos, Madrid, 2022, pp. 77-79.
8. Por todos, GARCÍA DE ENTERRÍA, E. y FERNÁNDEZ RODRÍGUEZ, T. R., *Curso de Derecho Administrativo, Vol. I. 19.ª ed.*, Thomson Reuters Aranzadi, Pamplona, 2020, pp. 482-485.
9. La Unión Europea es, sin lugar a dudas, el organismo que más está trabajando en la adopción de un marco normativo común para la sociedad digital, en el que sobresale

sociedad global conectada mundialmente, debe contemplar la utilización de las tecnologías tanto en las relaciones jurídico privadas, ya sean de índole comercial, industrial, laboral o de cualquier otra, como en la propia actuación administrativa, teniendo en ambos casos como eje vertebrador el desarrollo de la persona y el respeto y protección de los derechos que le son inherentes[10]. Se trata, ciertamente, de una tarea plagada de dificultades, dado el carácter poliédrico y la complejidad que reviste el objeto de regulación, pero, aun admitiendo que el Derecho puede encontrarse limitado ante las llamémosles cuestiones técnicas, ni esta circunstancia ni mucho menos la percepción de aquél como rémora a la innovación y el cambio, pueden ser argumentos de peso en favor de la inhibición. En suma, si, como decíamos más atrás, la revolución tecnológica está suponiendo una transformación sustancial de la sociedad, ello ha de verse necesariamente reflejado en el Derecho[11].

2. ¿QUÉ ES LA INTELIGENCIA ARTIFICIAL? APROXIMACIÓN CONCEPTUAL

Nuestro estudio se va a centrar en la segunda de las vertientes antes apuntadas, la referente al uso de las tecnologías digitales, concretamente, la inteligencia artificial (IA), por la Administración Pública.

Antes de examinar el marco normativo de la utilización de la IA en nuestro sector público, conviene precisar en qué consiste esta novedosa tecnología. En los últimos tiempos la inteligencia artificial está en boca de

---

el Reglamento (UE) 2016/679 del Parlamento Europeo y del Consejo, de 27 de abril de 2016, relativo a la protección de las personas físicas en lo que respecto al tratamiento de datos personales y a la libre circulación de estos datos y por el que se deroga la Directiva 95/46/CE (Reglamento General de Protección de Datos). *Diario Oficial de la Unión Europea L 119, de 4 de mayo de 2016, pp. 1-88*. Norma a la que muy pronto se espera sea una el Reglamento de IA; igualmente, aunque no tiene carácter normativo, ha de citarse aquí la adopción de la Declaración Europea sobre los Derechos y Principios Digitales para la Década Digital.

10. Ya en 2005, la UNESCO advertía de la necesidad de que la utilización de las tecnologías de la información y la comunicación para edificar sociedades del conocimiento se orientara «hacia el desarrollo del ser humano basado en los derechos de éste»: Organización de las Naciones Unidas para la Educación, la Ciencia y la Cultura (UNESCO). *Informe Mundial Hacia las Sociedades del Conocimiento*. París: UNESCO, 2005, p. 30 y ss. Disponible en: https://unesdoc.unesco.org/ark:/48223/pf0000141908

11. Así lo ha venido manifestando PÉREZ LUÑO, A. E., uno de los autores que entre nosotros más y mejor ha reflexionado sobre la ambivalencia del desarrollo tecnológico, al aunar el progreso con la potencial agresión de los derechos y libertades de los ciudadanos, entre otros trabajos en: *Cibernética, informática y derecho. Un análisis metodológico*, Publicaciones del Real Colegio de España, Bolonia, 1976; y, más recientemente, en «El Derecho ante las nuevas tecnologías», *El Notario del siglo XXI. Revista del Colegio Notarial de Madrid*, núm. 41 (2012).

todos, subrayándose su carácter altamente disruptivo, por cuanto va a representar, o está representando ya, un cambio abrupto en las formas en que tradicionalmente se han venido llevando a cabo las más diversas tareas y actividades en los, igualmente, más diversos ámbitos (salud, trabajo, transporte, comunicación, etc.). Estos cambios suscitan, además, profundos dilemas éticos, dado los riesgos que entrañan los sistemas basados en IA para alimentar prejuicios y discriminación, fomentar desigualdades y amenazar los derechos y libertades fundamentales [12]. Pese a ello, por el momento no contamos con una definición unánimemente aceptada de la IA, no ya a nivel jurídico, sino ni tan siquiera a nivel técnico [13], lo que obedece, como ahora vamos a tener ocasión de comprobar, a la dificultad que entraña esta definición.

La expresión inteligencia artificial, definida por la RAE como «disciplina científica que se ocupa de crear programas informáticos que ejecutan operaciones comparables con las que realiza la mente humana, como el aprendizaje o el razonamiento lógico» [14], fue acuñada por John McCarthy en 1956 durante la celebración del *Dartmouth Summer Research Project on Artificial Intelligence*, impulsándose a partir de ese momento su investigación como un campo específico dentro de la ingeniería informática o computacional [15].

Pero a medida que se ha ido desvelando el extraordinario potencial de la IA, ésta se ha situado en el centro del debate no solo científico, sino también social, político y jurídico, acaparando la atención doctrinal de disciplinas muy alejadas de la que, en principio, es su sede natural, entre ellas, como no podía ser de otro modo, el Derecho. Por lo que a la doctrina española se refiere, recientemente estamos asistiendo a una auténtica avalancha de estudios jurídicos sobre la IA, procedentes de las diferentes ramas del

12. Sobre los riesgos de la inteligencia artificial vid. COTINO HUESO, L. «Riesgos e impactos del Big Data, la inteligencia artificial y la robótica: enfoques, modelos y principios de la respuesta del Derecho», *Revista General de Derecho Administrativo*, núm. 50 (2019), pp. 1-37.
13. Así lo apuntan, entre otros, NAVAS NAVARRO, S., «Derecho e inteligencia artificial desde el diseño. Aproximaciones», en NAVAS NAVARRO, S., et al., *Inteligencia artificial. Tecnología y Derecho*, Tirant lo Blanch, Valencia, 2017, pp. 23-24; CORTÉS ABAD, O., *La inteligencia artificial en la gestión pública*. El Consultor de los Ayuntamientos, Madrid, 2023.
14. Real Academia Española. *Diccionario de la lengua española*, 23.ª ed. Disponible en: https://dle.rae.es/inteligencia
15. Celebrado en el verano de 1956, el *Dartmouth Summer Research Project on Artificial Intelligence* reunió a prestigiosos expertos e investigadores, inaugurando el estudio de la IA como campo de investigación de la ingeniería informática o computacional. Más información en: https://home.dartmouth.edu/about/artificial-intelligence-ai-coined-dartmouth

Derecho[16]. Aunque esa abundancia hace inviable un repaso exhaustivo de las propuestas de definición de la inteligencia artificial formuladas en nuestra doctrina, nos parece de utilidad recoger aquí algunas de ellas, a título meramente ilustrativo. Así, NAVAS NAVARRO define la IA como «campo de la ciencia y la ingeniería que se ocupa de la comprensión, desde el punto de vista informático, de lo que se denomina comúnmente comportamiento inteligente. También se ocupa de la creación de artefactos que exhiben este comportamiento»[17]. Según REBOLLO «la inteligencia artificial (IA) es la combinación de algoritmos planteados con el propósito de crear *software*, máquinas u otros objetos, que presenten las mismas capacidades que el ser humano»[18]. Por su parte, CARRETERO SÁNCHEZ se refiere a la misma como «capacidad de la máquina para auto aprender con algoritmos, mediante la estructuración de informaciones»[19]. Y una más, para BARRIO ANDRÉS el término inteligencia artificial, o para ser más exactos, el conjunto de tecnologías agrupadas bajo este supraconcepto, «implica una distinción con respecto a la inteligencia "natural", la propia de los seres humanos, y se refiere a que el origen de la inteligencia es el resultado de un esfuerzo informático intencionado, en lugar de la inteligencia de una persona»[20].

El desarrollo de la inteligencia artificial viene asimismo ocupando un lugar central en la agenda de los organismos internacionales, por lo que en esta aproximación conceptual estimamos también necesario acudir a las recomendaciones o declaraciones adoptadas por éstos sobre esta novedosa tecnología, que, pese a su carácter de *soft law*, resultan expresivos de unas expectativas comunes de conductas o actuaciones por parte de los Estados en relación a la IA.

Tomando como base las propuestas de un grupo de expertos de composición multisectorial, en 2019 los países miembros de la OCDE adoptaron los conocidos como Principios de Inteligencia Artificial de la OCDE, una serie de estándares mínimos para políticas de IA confiables, donde se incluía una

16. Por la variedad de ramas del Derecho desde la que se aborda el estudio de la IA nos parece imprescindible la consulta de los interesantes trabajos recogidos en el núm. 100 de la revista *El Cronista del Estado Social y Democrático de Derecho*, septiembre-octubre 2022, dedicado a «Inteligencia artificial y Derecho».
17. NAVAS NAVARRO, S., «Derecho e Inteligencia artificial desde el diseño. Aproximaciones», *op. cit.*, pp. 23-24.
18. REBOLLO, L., *Inteligencia artificial y derechos fundamentales*, Dykinson, Madrid, 2023, p. 19.
19. CARRETERO SÁNCHEZ, S., *La responsabilidad del Estado en sus nuevos frentes: sanitario, alimentario, energético y de Inteligencia artificial*, Colex, A Coruña, 2023, p. 171.
20. BARRIO ANDRÉS, M., «Inteligencia artificial: origen, concepto, mito y realidad», *El Cronista del Estado Social y Democrático de Derecho*, núm. 100 (2022), pp. 14 y ss.

definición de esta tecnología, que ha sido actualizada en el año 2023 en los siguientes términos: un sistema de IA es un sistema basado en máquinas que puede hacer predicciones, recomendaciones o tomar decisiones, influyendo en entornos reales o virtuales, sobre ciertos objetivos, explícitos o implícitos, definidos por los humanos. Para ello utiliza información de máquinas y/o humana para percibir entornos reales y/o virtuales; abstraer estas percepciones en modelos mediante análisis de forma automatizada o manual; y utilizar la inferencia de modelos para formular opciones de resultados. Finalmente, se puntualiza que los sistemas de IA están diseñados para operar con varios niveles de autonomía[21]. Esta nueva definición será incorporada al futuro Reglamento europeo de Inteligencia artificial.

Los esfuerzos de la UNESCO en esta materia se han centrado en el establecimiento de unas reglas éticas para la IA que, teniendo como referente la dignidad humana, permitan promover el bienestar y prevenir los daños y amenazas para los derechos humanos y las libertades fundamentales. Para la UNESCO los sistemas de IA se configuran como «tecnologías de procesamiento de la información que integran modelos y algoritmos que producen una capacidad para aprender y realizar tareas cognitivas, dando lugar a resultados como la predicción y la adopción de decisiones en entornos materiales y virtuales», señalando la diversidad de grados de autonomía con las que funcionan estos sistemas, los cuales comprenden varios métodos como «el aprendizaje automático, incluido el aprendizaje profundo y el aprendizaje de refuerzo» o «el razonamiento automático, incluidas la planificación, la programación, la representación del conocimiento y el razonamiento, la búsqueda y la optimización», entre otros[22]. Como puede apreciarse se trata de un concepto muy similar al propuesto por la OCDE.

Por último, resulta ineludible dar cuenta de la posición de la Unión Europea sobre esta materia, plasmados en diversos libros y comunicaciones, y, sobre todo, en la Propuesta de Reglamento del Parlamento Europeo

21. La definición adoptada por la OCDE a finales del año 2023 es la siguiente: «*AI system: An AI system is a machine-based system that, for explicit or implicit objectives, infers, from the input it receives, how to generate outputs such as predictions, content, recommendations, or decisions that can influence physical or virtual environments. Different AI systems vary in their levels of autonomy and adaptiveness after deployment*». Organización para la Cooperación y el Desarrollo Económicos (OCDE). *Recommendation of the Council on Artificial Intelligence,* adoptada el 22 de mayo de 2019 y modificada el 8 de noviembre de 2023. Disponible en: https://legalinstruments.oecd.org/en/instruments/OECD-LEGAL- 0449

22. Organización de las Naciones Unidas para la Educación, la Ciencia y la Cultura (UNESCO). *Recomendación sobre la ética de la Inteligencia artificial,* adoptada el 23 de noviembre de 2021. París: UNESCO, 2022, p. 10. Disponible en: https://unesdoc.unesco.org/ark:/48223/pf0000381137_spa

y del Consejo por el que se establecen normas armonizadas en materia de inteligencia artificial (Ley de Inteligencia artificial).

En la Revisión intermedia de la aplicación de la Estrategia para el Mercado Único Digital, publicada por la Comisión en mayo de 2017, subraya la importancia de que Europa haga valer sus puntos fuertes a nivel científico e industrial, así como sus empresas emergentes innovadoras, para asumir una posición de liderazgo en el desarrollo de tecnologías, plataformas y aplicaciones de IA, más a lo largo de esta Comunicación no se precisa en ningún momento en qué consiste esta tecnología[23].

Sí se ofrece, en cambio, una definición de la IA en la Comunicación de la Comisión Inteligencia Artificial para Europa del año 2018: «el término "inteligencia artificial" (IA) se aplica a los sistemas que manifiestan un comportamiento inteligente, pues son capaces de analizar su entorno y pasar a la acción —con cierto grado de autonomía— con el fin de alcanzar objetivos específicos», definición que intenta clarificarse aportando algunos ejemplos: «los sistemas basados en la IA pueden consistir simplemente en un programa informático (p. ej. asistentes de voz, programas de análisis de imágenes, motores de búsqueda, sistemas de reconocimiento facial y de voz), pero la IA también puede estar incorporada en dispositivos de *hardware* (p. ej. robots avanzados, automóviles autónomos, drones o aplicaciones del internet de las cosas)»[24].

Por su parte, en el Libro Blanco sobre la Inteligencia artificial de 2020, tras destacar que «la Inteligencia artificial es una de las partes más importantes de la economía de los datos», se conceptúa a la IA como «una combinación de tecnologías que agrupa datos, algoritmos y capacidad informática»[25].

Llegamos, al fin, a la Propuesta de Reglamento europeo de Inteligencia Artificial[26], norma, que, a fecha de hoy, aún no ha sido aprobada oficial-

23. Comunicación de la Comisión al Parlamento Europeo, al Consejo, al Comité Económico y Social Europeo y al Comité de las Regiones, de 10 de mayo de 2017, relativa a la revisión intermedia de la aplicación de la Estrategia para el Mercado Único Digital, denominada «Un mercado único digital conectado para todos» [COM (2017) 228 final].
24. Comunicación de la Comisión Europea al Parlamento Europeo, al Consejo, al Comité Económico y Social Europeo y al Comité de las Regiones, de 25 de abril de 2018, denominada «Inteligencia artificial para Europa» [COM (2018) 237 final].
25. Comunicación de la Comisión Europea, de 19 de febrero de 2020, denominada «Libro Blanco sobre la Inteligencia Artificial – un enfoque europeo orientado a la excelencia y la confianza» [COM (2020) 65 final].
26. Sobre el futuro Reglamento europeo de IA pueden consultarse, entre otros muchos, los siguientes trabajos: GAMERO CASADO, E., «El enfoque europeo de Inteligencia

mente, si bien tras el acuerdo preliminar alcanzado el pasado 8 de diciembre entre el Consejo de la UE, liderado por la presidencia española, y el Parlamento Europeo, se espera que lo sea durante el primer semestre de 2024[27]. Con este Reglamento se pretende establecer un marco jurídico uniforme en esta materia, que garantice que los sistemas de IA introducidos en el mercado europeo y utilizados en la UE sean seguros y confiables, así como respetuosos con los derechos fundamentales y los valores de la UE, para que ésta ocupe esa posición de liderazgo en la nueva sociedad digital sobre la que vienen insistiendo desde hace tiempo las instituciones comunitarias.

Presentada por la Comisión en abril de 2021, la Propuesta de Reglamento de IA ha experimentado importantes cambios durante su tramitación legislativa, modificándose, entre otros muchos aspectos, el propio concepto de inteligencia artificial. El texto inicial de la Propuesta[28] definía un sistema de IA como «el *software* que se desarrolla empleando una o varias de las técnicas y estrategias que figuran en el anexo I[29] y que puede, para un conjunto determinado de objetivos definidos por seres humanos, generar información de salida como contenidos, predicciones, recomendaciones o decisiones que influyan en los entornos con los que interactúa» (apartado

Artificial», *Revista de Derecho Administrativo*, núm. 20 (2021), pp. 268-289; GARCÍA GARCÍA, S., «Una aproximación a la futura regulación de la inteligencia artificial en la Unión Europea», *Revista de Estudios Europeos*, vol. 79, (2022), pp. 304-323; ÁLVAREZ GARCÍA, V. y TAHIRI MORENO, J., «La regulación de la inteligencia artificial en Europa a través de la técnica armonizadora del nuevo enfoque», *Revista General de Derecho Administrativo*, núm. 63 (2023), pp. 1-56.

27. Unión Europea: Consejo de la Unión Europea. «Reglamento de Inteligencia Artificial: el Consejo y el Parlamento alcanzan un acuerdo sobre las primeras normas del mundo en materia de inteligencia artificial» (Comunicado de prensa del Consejo de la Unión Europea), 9 de diciembre de 2023. Disponible en: https://www.consilium. europa.eu/es/press/press-releases/2023/12/09/artificial-intelligence-act-council-and-parliament--strike-a-deal-on-the-first-worldwide-rules-for-ai/

28. Propuesta de Reglamento del Parlamento Europeo y del Consejo, de 21 de abril de 2021, por el que se establecen normas armonizadas en materia de inteligencia artificial (Ley de Inteligencia Artificial) y se modifican determinados actos legislativos de la Unión [COM (2021) 206 final].

29. En concreto, el anexo I de la Propuesta inicial de Reglamento se refería a las siguientes estrategias y técnicas para el desarrollo de la IA, que la Comisión deberá adaptar a los nuevos avances tecnológicos:
    – Estrategias de aprendizaje automático, incluidos el aprendizaje supervisado, el no supervisado y el realizado por refuerzo, que emplean una amplia variedad de métodos, entre ellos el aprendizaje profundo.
    – Estrategias basadas en la lógica y el conocimiento, especialmente la representación del conocimiento, la programación (lógica) inductiva, las bases de conocimiento, los motores de inferencia y deducción, los sistemas expertos y de razonamiento (simbólico).
    – Estrategias estadísticas, estimación bayesiana, métodos de búsqueda y optimización.

1 del artículo 3). Esta primera definición, que, como bien apunta GARCÍA GARCÍA, más que una definición general de IA, venía a describir el objeto específico de la Propuesta de Reglamento[30], fue posteriormente sustituida por la siguiente, aprobada por el Parlamento Europeo: un sistema de IA es «un sistema basado en máquinas diseñado para funcionar con diversos niveles de autonomía y capaz, para objetivos explícitos o implícitos, de generar información de salida —como predicciones, recomendaciones o decisiones— que influya en entornos reales o virtuales»[31].

Finalmente, como ya hemos dicho, buscando garantizar que la definición de sistema de IA establezca unos criterios suficientemente claros para distinguir la IA de los sistemas de *software* más sencillos, las instituciones europeas han acordado incorporar a la futura Ley de Inteligencia Artificial la última definición de «sistema de IA» propuesta por la OCDE[32], recogida más atrás.

Todas las definiciones de IA aquí expuestas denotan la complejidad y la diversidad que entrañan estas tecnologías. No obstante, siguiendo a CORTÉS ABAD, quien, a su vez, parte de la definición apuntada en el Libro Blanco sobre la Inteligencia Artificial de 2020, podemos concluir que con el término IA se designan «un conjunto de tecnologías que aúnan tres elementos: datos, algoritmos y potencia de computación»[33]. Hablamos, en definitiva, de tecnologías que posibilitan que las máquinas, mediante el uso de algoritmos, puedan aprender de los datos y utilizar lo aprendido en la toma de decisiones, del mismo modo que lo haría el ser humano.

Precisamente, la diversidad que caracteriza al conjunto de tecnologías agrupadas bajo el concepto de inteligencia artificial implica que una aproximación a éste no pueda quedar ultimada sin una referencia a sus distintas clases. Al igual que sucede con su definición de IA, podemos encontrar gran variedad de clasificaciones, por su claridad expositiva recogemos aquí la

30. «Una aproximación a la futura regulación de la inteligencia artificial en la Unión Europea», *op. cit.*, p. 307.
31. Unión Europea: Parlamento Europeo. *Enmiendas aprobadas por el Parlamento Europeo el 14 de junio de 2023 sobre la propuesta de Reglamento del Parlamento Europeo y del Consejo por el que se establecen normas armonizadas en materia de inteligencia artificial (Ley de Inteligencia artificial) y se modifican determinados actos legislativos de la Unión (COM(2021)0206 – C9-0146/2021 – 2021/0106(COD))*.
32. Unión Europea: Consejo de la Unión Europea. «Reglamento de Inteligencia Artificial: el Consejo y el Parlamento alcanzan un acuerdo sobre las primeras normas del mundo en materia de inteligencia artificial» (Comunicado de prensa del Consejo de la Unión Europea).
33. CORTÉS ABAD, O., *La Inteligencia artificial en la gestión pública*, *op. cit.*, p. 37.

propuesta por REBOLLO, quien, atendiendo al proceso de conformación de la IA, diferencia tres tipos o clases de IA[34]:

- «Inteligencia artificial específica o débil, que es aquella que tiende a imitar los procesos cognitivos del ser humano en una o varias actividades concretas», de la que cita como ejemplos «los asistentes virtuales (Siri, Alexa, Cortana), los reconocimientos biométricos, los filtros de spam o muchas de las ayudas de vehículos o electrodomésticos».

- «Inteligencia artificial general o fuerte, que requiere dotar a la máquina de conciencia y capacidad de resolver de forma autónoma. (...). Su capacidad de aprendizaje y cognitiva es muy alta, imitando a la inteligencia humana».

- «Superinteligencia. Sería aquella que supera a la inteligencia humana, que escapa al conocimiento humano (...). La máquina que es consciente y autónoma, no depende del ser humano, tiene plena independencia o libertad para tomar sus decisiones». El autor apunta que «este tipo de IA, aunque tiene algunos desarrollos, es incipiente en la actualidad, y es la que más recelo despierta entre los científicos», por razones obvias, añadiríamos nosotros.

Por su parte, el futuro Reglamento de IA clasifica los usos de sistemas de IA, en función de los riesgos que entrañan para los derechos de los ciudadanos, con el objeto de dar una respuesta proporcional al riesgo generado. En el texto inicial de la Propuesta de Reglamento aprobado por la Comisión se prohibían los usos de IA que entrañasen riesgos considerados inaceptables, incluyéndose aquí aquellos altamente susceptibles de vulnerar valores y derechos fundamentales protegidos por la UE o con gran potencial para manipular a la población, especialmente, a los sectores más vulnerables. En cambio, para los sistemas de IA de bajo riesgo no se establecen normas vinculantes, promoviéndose en relación a los mismos la adopción de códigos de conducta. En cuanto a las prácticas de IA de alto riesgo estarán permitidas, pero se someten al cumplimiento de estrictos requisitos específicos impuestos a sus proveedores, fabricantes de productos, importadores, distribuidores y usuarios[35]. El reciente acuerdo entre las instituciones comunitarias ha supuesto cambios en esta regulación, como la introducción de una clasificación de sistemas de alto riesgo, para garantizar que no se califiquen como tales sistemas de IA que probablemente no acarrearán violaciones graves de derechos fundamentales ni otros riesgos

34. REBOLLO, L., *op. cit.*, pp. 21-22.
35. Vid. GARCÍA GARCÍA, S., *op. cit.*, pp. 318-322.

considerables, o la autorización de una extensa variedad de sistemas de IA con riesgo alto, aunque supeditándolos a una serie de requisitos y obligaciones para acceder al mercado de la UE[36].

3. LA REGULACIÓN DE LA INTELIGENCIA ARTIFICIAL EN EL SECTOR PÚBLICO EN ESPAÑA

Ante todo, conviene comenzar precisando que el ordenamiento jurídico español no contiene una regulación específica del uso de la inteligencia artificial por parte de las Administraciones Públicas, pero sí de la denominada actuación administrativa automatizada». Como apunta GAMERO CASADO, no se trata de conceptos equivalentes, pues no toda actuación administrativa automatizada es IA, aunque sí guardan una evidente conexión, ya que cualquier sistema de IA utiliza procesos automatizados al menos en alguna de sus fases[37].

Esta regulación se encuadra en el régimen jurídico de la denominada tradicionalmente en nuestro Derecho Administración electrónica, y más recientemente, Administración digital[38], esto es, aquella Administración que se sirve de las nuevas tecnologías, entre ellas ahora la inteligencia arti-

36. Unión Europea: Consejo de la Unión Europea. «Reglamento de Inteligencia Artificial: el Consejo y el Parlamento alcanzan un acuerdo sobre las primeras normas del mundo en materia de inteligencia artificial» (Comunicado de prensa del Consejo de la Unión Europea).

37. GAMERO CASADO, E., «Sistemas automatizados de toma de decisiones en el Derecho Administrativo Español», *Revista General de Derecho Administrativo*, núm. 63 (2023), pp. 1-18.

38. El cambio terminológico se aprecia en las normas más recientes, a título de ejemplo: el Real Decreto 311/2022, de 3 de mayo, por el que se regula el Esquema Nacional de Seguridad (BOE núm. 106, de 4 de mayo de 2022) habla ya de Administración digital, tanto en su Preámbulo como en su articulado (art. 35), mientras que su antecesor, el Real Decreto 3/2010, de 8 de enero, por el que se regula el Esquema Nacional de Seguridad en el ámbito de la Administración Electrónica (BOE núm. 25, de 29 de enero de 2010), empleaba la terminología tradicional; en el ámbito autonómico, la Ley 4/2019, de 17 de julio, de Administración digital de Galicia (DOG núm. 141, de 26 de julio de 2019, BOE núm. 229, de 24 de septiembre de 2019) o el Decreto 76/2020, de 4 de agosto, de Administración digital de Cataluña (DOGC núm. 8195, de 6 de agosto de 2020).
A nivel organizativo, en el ámbito de la Administración General del Estado encontramos la Secretaría General de Administración Digital, órgano directivo perteneciente hasta finales de 2023 al Ministerio de Asuntos Económicos y Transformación Digital (art. 9 del Real Decreto 403/2020, de 25 de febrero, por el que se desarrolla la estructura orgánica básica del Ministerio de Asuntos Económicos y Transformación Digital, BOE núm. 50, de 27 de febrero de 2020) y encuadrado ahora en el nuevo Ministerio de Transformación Digital y Función Pública (Real Decreto 1230/2023, de 29 de diciembre, por el que se modifica el Real Decreto 829/2023, de 20 de noviembre, por el que se reestructuran los departamentos ministeriales, BOE núm. 312, de 29 de diciembre de 2023).

ficial, para la prestación de los servicios públicos, empleando aquí este término no en el sentido técnico jurídico de actividad o acción prestacional de la Administración Pública, sino en sentido amplio como equivalente a actividad o actuación administrativa.

Desde que iniciara su andadura a finales del pasado siglo, la Administración electrónica ha sido contemplada como un instrumento de primer orden para alcanzar el tan deseado objetivo de la simplificación administrativa, en la medida en que la utilización de las nuevas tecnologías permite agilizar procedimientos y trámites, contribuyendo de este modo a una Administración Pública más eficiente y eficaz al servicio de la ciudadanía, virtualidades que se predican ahora de la introducción de la IA en las Administraciones Públicas[39].

Al margen del hecho de que esa vinculación entre Administración electrónica y simplificación administrativa no debiera ser aceptada como un axioma irrefutable[40], estimamos que los principios de eficacia y eficiencia, que, en su condición de principios básicos de la actuación administrativa en nuestro Derecho[41], se erigen en fundamento último del uso de las nuevas tecnologías por la Administración[42], no pueden, sin embargo, ser esgrimidos para amparar cualquier uso de las mismas. A diferencia de lo que sucede en el sector privado, la incorporación de medios electrónicos al quehacer administrativo o, si se prefiere, la digitalización del sector público, forma parte de

39. CERRILLO I MARTÍNEZ, A., «El impacto de la inteligencia artificial en el Derecho administrativo. ¿Nuevos conceptos para nuevas realidades técnicas?», *Revista General del Derecho Administrativo*, núm. 50 (2019), pp. 1-38.

40. Esa vinculación entre Administración electrónica y simplificación administrativa, que se refleja incluso en la denominación de alguna norma (p. ej., la Ley de la Comunidad Autónoma de La Rioja 5/2014, de 20 de octubre, de Administración electrónica y simplificación administrativa, BOR núm. 131, de 22/10/2014, BOE núm. 288, de 28/11/2014), ha sido certeramente analizada por CIERCO SEIRA, C., «La Administración electrónica al servicio de la simplificación administrativa: luces y sombras», *Revista aragonesa de Administración Pública*, núm. 38 (2011), pp. 155-219, quien pone de manifiesto como la mera existencia de servicios electrónicos no siempre se traduce en eficiencia y reducción de cargas administrativas.

41. Art. 103.1 CE, y letras h) y j) del art. 3.1 de la Ley 40/2015, de 1 de octubre, de Régimen Jurídico del Sector Público (BOE núm. 236, de 2 de octubre de 2015).

42. VALERO TORRIJOS ha sostenido que del principio constitucional de eficacia se derivaría un mandato en orden al uso de las nuevas tecnologías por la Administración en sus relaciones con los ciudadanos, admitiendo, no obstante, que habrá de ser el legislador quien delimite los contornos precisos de esta obligación: VALERO TORRIJOS, J., «Las relaciones con la Administración Pública mediante sistemas electrónicos, informáticos y telemáticos», en DAVARA RODRÍGUEZ, M. Á. (Coord.), *III Jornadas sobre Informática y Sociedad 2000-2001*, Universidad Pontificia Comillas, Madrid, 2001, p. 260.

la potestad de autoorganización de la Administración[43], que como toda potestad administrativa ha de ser atribuida y definida en todos sus elementos por el ordenamiento jurídico. En resumen, como indicábamos más atrás, el principio de legalidad de la Administración, en su versión de vinculación positiva, nos obliga a partir del marco normativo vigente. Ese marco normativo debe no solo conferir poderes de actuación a la Administración, sino también fijar límites y garantías, en aras del respeto y protección de los derechos de los ciudadanos, pues, como en el caso de cualquier otra gran organización, las nuevas tecnologías confieren a la Administración un extraordinario poder de control sobre los ciudadanos, por lo que su utilización indebida entraña un grave riesgo para una sociedad democrática y, en especial, para el libre ejercicio de los derechos y libertades fundamentales[44].

Pero antes, creemos preciso referirnos, siquiera sea brevemente, a los antecedentes regulatorios en esta materia, no solo por el reconocimiento de la labor previa realizada, que siempre juzgamos acertado, sino también porque, como podemos adelantar ya, la regulación actual trae causa directa de su antecesora.

3.1. ANTECEDENTES NORMATIVOS

Como es de sobra conocido, la Administración electrónica arranca su andadura en nuestro país con la aprobación de la Ley 30/1992, de 26 de noviembre, de Régimen Jurídico de las Administraciones Públicas y del Procedimiento Administrativo Común[45], que, haciéndose eco del impacto de las por entonces incipientes nuevas tecnologías en la sociedad, se refería a la posibilidad de su utilización en la actuación administrativa. En concreto, su artículo 45, bajo la rúbrica «Incorporación de medios técnicos», se expresaba a este respecto en los siguientes términos:

> «1. Las Administraciones Públicas impulsarán el empleo y aplicación de las técnicas y medios electrónicos, informáticos y telemáticos, para el desarrollo de su actividad y el ejercicio de sus competencias, con las limitaciones que a la utilización de estos medios establecen la Constitución y las Leyes.

---

43. GONZÁLEZ RÍOS, I., «Servicios públicos digitales y ciudadanos», en GONZÁLEZ RÍOS, I. Y FAYA BARRIOS, A. L. (Coords.), *Desafíos jurídicos administrativos del cambio climático, la transición energética y la digitalización*, Tirant lo Blanch, Valencia, 2023, p. 220.
44. Muy expresivamente, PÉREZ LUÑO ha recurrido en diversas ocasiones a la metáfora del Leviatán de Hobbes para describir el poder que las nuevas tecnologías confieren al Estado actual y, en concreto, a la Administración Pública, así en *Derechos humanos, Estado de Derecho y Constitución, op. cit.*, p. 349; y en *Manual de Informática y Derecho*, Ariel, Barcelona, 1996, p. 85.
45. BOE núm. 285, de 27 de noviembre de 1992.

> 2. Cuando sea compatible con los medios técnicos de que dispongan las Administraciones Públicas, los ciudadanos podrán relacionarse con ellas para ejercer sus derechos a través de técnicas y medios electrónicos, informáticos o telemáticos con respeto de las garantías y requisitos previstos en cada procedimiento.
>
> 3. Los procedimientos que se tramiten y terminen en soporte informático garantizarán la identificación y el ejercicio de la competencia por el órgano que la ejerce.
>
> 4. Los programas y aplicaciones electrónicos, informáticos y telemáticos que vayan a ser utilizados por las Administraciones Públicas para el ejercicio de sus potestades, habrán de ser previamente aprobados por el órgano competente, quien deberá difundir públicamente sus características.
>
> 5. Los documentos emitidos, cualquiera que sea su soporte, por medios electrónicos, informáticos o telemáticos por las Administraciones Públicas, o los que éstas emitan como copias de originales almacenados por estos mismos medios, gozarán de la validez y eficacia de documento original siempre que quede garantizada su autenticidad, integridad y conservación y, en su caso, la recepción por el interesado, así como el cumplimiento de las garantías y requisitos exigidos por ésta u otras Leyes».

Como puede apreciarse, el precepto transcrito no contiene un mandato imperativo de incorporación de las «técnicas y medios electrónicos, informáticos y telemáticos» por parte de las Administraciones Públicas, sino tan solo de impulso de su empleo y aplicación, dicho de otro modo, éste no se concibe como jurídicamente obligatorio, lo cual era coherente con el contexto tecnológico existente en ese momento. Consecuentemente, tampoco se reconoce un derecho de los ciudadanos a relacionarse electrónicamente con la Administración, sino que esta facultad se condiciona a la disponibilidad de esos medios técnicos por la Administración. En cualquier caso, la regulación legal denota un enfoque garantista, así, en el apartado 1.º se alude a «las limitaciones que a la utilización de estos medios establecen la Constitución y las Leyes» y en el apartado 2.º, al «respeto de las garantías y requisitos previstos en cada procedimiento»; este enfoque conecta, sin duda, con el tratamiento dado por nuestra Constitución al tema de la informática (artículo 18.4: «La ley limitará el uso de la informática para garantizar el honor y la intimidad personal y familiar de los ciudadanos y el pleno ejercicio de sus derechos»), donde es evidente una toma de posición defensiva frente a aquélla[46].

46. Así lo indica PÉREZ LUÑO, A. E., *Derechos humanos, Estado de Derecho y Constitución. 8.ª ed.*, Tecnos, Madrid, 2003, pp. 363-364.

En los años siguientes se afianza la idea de que la Administración debe hacer uso de las TICs como una nueva forma de gestión pública, con el fin de mejorar tanto la prestación de los servicios públicos como su propia organización y funcionamiento internos. Así, desde comienzos de la presente centuria se sucederá la adopción de planes y estrategias y la aprobación de normas, tanto a nivel europeo, estatal como autonómico, que articularán los medios necesarios para hacer realidad la Administración electrónica[47].

Sin menospreciar otras normas con incidencia directa en la materia que nos ocupa[48], el siguiente hito normativo está constituido por la Ley 11/2007, de 22 de junio, de acceso electrónico de los ciudadanos a los servicios públicos (en adelante, LAE)[49]. Según se dice en su Exposición de Motivos, con esta Ley «se pretende dar el paso del "podrán" por el "deberán"[50], en lo que se refiere a la posibilidad de los ciudadanos de relacionarse electrónicamente con la Administración; en otras palabras, la Administración electrónica deja de ser una opción para convertirse en una obligación para la Administración. Así, la LAE consagraba el derecho, o mejor cabría decir, "los derechos de los ciudadanos a relacionarse con las Administraciones Públicas por medios electrónicos"[51], así como la obligación de éstas de

47. Un exhaustivo repaso a los planes y estrategias adoptados en la primera década del s. XXI en VALIENTE FABERO, M.ª I., «Sistema de información @rchiva», *Revista TRIA*, núm. 15 (2009), pp. 18 y ss.
48. Entre ellas cabe citar, el Real Decreto 209/2003, de 21 de febrero, por el que se regulan los registros y las notificaciones telemáticas, así como la utilización de medios telemáticos para la sustitución de la aportación de certificados por los ciudadanos (BOE núm. 51, de 28 de febrero de 2003), aún vigente; y, muy especialmente, la Ley 59/2003, de 19 de diciembre, de firma electrónica (BOE núm. 304, de 20 de diciembre de 2003), que sustituyó y actualizó la regulación contenida en el Real Decreto-Ley 14/1999, de 17 de septiembre, esta Ley, que no es exclusiva del sector público, sino de aplicación general, representó un impulso decisivo en el fomento de la incorporación de las nuevas tecnologías en la actividad de las empresas, los ciudadanos y las Administraciones públicas en nuestro país. La Ley 59/2003 ha sido derogada por la Ley 6/2020, de 11 de noviembre, reguladora de determinados aspectos de los servicios electrónicos de confianza (BOE núm. 298, de 12 de noviembre de 2020).
49. BOE núm. 150, de 23 de junio de 2007.
50. § I de la Exposición de Motivos de la Ley 11/2007.
51. Tal era la rúbrica del Título II de la LAE (arts. 6 a 9), cuyo art. 6 detallaba los derechos que asisten a los ciudadanos en sus relaciones por medios electrónicos con la Administración, aspecto en el que, como advirtiera SÁNCHEZ BLANCO, la Ley 11/2007 opera con el sustrato de la Ley 30/1992, ya que en su art. 6.1 «se reconoce a los ciudadanos el derecho a relacionarse con las Administraciones Públicas utilizando medios electrónicos para el ejercicio de los derechos previstos en el artículo 35 de la Ley 30/1992, de 26 de noviembre, de Régimen Jurídico de las Administraciones Públicas y del Procedimiento Administrativo Común, así como para obtener informaciones,

dotarse de los medios y sistemas necesarios para que ese derecho pudiera ser ejercido de forma efectiva.

Pero la LAE no se limitaba a sancionar los derechos de los ciudadanos en sus relaciones con las Administraciones Públicas por medios electrónicos, sino que regulaba toda una serie de cuestiones configuradoras de la Administración electrónica como el funcionamiento y concepto de sede electrónica, las formas de autenticación e identificación, los registros y notificaciones electrónicas, los conceptos de copia electrónica y de expediente electrónico, los principios de la gestión electrónica de los procedimientos administrativos, preveía la creación del Esquema Nacional de Interoperabilidad y el Esquema Nacional de Seguridad, etc. y, en lo que aquí nos interesa, regulaba, por primera vez con carácter general, la actuación administrativa automatizada[52].

El anexo de la LAE define la actuación administrativa automatizada como «actuación administrativa producida por un sistema de información adecuadamente programado sin necesidad de intervención de una persona física en cada caso singular. Incluye la producción de actos de trámite o resolutorios de procedimientos, así como de meros actos de comunicación»[53].

Se maneja, pues, una concepción amplia de este tipo de actuación administrativa, cuyos dos elementos definitorios serían: de una parte, su reali-

realizar consultas y alegaciones, formular solicitudes, manifestar consentimiento, entablar pretensiones, efectuar pagos, realizar transacciones y oponerse a las resoluciones y actos administrativos». A juicio del citado autor, con el reconocimiento de estos derechos, la LAE «sitúa al ciudadano en el centro del Sistema y tienen una primera y directa consecuencia: homologa, por fin, al ciudadano ante las Administraciones, en el uso de facultades que lleva tiempo pudiendo ejercitar ante el ámbito empresarial privado»: SÁNCHEZ BLANCO, A., «La Ley 11/2007 de acceso electrónico de los ciudadanos a los servicios públicos y su significativa proyección sobre el sistema de archivo», *Revista TRIA*, núm. 15 (2009), p. 149.

52. Anteriormente, en referencia específica a la Administración tributaria, el art. 96.3 de la Ley 58/2003, de 17 de diciembre, General Tributaria (BOE núm. 302, de 18 de diciembre de 2003), ya preveía expresamente la posibilidad de la actuación administrativa automatizada: «Los procedimientos y actuaciones en los que se utilicen técnicas y medios electrónicos, informáticos y telemáticos garantizarán la identificación de la Administración tributaria actuante y el ejercicio de su competencia. Además, cuando la Administración tributaria actúe de forma automatizada se garantizará la identificación de los órganos competentes para la programación y supervisión del sistema de información y de los órganos competentes para resolver los recursos que puedan interponerse».
Sobre la regulación de la actuación administrativa automatizada en la LAE vid. MARTÍN DELGADO, I., «Naturaleza, concepto y régimen jurídico de la actuación administrativa automatizada», *Revista de Administración Pública*, núm. 180 (2009), pp. 353-386.
53. Definición que MARTÍN DELGADO, I., *op. cit.*, pp. 367 y ss., juzga bastante apropiada.

zación a través de medios tecnológicos; y, de otra, la ausencia de participación del ser humano en ninguna de las fases de la toma de decisiones. Por eso, como decíamos más atrás, aunque no todas las actuaciones administrativas automatizadas suponen el uso de sistemas de IA, las decisiones que se adopten mediante éstas encajan en el concepto de actuaciones administrativa automatizadas.

Las ventajas de este tipo de actuaciones parecen, en principio, evidentes: reducción de los tiempos de tramitación de los procedimientos y gestiones que se automaticen, así como de la carga de trabajo correspondiente a los mismos, exonerar a los empleados públicos de la realización de tareas repetitivas, permitiendo su dedicación a otras funciones, etc.

En cuanto al régimen jurídico de las actuaciones administrativas automatizadas, el artículo 38.2. de la Ley 11/2007 disponía: «Podrán adoptarse y notificarse resoluciones de forma automatizada en aquellos procedimientos en los que así esté previsto».

No se establecía, pues, una habilitación general de esta figura, que entendemos sólo sería posible cuando así lo contemple la normativa reguladora de un procedimiento, esto es, debe existir una disposición específica que de manera expresa regule de forma adicional la facultad de adoptar actuaciones administrativas automatizadas.

Sí se fijaban, en cambio, en el artículo 39 de la LAE unos requisitos o condiciones generales a los que, en todo caso, quedaba sujeta la actuación administrativa automatizada: primera, determinación previa del órgano u órganos competentes para la definición de las especificaciones, programación, mantenimiento, supervisión y control de calidad y, en su caso, auditoría del sistema de información y de su código fuente; y, segundo, identificación del órgano que debiera ser considerado responsable de la actuación administrativa automatizada a efectos de su impugnación, de lo que se infiere que, como no podía ser de otro modo, tales actuaciones se someten al régimen de garantías propias de cualquier acto administrativo.

Por último, la LAE incluía entre los sistemas que podían ser utilizados por las Administraciones Públicas para su identificación electrónica y para la autenticación de los documentos electrónicos que produzcan, los sistemas de firma electrónica para la actuación administrativa automatizada (artículo 13.3)[54].

54. Conviene hacer notar que, de conformidad con la disposición final 1.ª.1 de la LAE, sus arts. 13 y 38 sí tenía el carácter de normativa básica, dictada al amparo de la competencia

3.2. MARCO NORMATIVO VIGENTE

La derogación de la Ley 11/2007, de acceso electrónico de los ciudadanos a los servicios públicos, operada por la vigente Ley 39/2015, de 1 de octubre, del Procedimiento Administrativo Común de las Administraciones Públicas (en adelante, LPACAP)[55], no ha supuesto, sin embargo, una alteración significativa del régimen jurídico de la actuación administrativa automatizada en nuestro ordenamiento[56], si bien actualmente dicho régimen no se contiene en la LPACAP, sino en su gemela, la Ley 40/2015, de 1 de octubre, de Régimen Jurídico del Sector Público (en adelante, LRJSP).

Con la promulgación de ambas leyes, parece haberse asumido plenamente que «en el entorno actual, la tramitación electrónica no puede ser todavía una forma especial de gestión de los procedimientos, sino que debe constituir la actuación habitual de las Administraciones. Porque una Administración sin papel basada en un funcionamiento íntegramente electrónico no sólo sirve mejor a los principios de eficacia y eficiencia, al ahorrar costes a ciudadanos y empresas, sino que también refuerza las garantías de los interesados»[57]. Se consolida, pues, al fin, la digitalización y sus herramientas como forma de actuación ordinaria de las Administraciones Públicas, tanto en sus relaciones con los ciudadanos, como en las relaciones interadministrativas y en el ámbito de la propia organización interna de las Administraciones.

El capítulo V del Título Preliminar de la LRJSP (artículos 38 a 46) establece las reglas generales aplicables al funcionamiento electrónico del sector público, entre las que se incluye la regulación de la actuación administrativa automatizada (artículos 41 y 42), reglas que tienen el carácter de normativa básica en materia organizativa, dictada en ejercicio de la competencia estatal sobre las bases del régimen jurídico de las Administraciones públicas (artículo 149.1.18.ª CE)[58].

---

sobre las bases del régimen jurídico de las Administraciones Públicas y sobre el procedimiento administrativo común atribuida al Estado por el artículo 149.1.18.ª CE, no así, en cambio, su art. 39.

55. Disposición derogatoria única.2.ª.b), en relación con la disposición final 7.ª, de la Ley 39/2015, de 1 de octubre (BOE núm. 236, de 2 de octubre de 2015).

56. Régimen que una voz tan autorizada como GAMERO CASADO, E., «Sistemas automatizados de toma de decisiones en el Derecho Administrativo Español», *op. cit.*, considera uno de los más avanzados de nuestro entorno.

57. § III Exposición de Motivos de la Ley 39/2015.

58. Disposición final 14.ª.1 de la LRJSP; ello supone un cambio significativo respecto a la LAE, en la que, como ya hemos dicho, su art. 38, cuyo contenido reproduce ahora literalmente el art. 41.2 de la LRJSP, no tenía carácter básico.

La definición de actuación administrativa automatizada se trae ahora al articulado de la Ley[59], formulándose en los siguientes términos: «Se entiende por actuación administrativa automatizada, cualquier acto o actuación realizada íntegramente a través de medios electrónicos por una Administración Pública en el marco de un procedimiento administrativo y en la que no haya intervenido de forma directa un empleado público» (apartado 1 del artículo 41).

A nuestro juicio, la nueva redacción mantiene, precisándolos, los dos elementos definitorios del concepto que ya se apuntaban en la LAE: primero, realización *íntegramente* a través de medios electrónicos; y, segundo, no intervención *directa* de un empleado público, de donde, *a sensu contrario,* se deriva que sí es admisible la intervención indirecta, lo cual es lógico ya que, como razona GAMERO CASADO, «es imposible adoptar una actuación administrativa absolutamente desprovista de intervención humana, al menos en el diseño y gestión del sistema de información»[60]. Al propio tiempo, la vigente definición legal clarifica un tercer elemento: la producción necesaria de este tipo de actuación en el seno de un procedimiento administrativo, lo que supone que la actuación administrativa automatizada se encuadra en la actividad formalizada de la Administración. De este modo, la doctrina entiende que no se incluirían en el concepto legal de actuación administrativa automatizada los sistemas automatizados, o sistemas de IA que se utilizan en apoyo de actuaciones materiales de la Administración, pero sí los algoritmos, sistemas de IA o actuaciones automatizadas que apoyan la toma de decisiones en el seno de un procedimiento administrativo, y no solamente la decisión final que se adopte de forma automatizada[61].

Por su parte, el apartado 2 del artículo 41 de la Ley 40/2015 reproduce literalmente lo previsto en el artículo 39 de la LAE.

Finalmente, la LRJSP regula en su artículo 42, de forma mucho más detallada y precisa que su antecesora, los sistemas de firma para la actuación administrativa automatizada: términos:

> «1. En el ejercicio de la competencia en la actuación administrativa automatizada, cada Administración Pública podrá determinar los supuestos de utilización de los siguientes sistemas de firma electrónica:

59. Como se recordará, en la LAE la definición se relegaba al anexo de la misma.
60. GAMERO CASADO, E., «Sistemas automatizados de toma de decisiones en el Derecho Administrativo Español», *op. cit.*
61. Ibidem.

a) Sello electrónico de Administración Pública, órgano, organismo público o entidad de derecho público, basado en certificado electrónico reconocido o cualificado que reúna los requisitos exigidos por la legislación de firma electrónica.

b) Código seguro de verificación vinculado a la Administración Pública, órgano, organismo público o entidad de Derecho Público, en los términos y condiciones establecidos, permitiéndose en todo caso la comprobación de la integridad del documento mediante el acceso a la sede electrónica correspondiente».

Esta regulación legal ha sido desarrollada por el Real Decreto 203/2021, de 30 de marzo, por el que se aprueba el Reglamento de actuación y funcionamiento del sector público por medios electrónicos[62], conocido como Reglamento de Administración electrónica, que unifica en un solo cuerpo normativo el desarrollo de todos los aspectos relacionados con la actuación y funcionamiento del sector público por medios electrónicos previstos tanto en la LPACAP como en la LRJSP.

En aras de la necesaria transparencia, el Reglamento obliga a incluir en toda sede electrónica o sede electrónica asociada una «relación actualizada de las actuaciones administrativas automatizadas vinculadas a los servicios, procedimientos y trámites disponibles en la misma», la cual irá acompañada de «una descripción de su diseño y funcionamiento, los mecanismos de rendición de cuentas y transparencia, así como los datos utilizados en su configuración y aprendizaje» [letra i) del artículo 11.1].

El artículo 13, tras recordar en su apartado 1 que la tramitación electrónica de una actuación administrativa podrá llevarse a cabo, entre otras formas, de manera automatizada, de conformidad con lo dispuesto en el artículo 41 de la Ley 40/2015, para el ámbito estatal en su apartado 2 se dispone que la determinación de una actuación administrativa ha de ser autorizada por resolución del titular del órgano administrativo competente por razón de la materia o del órgano ejecutivo competente del organismo o entidad de derecho público, según corresponda, y se publicará en la sede electrónica o sede electrónica asociada. Dicha resolución expresará los recursos que procedan contra la actuación, el órgano administrativo o judicial, en su caso, ante el que hubieran de presentarse y plazo para interponerlos, sin perjuicio de que las personas interesadas puedan ejercitar cualquier otro que estimen oportuno y establecerá medidas adecuadas para

62. BOE núm. 77, de 31 de marzo de 2021.

salvaguardar los derechos y libertades y los intereses legítimos de las personas interesadas[63].

Esta previsión reglamentaria ha sido justamente criticada por GAMERO CASADO, pues permitir la autorización de la actuación administrativa automatizada mediante un acto administrativo, que no tiene que ser objeto de publicación oficial, «implica una total opacidad respecto del algoritmo o la programación del sistema de IA», lo que resulta contrario a las exigencias de transparencia postuladas por los expertos en la materia[64].

No se ha aprovechado el desarrollo reglamentario para esclarecer los procedimientos administrativos en los que es admisible la actuación administrativa automatizada, ni para regular otras cuestiones como la exigencia de motivación de las actuaciones administrativas automatizadas, motivación que en ningún caso debiera reducirse a una mera reproducción de decisiones en masa por modelos algorítmicos, como a veces sucede.

4. LOS DERECHOS DE LOS CIUDADANOS ANTE LA INTELIGENCIA ARTIFICIAL

4.1. LA CARTA DE DERECHOS DIGITALES

El marco normativo analizado no contempla específicamente la posición subjetiva del ciudadano, sus derechos y garantías, frente al uso de sistemas de IA por la Administración Pública, cuestión absolutamente esencial, pues, como decíamos más atrás, las nuevas tecnologías en general confieren a la Administración un poder que viene a reforzar aún más si cabe su posición de supremacía frente al ciudadano.

A ese estatus de ciudadano digital, concepto definido por ROBLES como «aquel individuo, ciudadano o no de otra comunidad o Estado, que ejerce la totalidad o parte de sus derechos políticos o sociales a través de internet, de forma independiente o por medio de su pertenencia a una comunidad virtual»[65],se refiere la Carta de Derechos Digitales aprobada por el Gobierno español el 14 de julio de 2021.

63. El apdo. 3 del art. 13 del Reglamento dispone que «en el ámbito de las Entidades Locales, en caso de actuación administrativa automatizada se estará a lo dispuesto en la disposición adicional octava del Real Decreto 128/2018, de 16 de marzo, por el que se regula el régimen jurídico de los funcionarios de Administración Local con habilitación de carácter nacional».

64. GAMERO CASADO, E., «Sistemas automatizados de toma de decisiones en el Derecho Administrativo Español», *op. cit.*

65. ROBLES, J. M., *Ciudadanía digital. Una introducción a un nuevo concepto de ciudadano*, Editorial UOC, Barcelona, 2009, p. 55. El autor apunta tres requisitos básicos, aunque

Tal y como se advierte en sus Consideraciones previas[66], la Carta no tiene carácter normativo, por lo que, coincidimos con SOUVIRÓN MORENILLA, en que no cabe atribuirle otro valor «que el de un trabajo técnico para la configuración de los llamados derechos digitales y, como tal, el de una guía para las políticas públicas»[67]. Así se explica, como también se puntualiza en las Consideraciones previas de la Carta, que la misma «está sujeta y se entiende sin perjuicio del ordenamiento jurídico vigente, en particular en materia de derechos, cuyas disposiciones serán de aplicación»[68], puntualización que estimamos innecesaria, al carecer la Carta de la fuerza vinculante propia de una norma jurídica.

Muchos de los denominados derechos digitales no son sino una adaptación de los tradicionales derechos humanos en su aplicación en el entorno y espacios digitales, adaptación de la que surgen nuevas facultades, pero en otros casos se trata de auténticos nuevos derechos fundamentales[69], y dado que el entorno digital se encuentra en constante evolución, es de esperar que la nómina de estos derechos continúe ampliándose en el futuro.

---

no únicos, para poder acceder a este estatus: el acceso a internet; la posesión de competencias digitales de nivel medio alto, y el reconocimiento por el usuario de la utilidad de los servicios ofrecidos por internet.

66. En las Consideraciones previas de la Carta también se informa que la misma ha sido elaborada a partir del trabajo realizado por el Grupo asesor de Expertas y Expertos constituido por la Secretaría de Estado de Digitalización e Inteligencia Artificial del Ministerio de Asuntos Económicos y Transformación Digital. Sobre el proceso de elaboración de la Carta resulta muy interesante la información aportada por uno de los miembros del citado grupo asesor, BARRIO ANDRÉS, M., *Los derechos digitales y su regulación en España, la Unión Europea e Iberoamérica, Colección Cuadernos de la Cátedra de Relaciones Privadas Internacionales Universidad Miguel Hernández de Elche-Ilustre Colegio de Abogados de Orihuela*, Colex, A Coruña, 2023, pp. 56-60.

67. SOUVIRÓN MORENILLA, J. M.ª, «Digitalización y derechos digitales en la actual "década digital" europea», *op. cit.*, p. 234.

68. En particular, se citan: la Ley Orgánica 3/2018, de 5 de diciembre, de Protección de Datos Personales y garantía de los derechos digitales; la Ley Orgánica 1/1982, de 5 de mayo, de Protección civil del derecho al honor, a la intimidad personal y familiar y a la propia imagen; la Ley Orgánica 2/1984, de 26 de marzo, reguladora del derecho de rectificación; la Ley 34/2002, de 11 de julio, de servicios de la sociedad de la información y de comercio electrónico; la Ley 9/2014, de 9 de mayo, General de Telecomunicaciones; la Ley 7/2010, de 31 de marzo, General de Comunicación Audiovisual (estas dos Leyes han sido derogadas y sustituidas por la Ley 11/2022, de 28 de junio, General de Telecomunicaciones y la Ley 13/2022, de 7 de julio, General de Comunicación Audiovisual); y la Ley 10/2021, de 9 de julio, de trabajo a distancia.

69. Como ejemplo de los primeros, BARRIO ANDRÉS, M. *Los derechos digitales y su regulación... op. cit.*, p. 19, señala el derecho al olvido dentro del derecho fundamental a la protección de datos, y en cuanto a los segundos, los derechos de acceso universal a Internet y a la ciberseguridad, el derecho a la verdad para luchar contra las noticias falsas, el derecho a la conciliación familiar y laboral, los derechos ante la inteligencia artificial o los neuroderechos.

Lo anterior puede considerarse razón suficiente para justificar la adopción de la Carta. Los derechos digitales ya habían encontrado acogida en nuestro Derecho positivo en la Ley Orgánica 3/2018, de 5 de diciembre, de Protección de Datos Personales y garantía de los derechos digitales (en adelante, LOPDyGD)[70], la cual, según se declara en su artículo 1, presenta un doble objeto: de una parte, la adaptación del ordenamiento jurídico español al Reglamento General de Protección de Datos, y, de otra, garantizar los derechos digitales de la ciudadanía conforme al mandato establecido en el artículo 18.4 de la Constitución» (artículo 1.b). Estos derechos, regulados en el Título X de la LOPDyGD (artículos 79 a 96), son los siguientes: derecho a la neutralidad de Internet, derecho de acceso universal a Internet, derecho a la seguridad digital, derecho a la educación digital, protección de los menores en Internet, derecho de rectificación en Internet, derecho a la actualización de informaciones en medios de comunicación digitales, derecho a la intimidad y uso de dispositivos digitales en el ámbito laboral, derecho a la desconexión digital en el ámbito laboral, derecho a la intimidad frente al uso de dispositivos de videovigilancia y de grabación de sonidos en el lugar de trabajo, derecho a la intimidad ante la utilización de sistemas de geolocalización en el ámbito laboral, derechos digitales en la negociación colectiva, protección de datos de los menores en Internet, derecho al olvido en búsquedas de Internet y en servicios de redes sociales y servicios equivalentes, derecho de portabilidad en servicios de redes sociales y servicios equivalentes, y derecho al testamento digital[71].

Junto a la LOPDyGD, en la consideración específica de las relaciones de los ciudadanos con la Administración Pública, no podemos olvidarnos del catálogo de derechos establecidos a estos efectos en el artículo 13 de la LPACAP, derechos que, como advierte GONZÁLEZ RÍOS, son aplicables tanto a las relaciones presenciales como electrónicas, es más, algunos de esos derechos se refieren especialmente a estas últimas como el derecho a comunicarse con las Administraciones públicas a través del Punto de Acceso General Electrónico de la Administración; a ser asistidos en el uso de medios electrónicos en sus relaciones con las Administraciones Públicas; a la obtención y utilización de los medios de identificación y firma electrónica contemplados en esta ley, etc.[72].

---

70. BOE núm. 294, de 6 de diciembre de 2018.
71. Un examen del contenido del Título X de la Ley Orgánica 3/2018 en BARRIO ANDRÉS, M. Ibidem, pp. 45-53.
72. GONZÁLEZ RÍOS, I., «Servicios públicos digitales y ciudadanos», *op. cit.*, pp. 239-240, donde la autora además advierte de que, dada la tendencia de la LPACAP, a la generalización de las relaciones electrónicas (art. 14), algunos de esos derechos devienen en auténticas obligaciones.

La Carta de Derechos Digitales actualiza el catálogo de estos derechos, sistematizándolos y precisando su contenido. No es nuestra intención entrar en un análisis detallado de la Carta[73], sino simplemente dar cuenta de la que es una de sus novedades respecto a los derechos digitales enunciados en la LOPDyGD, los derechos ante la inteligencia artificial, formulados en la Carta con carácter general, pero también en referencia específica a su aplicación en las relaciones entre los ciudadanos y las Administraciones públicas y en el entorno laboral. No obstante, expondremos sintéticamente el contenido de la Carta, la cual agrupa los derechos digitales en cinco bloques temáticos:

1. Derechos de libertad: I. Derechos y libertades en el entorno digital, donde se afirma la plena aplicabilidad en los entornos digitales de los derechos y libertades reconocidos en la Declaración Universal de Derechos Humanos, la Constitución Española, el Convenio Europeo de Derechos Humanos, la Carta de los Derechos Fundamentales de la Unión Europea, y los tratados y acuerdos internacionales sobre las mismas materias ratificados por España. II. Derecho a la identidad en el entorno digital. III. Derecho a la protección de datos. IV. Derecho al pseudonimato (siempre que no se requiera la identificación personal). V. Derecho de la persona a no ser localizada y perfilada. VI. Derecho a la ciberseguridad. VII. Derecho a la herencia digital.

2. Derechos de igualdad: VIII. Derecho a la igualdad y a la no discriminación en el entorno digital. IX. Derecho de acceso a Internet. X. Protección de personas menores de edad en el entorno digital. XI. Accesibilidad universal en el entorno digital. XII. Brechas de acceso en el entorno digital.

3. Derechos de participación y conformación del espacio público: XIII. Derecho a la neutralidad de Internet. XIV. Libertad de expresión y libertad de información. XV. Derecho a recibir libremente información veraz. XVI. Derecho a la participación ciudadana por medios digitales. XVII. Derecho a la educación digital. XVIII. Derechos digitales de la ciudadanía en sus relaciones con las Administraciones Públicas, a las que ahora nos referiremos.

4. Derechos del entorno laboral y empresarial: XIX. Derechos en el ámbito laboral, entre los que se figuran derechos ya consagrados en

73. Para ello, además del trabajo de BARRIO ANDRÉS, M., *Los derechos digitales y su regulación... op. cit.*, pp. 60 y ss., puede consultarse el excelente estudio de GONZÁLEZ RÍOS, I., «La Carta de Derechos Digitales y su reflejo normativo: hacia la humanización de la digitalización», en GONZÁLEZ RÍOS, I. (Dir.) y ÁVILA RODRÍGUEZ, C. M.ª (Coord.), *Estudios jurídicos interdisciplinares sobre justicia relacional y servicios de interés general. Volumen II. Digitalización y protección ambiental*, Thomson Reuters Aranzadi, Pamplona, 2023.

la LOPDyGD, como el derecho a la desconexión digital; se pormenoriza y amplia el contenido de otros derechos, por ejemplo, la protección de los derechos del trabajador a la intimidad personal y familiar, el honor, la propia imagen, la protección de datos y el secreto de las comunicaciones en el uso de dispositivos digitales, así como frente al uso de dispositivos de videovigilancia, de grabación de sonidos, así como en el caso de la utilización de herramientas de monitoreo, analítica y procesos de toma de decisión en materia de recursos humanos y relaciones laborales, y en particular, la analítica de redes sociales; incluyéndose además otros derechos no previstos en la citada Ley Orgánica, como es el caso de la garantía de los derechos del trabajador frente al uso por la entidad empleadora de procedimientos de analítica de datos, inteligencia Artificial y, en particular, los previstos en la legislación respecto del empleo de decisiones automatizadas en los procesos de selección de personal. XX. La empresa en el entorno digital, donde se hace un reconocimiento expreso de la libertad de empresa en el entorno digital.

5. Derechos digitales en entornos específicos: XXI. Derecho de acceso a datos con fines de archivo en interés público, fines de investigación científica e histórica, fines estadísticos, y fines de innovación y desarrollo. XXII. Derecho a un desarrollo tecnológico y a un entorno digital sostenible. XXIII. Derecho a la protección de la salud en el entorno digital. XXIV. Libertad de creación y derecho de acceso a la cultura en el entorno digital. XXV. Derechos ante la inteligencia artificial. XXVI. Derechos digitales en el empleo de las neurotecnologías.

El sexto y último bloque de la Carta lleva por rúbrica «Garantías y eficacia», y en él, como garantía de los derechos en los entornos digitales (apartado XXVII), se reconoce el derecho de todas las personas a la tutela administrativa y judicial de sus derechos en los entornos digitales de acuerdo con lo dispuesto en la legislación vigente. Este bloque y la propia Carta se cierra con una previsión donde se ordena al Gobierno adoptar las disposiciones oportunas, en el ámbito de sus competencias, para garantizar la efectividad de la misma (apartado XXVIII. Eficacia), cláusula que puede tildarse de sorprendente en el contexto de un texto carente de valor normativo y que solo puede interpretarse como un compromiso político del Gobierno a este respecto[74].

74. SOUVIRÓN MORENILLA, J. M.ª, «Digitalización y derechos digitales en la actual "década digital" europea», *op. cit.*, p. 234.

El apartado XXV.5 de la Carta recoge los derechos ante la inteligencia artificial, estableciendo como premisa ineludible un enfoque de esta tecnología basado en la persona y su dignidad inalienable, su servicio al bien común y la exigencia de no infringir daño intencionadamente (principio de no maleficencia).

Con esta declaración como pórtico, en relación al desarrollo y ciclo de vida de los sistemas de IA se prevé la necesidad de garantizar «el derecho a la no discriminación cualquiera que fuera su origen, causa o naturaleza, en relación con las decisiones, uso de datos y procesos basados en inteligencia artificial»; el establecimiento de «condiciones de transparencia, auditabilidad, explicabilidad, trazabilidad, supervisión humana y gobernanza», subrayándose que la información facilitada ha de ser accesible y comprensible; así como la garantía de la accesibilidad, usabilidad y fiabilidad de estas tecnologías.

En la formulación de ese derecho a la no discriminación queda patente la preocupación de la Carta por atajar uno de los mayores riesgos asociados a la IA, su potencial para reproducir prejuicios y sesgos y con ello ahondar en las desigualdades ya existentes, sobre todo en relación a los colectivos más vulnerables.

Igualmente, se afirma que todas las personas tienen derecho a solicitar una supervisión e intervención humana y a impugnar las decisiones automatizadas tomadas por sistemas de inteligencia artificial que produzcan efectos en su esfera personal y patrimonial.

En el extenso apartado relativo a los derechos digitales de la ciudadanía en sus relaciones con las Administraciones públicas (apartado XVIII.3) se dispone que los poderes públicos habrán de promover los derechos ante la inteligencia artificial que acabamos de exponer en el marco de la actuación administrativa, reconociéndose en este ámbito específicamente los siguientes derechos:

- Derecho a que las decisiones y actividades en el entorno digital respeten los principios de buen gobierno y el derecho a una buena Administración digital, así como los principios éticos que guían el diseño y los usos de la inteligencia artificial.
- Derecho a la transparencia sobre el uso de instrumentos de IA y sobre su funcionamiento y alcance en cada procedimiento concreto y, en particular, acerca de los datos utilizados, su margen de error, su ámbito de aplicación y su carácter decisorio o no decisorio. A este respecto se contempla que la ley pueda regular las condiciones

de transparencia y el acceso al código fuente, especialmente con objeto de verificar que no produce resultados discriminatorios.

- Estas exigencias de transparencia, absolutamente imprescindibles para hacer posible la comprobación de los sistemas de IA no incurren en sesgo o en cualquier otra ilegalidad, contrastan con la regulación establecida en el artículo 13.2 del Reglamento de Administración Electrónica antes examinado.
- Derecho a obtener una motivación comprensible en lenguaje natural de las decisiones que se adopten en el entorno digital, con justificación de las normas jurídicas relevantes, tecnología empleada, así como de los criterios de aplicación de las mismas al caso. Del mismo modo, se prevé el derecho del interesado a que se motive o se explique la decisión administrativa en el caso de que ésta se separe del criterio propuesto por un sistema automatizado o inteligente. En el caso de que el contenido de la Carta fuese objeto de una positivación efectiva, estaríamos ante un supuesto específico de motivación obligatoria de los actos administrativos[75].
- Derecho a que la adopción de decisiones discrecionales quede reservada a personas, esto es, se excluye la posibilidad de actuación administrativa automatizada en el ejercicio de potestades discrecionales, salvo que normativamente se prevea la adopción de decisiones automatizadas con garantías adecuadas. La introducción de esta salvedad nos parece de todo punto inconveniente, pues se corre el riesgo de que la excepción se convierta en la regla y, además, de que se abra paso por vía reglamentaria.

Por último, se prescribe la necesidad de una evaluación de impacto en los derechos digitales en el diseño de los algoritmos en el caso de adopción de decisiones automatizadas o semiautomatizadas.

4.2. LA DECLARACIÓN EUROPEA SOBRE LOS DERECHOS Y PRINCIPIOS DIGITALES PARA LA DÉCADA DIGITAL

Con posterioridad a la aprobación por el Gobierno español de la Carta de Derechos Digitales, la UE ha adoptado la Declaración Europea sobre los Derechos y Principios Digitales para la Década Digital, cuyo borrador fue presentado por la Comisión Europea el 26 de enero de 2022, siendo apro-

75. De conformidad con la letra i) del art. 35.1 de la LPACAP, «Serán motivados, con sucinta referencia de hechos y fundamentos de derecho los (actos) que deban serlo en virtud de disposición legal o reglamentaria expresa».

bada como declaración conjunta del Parlamento Europeo, el Consejo y la Comisión el 15 de diciembre de 2022 y publicada en el Diario Oficial de la Unión Europea el 23 de enero de 2023[76].

La Declaración expresa el compromiso de la Unión Europea con una transformación digital protegida, segura y sostenible que sitúe a las personas en el centro, en consonancia con los valores y los derechos fundamentales de la UE, asumiéndose que los derechos y libertades deben respetarse tanto en el mundo real como en el virtual.

La Declaración Europea tampoco es un instrumento jurídicamente vinculante, en su propio Preámbulo (párrafo 10) se admite que la misma «tiene carácter declarativo y, por tanto, no afecta al contenido de las normas jurídicas ni a su aplicación», si bien, previamente, se sostiene su fundamento «en el Derecho primario de la UE, en particular el Tratado de la Unión Europea, el Tratado de Funcionamiento de la Unión Europea, la Carta de los Derechos Fundamentales de la Unión Europea, así como en el Derecho derivado y la jurisprudencia del Tribunal de Justicia de la Unión Europea». La clave de la virtualidad de la Declaración la proporciona de nuevo su Preámbulo, al señalar en sus párrafos 7 y 8 que en ella se exponen las intenciones y compromisos políticos comunes en relación a la transformación digital, debiendo servir de guía y referencia tanto para los responsables políticos, como para las empresas y otros agentes del entorno digital a la hora de desarrollar e implantar nuevas tecnologías[77].

La Declaración se estructura en seis capítulos, cada uno de los cuales aborda un ámbito temático, reflejado, de manera más o menos precisa, en su rúbrica: «Una transformación digital centrada en las personas» (capítulo I); «Solidaridad e inclusión» (capítulo II); «Libertad de elección» (capítulo III); «Participación en el espacio público digital» (capítulo IV); «Seguridad, protección y empoderamiento» (capítulo V); y «Sostenibilidad» (capítulo

76. Unión Europea: Parlamento Europeo, Consejo y Comisión Europea. *Declaración Europea sobre los Derechos y Principios Digitales para la Década Digital* (2023/C 23/01), Disponible en: https://eur-lex.europa.eu/legal-content/ES/TXT/PDF/?uri=CELEX:32023-C0123(01)&qid=1684248405089

77. En este sentido, SOUVIRÓN MORENILLA, J. M.ª, «Digitalización y derechos digitales en la actual "década digital" europea», *op. cit.*, pp. 229-230, estima que se trata de «una guía, de una especie de protocolo, a tener en cuenta por la Unión (...), los Estados miembros y las empresas y otros agentes del entorno digital, cada uno en el ejercicio de sus respectivas competencias y cometidos». En la misma línea, BARRIO ANDRÉS, M., *Los derechos digitales y su regulación..., op. cit.*, p. 86 entiende que la Declaración «sirve más bien de orientación para las futuras estrategias digitales de la Unión Europea y para configurar la conducta de los agentes digitales en el espacio en línea», considerándola, además, «un avance positivo en el proceso de constitucionalización del espacio digital en el Derecho de la Unión».

VI), subdividiéndose, a su vez, algunos capítulos en diversos apartados. En todos ellos, la formulación de los derechos y principios digitales sigue el mismo esquema: enunciado de un «aserto propositivo»[78] (numerados del 1 al 24), para desgranar a continuación las acciones y medidas que la Unión se compromete (el texto de la Declaración emplea el término «nos comprometemos») a llevar a cabo para la realización efectiva de aquel.

Los derechos ante la inteligencia artificial se acogen en el capítulo III de la Declaración, que lleva por rúbrica «Libertad de elección», referida, obviamente, a la libertad de decisión de las personas en el ámbito de la digitalización, concretamente, en el primero de los apartados de dicho capítulo, intitulado «Interacciones con algoritmos y sistemas de inteligencia artificial». En esta materia la Declaración sienta dos principios generales:

> «8. La inteligencia artificial debe ser un instrumento al servicio de las personas y su fin último debe ser aumentar el bienestar humano.
>
> 9. Toda persona debería estar empoderada para beneficiarse de las ventajas de los sistemas algorítmicos y de inteligencia artificial, especialmente a fin de tomar sus propias decisiones en el entorno digital con conocimiento de causa, así como estar protegida frente a los riesgos y daños a su salud, su seguridad y sus derechos fundamentales».

Para lograr la efectividad de estos principios, la Unión asume los siguientes compromisos específicos:

> «a) promover sistemas de inteligencia artificial centrados en el ser humano, fiables y éticos a lo largo de todo su desarrollo, despliegue y uso, en consonancia con los valores de la UE;
>
> b) velar por un nivel adecuado de transparencia en el uso de los algoritmos y la inteligencia artificial y por qué las personas estén informadas y capacitadas para utilizarlos cuando interactúen con ellos;
>
> c) velar por que los sistemas algorítmicos se basen en conjuntos de datos adecuados para evitar la discriminación y permitir la supervisión humana de todos los resultados que afecten a la seguridad y los derechos fundamentales de las personas;
>
> d) garantizar que las tecnologías como la inteligencia artificial no se utilicen para anticiparse a las decisiones de las personas en ámbitos como, por ejemplo, la salud, la educación, el empleo y la vida privada;

78. Así lo califica SOUVIRÓN MORENILLA, J. M.ª, «Digitalización y derechos digitales en la actual "década digital" europea», *op. cit.*, p. 217.

e) proporcionar salvaguardias y adoptar las medidas adecuadas, en particular promoviendo normas fiables, para que la inteligencia artificial y los sistemas digitales sean seguros y se utilicen en todo momento con pleno respeto de los derechos fundamentales de las personas;

f) adoptar medidas para garantizar que la investigación en inteligencia artificial respete las normas éticas más estrictas y la legislación pertinente de la UE».

Al igual que la Carta española, la Declaración europea apuesta decididamente por un enfoque humanizador de la inteligencia artificial, a la concibe como un instrumento al servicio de las personas y su bienestar, expresando el compromiso de conjurar los riesgos inherentes a la misma mediante la adopción de las medidas pertinentes. En cualquier caso, el documento español es, en nuestra opinión, más preciso y, si se nos permite la expresión, más contundente en la formulación de los derechos digitales ante la IA que el europeo, de hecho, la terminología empleada en nuestra Carta es más propia de un texto normativo, no siéndolo, que de una declaración meramente programática, además, en ella se contiene una concreción específica de esos derechos en el ámbito de las relaciones entre Administración Pública y ciudadanos, ausente, por razones, obvias, de la Declaración Europea.

5. CONCLUSIONES

En primer lugar, huelga decir que la inteligencia artificial, o mejor dicho, como hemos tenido ocasión de comprobar a lo largo de este trabajo, el conjunto de tecnologías que se engloban bajo este concepto, son hoy una realidad, cuyo desarrollo es imparable, y que presenta un carácter ambivalente por cuanto su utilización puede reportar grandes beneficios en muchos ámbitos, pero, a la vez, entraña graves riesgos de vulneración de los derechos humanos y las libertades fundamentales. Sin embargo, debe huirse de planteamientos negativos, meramente defensivos frente al poder de la tecnología, ya que éstos sólo ofrecen una visión parcial y, a veces, incluso catastrofista, de esta problemática. Lo importante es contar con una regulación adecuada del uso de la IA, y en este punto la próxima aprobación del Reglamento europeo de la IA es ya, de por sí, una buena noticia.

En segundo lugar, el reto de la consecución de una Administración más eficaz en el servicio a la ciudadanía se ha hecho descansar entre nosotros, quizás acríticamente, en la incorporación, escalonada, pero sostenida en el tiempo, de las nuevas tecnologías al giro o tráfico administrativo. En nuestra opinión, debe superarse ese planteamiento y en lo que se refiere a la aplicación en el sector público de tecnologías tan novedosas como la IA será necesario que el ordenamiento precise los objetivos específicos a alcanzar en cada caso (simplificar la relación de la ciudadanía con la Administración, personalizar los servicios públicos digitales, actualizar las infraestructuras tecnológicas de la Administración Pública...) y los poderes y medios de actuación de la Administración. El objetivo es ahora mucho más ambicioso, lo que se ha dado en denominar la *smartificación* de la Administración Pública, definida por RAMIÓ, como «proceso para lograr mayor inteligencia institucional para gobernar las complejas redes públicas y privadas con el objetivo final de aportar valor público a las actividades administrativas y atender de manera proactiva las necesidades de la ciudadanía»[79].

Tercero, recordar que, aunque en nuestro Derecho no existe una regulación específica del uso de la inteligencia artificial por el sector público, sí contamos desde hace tiempo con un marco normativo de la denominada «actuación administrativa automatizada», que, como ya se ha dicho, guarda una evidente conexión con aquella. Ese marco normativo, aunque tenga aspectos criticables y sea susceptible de mejora, supone el ineludible cumplimiento del principio de legalidad de la Administración en esta materia.

Por último, pero no menos importante, creemos que existe un déficit tanto en nuestro Derecho como en el Derecho comunitario, en lo que se refiere a la definición estatuto de la ciudadanía digital. En lo que al ámbito de las relaciones entre Administración y ciudadanos respecta, la regulación de ese estatuto resulta esencial si no queremos que la digitalización se dirija al fortalecimiento de las prerrogativas de la Administración Pública en detrimento de los derechos de todos los ciudadanos. Si bien resulta elogiable el enfoque humanizador que el reconocimiento de los derechos digitales en general, y en particular, de los derechos ante la inteligencia digital recibe tanto en la Carta española de Derechos Digitales como en la Declaración Europea, el hecho de tratarse de instrumentos carentes de fuerza jurídica vinculante hace que corran el riesgo de quedar en un mero *desideratum*, en declaraciones de buenas intenciones, que nada aporten a la protección de los ciudadanos frente a las nuevas tecnologías. Urge, pues, la positivación de estos derechos en los adecuados textos normativos, con la precisión de los instrumentos para su garantía y tutela.

6. BIBLIOGRAFÍA

ACOSTA GALLO, P., «El interés general como principio inspirador de las políticas públicas», *Revista General de Derecho Administrativo*, núm. 41 (2016).

79. RAMIÓ, C. *Inteligencia artificial y Administración pública. Robots y humanos compartiendo el servicio público*, Los libros de la catarata, Madrid, 2019, p. 14.

ÁLVAREZ GARCÍA, V. y TAHIRI MORENO, J., «La regulación de la inteligencia artificial en Europa a través de la técnica armonizadora del nuevo enfoque», *Revista General de Derecho Administrativo,* núm. 63 (2023).

BARRIO ANDRÉS, M., «Inteligencia artificial: origen, concepto, mito y realidad», *El Cronista del Estado Social y Democrático de Derecho,* núm. 100 (2022),

BARRIO ANDRÉS, M., *Los derechos digitales y su regulación en España, la Unión Europea e Iberoamérica, Colección Cuadernos de la Cátedra de Relaciones Privadas Internacionales Universidad Miguel Hernández de Elche-Ilustre Colegio de Abogados de Orihuela,* Colex, A Coruña, 2023, pp. 56-60.

CARRETERO SÁNCHEZ, S., *La* responsabilidad del Estado *en sus nuevos frentes: sanitario, alimentario, energético y de Inteligencia artificial,* Colex, A Coruña, 2023.

CERRILLO I MARTÍNEZ, A., «El impacto de la inteligencia artificial en el Derecho administrativo. ¿Nuevos conceptos para nuevas realidades técnicas?», *Revista General del Derecho Administrativo,* núm. 50 (2019).

CIERCO SEIRA, C., «La Administración electrónica al servicio de la simplificación administrativa: luces y sombras», *Revista Aragonesa de Administración Pública,* núm. 38 (2011).

CORTÉS ABAD, O., *La inteligencia artificial en la gestión pública.* El Consultor de los Ayuntamientos, Madrid, 2023.

COTINO HUESO, L. «Riesgos e impactos del Big Data, la inteligencia artificial y la robótica: enfoques, modelos y principios de la respuesta del Derecho», *Revista General de Derecho Administrativo,* núm. 50 (2019).

FUERTES LÓPEZ, M., *Metamorfosis del Estado. Maremoto digital y ciberseguridad,* Marcial Pons, Madrid, 2022.

GARCÍA DE ENTERRÍA, E. y FERNÁNDEZ RODRÍGUEZ, T. R., *Curso de Derecho Administrativo, Vol. I. 19.ª ed.,* Thomson Reuters Aranzadi, Pamplona, 2020.

GAMERO CASADO, E., «El enfoque europeo de Inteligencia artificial», *Revista de Derecho Administrativo,* núm. 20 (2021).

GAMERO CASADO, E., «Sistemas automatizados de toma de decisiones en el Derecho Administrativo Español», *Revista General de Derecho Administrativo,* núm. 63 (2023).

GARCÍA GARCÍA, S., «Una aproximación a la futura regulación de la inteligencia artificial en la Unión Europea», *Revista de Estudios Europeos*, vol. 79 (2022).

GONZÁLEZ RÍOS, I., «Servicios públicos digitales y ciudadanos», en GONZÁLEZ RÍOS, I. Y FAYA BARRIOS, A. L. (Coords.), *Desafíos jurídicos administrativos del cambio climático, la transición energética y la digitalización*, Tirant lo Blanch, Valencia, 2023.

GONZÁLEZ RÍOS, I., «La Carta de Derechos Digitales y su reflejo normativo: hacia la humanización de la digitalización», en GONZÁLEZ RÍOS, I. (Dir.) y ÁVILA RODRÍGUEZ, C. M.ª (Coord.), *Estudios jurídicos interdisciplinares sobre justicia relacional y servicios de interés general. Volumen II. Digitalización y protección ambiental*, Thomson Reuters Aranzadi, Pamplona, 2023.

MARTÍN DELGADO, I., «Naturaleza, concepto y régimen jurídico de la actuación administrativa automatizada», *Revista de Administración Pública*, núm. 180 (2009).

NAVAS NAVARRO, S., «Derecho e inteligencia artificial desde el diseño. Aproximaciones», en NAVAS NAVARRO, S., et al., *Inteligencia artificial. Tecnología y Derecho*, Tirant lo Blanch, Valencia, 2017.

PÉREZ LUÑO, A. E., «El Derecho ante las nuevas tecnologías», *El Notario del siglo XXI. Revista del Colegio Notarial de Madrid*, núm. 41 (2012).

PÉREZ LUÑO, A. E., *Cibernética, informática y derecho. Un análisis metodológico*, Publicaciones del Real Colegio de España, Bolonia, 1976.

PÉREZ LUÑO, A. E., *Manual de Informática y Derecho*, Ariel, Barcelona, 1996.

PÉREZ LUÑO, A. E., *Derechos humanos, Estado de Derecho y Constitución. 8.ª ed*, Tecnos, Madrid, 2003.

RAMIÓ, C. *Inteligencia artificial y Administración pública. Robots y humanos compartiendo el servicio público*, Los libros de la catarata, Madrid, 2019.

REBOLLO, L., *Inteligencia artificial y derechos fundamentales*, Dykinson, Madrid, 2023.

ROBLES, J. M., *Ciudadanía digital. Una introducción a un nuevo concepto de ciudadano*, Editorial UOC, Barcelona, 2009.

SÁNCHEZ BLANCO, A., «La Ley 11/2007 de acceso electrónico de los ciudadanos a los servicios públicos y su significativa proyección sobre el sistema de archivo», *Revista TRIA*, núm. 15 (2009).

SÁNCHEZ MORÓN, M., *Derecho Administrativo. Parte general. 18.ª ed.*, Tecnos, Madrid, 2022.

SOUVIRÓN MORENILLA, J. M.ª, «Digitalización y derechos digitales en la actual "década digital" europea», en ÁVILA RODRÍGUEZ, C. M.ª y GONZÁLEZ RÍOS, I. (Dirs.) y TAVARES DA SILVA, S. (Coord.), *Transición energética y digital justa en el ámbito de los transportes*, Thomson Reuters Aranzadi, Pamplona, 2023.

VALERO TORRIJOS, J., «Las relaciones con la Administración Pública mediante sistemas electrónicos, informáticos y telemáticos», en DAVARA RODRÍGUEZ, M. Á. (Coord.), *III Jornadas sobre Informática y Sociedad 2000-2001*, Universidad Pontificia Comillas, Madrid, 2001.

VALIENTE FABERO, M.ª I., «Sistema de infomación @rchiva», Revista TRIA, núm. 15 (2009).

Capítulo VI

La inteligencia artificial en la ciudad: aplicaciones en el ámbito de la movilidad

M.ª Remedios Santana Pareja
Directora General de Movilidad del Ayuntamiento de Málaga

1. APUNTES SOBRE LA INTELIGENCIA ARTIFICIAL Y SU INTEGRACIÓN EN LAS CIUDADES

El concepto de inteligencia artificial se definió en el año 1956 por su creador Standford John McCARTHY[1] como «la ciencia y la ingeniería de fabricar máquinas inteligentes, en especial programas inteligentes de computación, esto es programas que permiten la consecución de resultados o respuestas». Las personas interactúan con estos programas y consiguen obtener respuestas a las cuestiones que plantean a este sistema de computación. Como ejemplo que ilustre lo que expresamos, podemos citar diversas utilidades de la inteligencia artificial que generaron expectación y la atención mediática unos años atrás, como las aplicaciones que alcanzaron éxitos, en el año 1997, el caso de *Deep Blue*, una supercomputadora que

1. MCCARTHY, J., MINSKY, M. L., ROCHESTER N. y SHANNON, C. E., «A proposal for the Dartmouth summer conference on artificial intelligence», *Conference Announcement*, 1955. Disponible en: http://stanford.io/1bqrAR1.

consiguió derrotar al campeón y gran maestro del ajedrez Gary Kaspárov ante el asombro de la humanidad. Otro ejemplo mediático en el ámbito de la inteligencia artificial fue el desarrollado por el modelo *Watson* de *IBM*[2]. En el año 2011, mediante este sistema utilizando un ordenador previamente programado, se consiguió vencer a unos participantes brillantes en un concurso de cultura general norteamericano llamado *Jeopardy*. En los últimos años la inteligencia artificial, ha ido desarrollándose en diversos ámbitos, realizándose estudios sobre las diferentes utilidades que puede tener este sistema, incluso ha despertado los temores de la población acerca de la posibilidad de que sustituya o supla al ser humano en algunas de las tareas o labores desempeñadas profesionalmente, descartando la función de las personas en determinadas disciplinas.

Según McKinsey, sólo es posible automatizar tareas realizadas respecto a un 5% de los empleos, que sí desaparecerían, mientras que el 60% de los empleos contienen al menos un 30% de tareas que podrían ser sistematizadas. Realmente esto implica que la adopción de este sistema va a suponer la desaparición de algunos puestos de trabajo y cambios en el contenido de las tareas desempeñadas, dejando a los ordenadores cierto tipo de procesos automatizados que con los datos escogidos consiguen análisis precisos y más adecuados, mientras que al trabajador se le atribuyen una serie de tareas más creativas o de selección de parámetros que no sea posible automatizar a través de los ordenadores tanto en el inicio en la configuración de los sistemas como en la fase final de resultados e interpretación o extracción de los resultados obtenidos.

Se establece que la implantación de este sistema en las empresas permitirá un crecimiento de la productividad para las mismas y de la economía mundial desde un 0,8% a un 1,4% anual con un impacto comparable al que fue la electricidad hace cien años, según McKinsey[3], vaticinándose un cambio en la sanidad, el transporte, comunicaciones y los procesos de fabricación. En los últimos años se está incrementando notablemente su importancia debido a:

- La capacidad informática es cada vez más alta, la nube y la posibilidad de depositar y que residan en la misma ingentes cantidades de datos y de información ha dado un gran horizonte a la inteligencia artificial.

2. ENGADGET (13 de enero de 2011). *IBM´s Watson Supercomputer Destroy Human in Jeopardy* [Archivo de video]. Disponible en Youtube: https://www.youtube.com/watch?v=WFR3lOm_xhE
3. MCKINSEY GLOBAL INSTITUTE. (11 de mayo de 2017). *What's now and next in analytics, Artificial Intelligence, and automation.* Disponible en: https://McKinsey.com

- Los macrodatos que existen: la recopilación de datos es tan frecuente y tan elevada la cantidad, que, en sus distintos formatos, vídeos, imágenes voz, sensores permiten que contemos con una gran cantidad de información recopilada que puede ser utilizada de forma eficiente para diversos fines.

- Se han creado por expertos profesionales de datos y analistas informáticos, los llamados desarrolladores automáticos que son algoritmos muy avanzados puestos en marcha partiendo de estudios diversos. Los datos deben ser seleccionados y estudiados para que funcionen teniendo en cuenta un estricto código ético, del mismo modo que la muestra de resultados que ofrecen.

- La creatividad se ha disparado en los distintos ámbitos, ha generado funcionalidades impensables, no existe un horizonte ni un límite, por ejemplo, se han desarrollado avatares digitales con herramientas de inteligencia artificial con el fin de ejercer como modelos y muestran diseños de moda en las redes sociales, estas funcionalidades triunfan y son secundadas por gran número de seguidores[4].

Sin embargo, cuantos más retos se alcanzan, más se observa que los avances pueden suponer un riesgo y que se requiere de una urgente regulación normativa al respecto. La recopilación de datos debe estar guiada por una claridad en las decisiones y una calidad ética que vinculan y condicionan el proceso y sus resultados en todo caso, con el fin de no perder objetividad. Analizando un estudio de la Universidad de Stanford y publicado el 3 de abril, demuestra que tanto Occidente y algunos países asiáticos están generando cada vez más normas. Se observa que, de 127 países analizados, 31 Estados ya han aprobado por lo menos una ley relacionada con esta tecnología. En total, se han decretado más de 125 normas a nivel global, y 37 de estas fueron en 2022. Estados Unidos encabeza la lista del reporte, con 22 leyes aprobadas, seguido de Portugal y España, con 13 y 10 leyes, respectivamente. Empatan en el cuarto puesto Italia y Rusia, con 9 leyes cada una, y les sigue Bélgica, con 7, y Reino Unido, con 6 (ver gráfico).

4. Este es el caso de la modelo o influencer digital llamada Aitana López, afincada en Barcelona y creada por un estudio de comunicación creativa Benana Studio (buscar en reasonwhy.es) que está revolucionando el concepto de la moda.

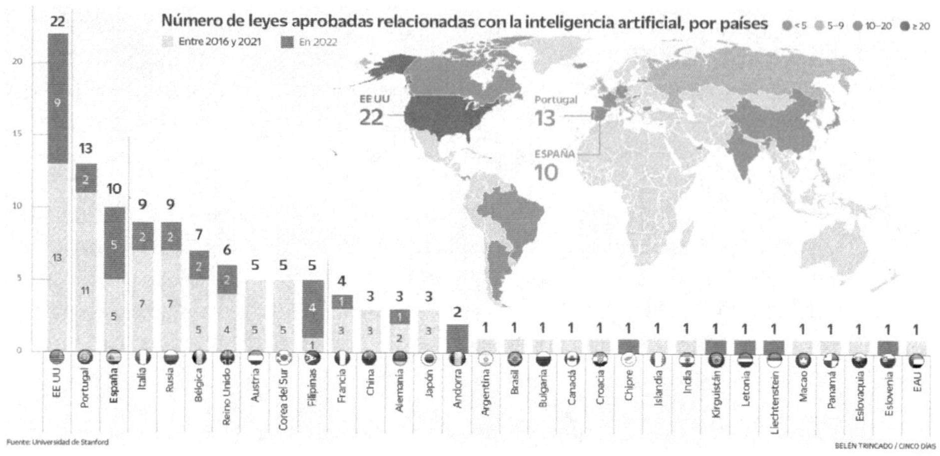

Fuente: Universidad de Standford. Belén Trincado/Cinco Días[5]

El pasado 8 de diciembre de 2023, se alcanzó un acuerdo en la Unión Europea, Parlamento, Comisión Europea y Consejo de Gobierno, a través de la Secretaría de Estado de Digitalización e Inteligencia Artificial, para concretar una regulación en materia de inteligencia artificial; concluidas las negociaciones respecto a un texto que se venía trabajando desde el año 2021, la aprobación de esta norma constituirá un hito mundial aunque el contenido y redacción aún no se ha publicado a la fecha en que se redacta el presente artículo. La rapidez con que se están desarrollando las aplicaciones de inteligencia artificial han hecho necesaria esta regulación que constituye la primera unificada sobre esta materia, permanecemos expectantes para conocer su contenido; sí han trascendido cuestiones claves en las que se detiene como son el veto que establece a la identificación biométrica, sólo permitida en determinados casos, como para la identificación de delincuentes, prohíbe los medios de detección de emociones de los sujetos en el lugar de trabajo e instituciones educativas y que concreta elevadas sanciones para los sujetos o empresas que infrinjan esta líneas de actuación.

En España se han ido incorporando referencias de soslayo a la IA en distintas normas, la primera de ellas, la Ley 15/2022, de 12 de julio, Ley integral para la Igualdad de trato y la no discriminación, pero es esta regulación unificada de la Unión Europea, una vez se apruebe con el Parlamento

5. PERALTA, L. A. (11 de abril de 2023). «¿Es realmente necesaria una regulación de la inteligencia artificial?». *Cinco días*. Disponible en: https://cincodias.elpais.com/economia/2023-04-11/es-realmente-necesaria-una-regulacion-de-la-inteligencia-artificial.html

y el Consejo marcará cambios una vez se incorpore en el sistema legislativo español.

Si nos remitimos a la utilización práctica de la IA en el ámbito del Derecho, se han ido incrementando su uso desde el año 1986; la aplicación de sistemas basados en la inteligencia artificial se ha aplicado con éxito logrando, por ejemplo, bases de datos ordenadas y sistematizadas de legislación y jurisprudencia, condensadas mediante este sistema y que admiten consultas más eficientes y bajo parámetros mucho más precisos. Hoy existen sistemas informáticos de gestión de despachos que permiten redactar demandas y discursos jurídicos. Sin embargo, el éxito del buscador y su resultado depende de la capacidad del sujeto que realice la búsqueda, por lo que, aunque resulten útiles, existen muchos conceptos que quedan bastante vinculados a la subjetividad y la concreción del autor, desconocemos si estas herramientas pueden llegar a ser tan eficientes que suplanten la figura del jurista intérprete. A nosotros nos interesa en especial la aplicación de la IA en el ámbito del Derecho Administrativo, al que ya se hace mención en otros capítulos de este libro.

No podemos olvidar que el Derecho Administrativo es aquella parte del Derecho Público que se refiere a la organización, los medios y las formas de la actividad de las administraciones públicas y las consiguientes relaciones jurídicas entre aquellas y otros sujetos (concepto mantenido por ZANOBINI), constituye una parte subordinada al Derecho Constitucional y dentro del mismo encontramos diversas partes o aspectos dependiendo de las materias que son objeto de regulación.

La incorporación de la Administración electrónica en la tramitación administrativa ya venía siendo objeto de regulaciones anteriores, pero ha sido en la Ley 39/2015, de 1 de octubre, de Procedimiento Administrativo Común de las Administraciones Públicas y la Ley 40/2015, de 1 de octubre, referida al Régimen Jurídico del Sector Público, con las que se ha dado el gran y definitivo impulso al funcionamiento electrónico del procedimiento administrativo como mecanismo de relación entre las administraciones públicas y los ciudadanos. En consecuencia, aunque aún esto no supone la aplicación de la inteligencia artificial, al no incorporar procesos de toma decisiones automático por parte de los equipos informáticos, tras un conjunto de datos y parámetros, sí constituye un gran paso hacia un nuevo concepto de Administración Pública. Este sistema define y cambia el modo en que se materializan las relaciones entre los poderes públicos y los ciudadanos, aportando una mayor seguridad jurídica y permanencia a las mismas ante la configuración, por ejemplo, del llamado expediente electrónico o la generación de documentos o actos automatizados a disposición del administrado de forma casi inmediata a su solicitud.

Partiendo de ese concepto de Derecho Administrativo desde una dimensión electrónica, las relaciones entre Administración-ciudadano se multiplican en las ciudades; estas constituyen los núcleos de población más frecuentados donde los ciudadanos se concentran masivamente, de modo que las relaciones interadministrativas entre ciudadanos y las administraciones públicas alcanzan mayor complejidad por ese nivel de concentración.

Los poderes públicos deben ser mucho más ágiles para resolver los problemas planteados en los núcleos de población más poblados, y éstos alcanzan mayor dimensión, por ejemplo, frente a problemas en materia urbanística, de transportes, en la protección del centro histórico, medio ambiente.... ¿imaginan una red de computadores conectados que pudiera establecer el modelo de ciudad y su diseño, así como la ejecución de todas las obras de urbanización que estén en ejecución?, ¿o unos equipos conectados a cámaras de tráfico por toda la ciudad que permita a tiempo real controlar el tráfico y responder a la climatología adversa o reaccionar ante accidentes producidos evitando retenciones o cambiando los algoritmos de los semáforos?, ¿o determinar el nivel de contaminación lumínica, acústica o de polución de cada zona de la ciudad en cada momento y que sistemas informáticos programados adopten autónomamente soluciones previamente normativizadas y programadas?

Según el Departamento de Asuntos Económicos y Sociales de las Naciones Unidas, se espera que el 85% de la población mundial viva en ciudades en 2050 (*United Nations*, 2014). Esto genera preocupación sobre la forma en que los centros urbanos se enfrentarán a los impactos de estos datos y serán capaces las autoridades, ya no sólo municipales sino nacionales e incluso internacionales, de prever fórmulas para frenar la superpoblación de determinados núcleos, promoviendo la salubridad y equilibrio medioambiental, en definitiva, mantener o mejorar la calidad de vida en los núcleos urbanos.

Las ciudades son potencias económicas globales. Su contribución se basa en la concentración de personas, empresas y atracciones turísticas. Sin embargo, al mismo tiempo que generan grandes repercusiones económicas, los efectos cada vez más visibles de la degradación de los recursos pueden causar efectos irreversibles. Por esta razón, la transformación de las ciudades hacia un entorno más sostenible se ha convertido en un reto para la sociedad de hoy. La inteligencia artificial bien aplicada y gestionada puede ser un mecanismo muy útil al servicio de la calidad de vida en las ciudades, son muy positivos los programas informáticos que reviertan en hacer de las ciudades lugares más sanos, respirables, agradables y en definitiva un mejor hábitat para ciudadanos y visitantes.

2. FUNCIONALIDADES DE LA INTELIGENCIA ARTIFICIAL EN EL ÁMBITO DE LA MOVILIDAD

Adentrándonos en las ramas que conforman el Derecho Administrativo, encontramos una serie de normas que se encargan de regular las relaciones entre los ciudadanos y la Administración Pública en materia de tráfico. Las ciudades son hoy núcleos de población saturados, casi el 56% de la población mundial habita en las ciudades, y el 82,8% de la población de nuestro país se concentra en las ciudades, y además 111 aglomeraciones urbanas condensan el 51% de la población española. En consecuencia, hoy las ciudades poseen un volumen de población y tráfico elevado, y ello exige una respuesta ágil a problemas que se plantean a diario en los desplazamientos, reacciones rápidas y eficientes que supongan la detección de riesgos y necesidades de modo inmediato y solucionarlos en pocos minutos con absoluta coordinación e interacción con otros departamentos como el de seguridad, la policía local, o el centro de gestión de tráfico.

En las ciudades definimos la movilidad como el conjunto de desplazamientos tanto de personas como de mercancías que se producen en la misma, bien sea en transporte público como en privado. Tales desplazamientos pueden ser no motorizados como el desplazamiento peatonal, en bicicletas donde los carriles bici constituyen un itinerario cada vez más frecuente, patinetes, patines o a través de vehículos motorizados como motos, coches, furgonetas, camiones tráiler, autobuses, tranvías, metros... La organización y la coexistencia ordenada de estas fórmulas de transporte constituye hoy día un reto que afecta especialmente a las administraciones y gobiernos municipales. Por este motivo, dado que el volumen de personas y vehículos se incrementa en los núcleos urbanos, en los últimos años en las ciudades han ido proliferando los planes de movilidad urbana (PMUS) que esbozan a corto, medio y largo plazo la ordenación de una ciudad procurando la protección del medio ambiente y la calidad de vida. En este ámbito podemos hacer referencia que tales planes responden a los objetivos marcados por la estrategia que se aprobó en Consejo de Ministros inicialmente el 30 de abril de 2009, y su actualización posterior en el marco de la Agenda 2030 que fue denominada «Estrategia de Movilidad, segura, sostenible y conectada 2030» publicada por el Ministerio de Transportes, Movilidad y Agenda Urbana el 17 de septiembre de 2020[6]. En especial pretendemos detenernos aquí en los beneficios y funcionalidades positivas que la inteli-

6. Más información en la página web https://esmovilidad.mitma.es

gencia artificial puede generar en la vida en las ciudades, en la organización y ordenación de estos núcleos de población y, en concreto, en determinar los beneficios de la aplicación de este sistema en el ámbito de la movilidad urbana.

Poniendo como ejemplo la ciudad de Málaga, que se ha convertido en la sexta ciudad más poblada de España, en la que tengo la suerte de vivir y trabajar, observamos como en los últimos años, e incluso meses ha alcanzado una fama que la ha situado mundialmente como destino no sólo turístico o de ocio, sino empresarial. Tecnológicamente, desde principios de siglo empresas como *Nokia* o *AT4 Wireless*, desarrollaron estrechos lazos de colaboración con proyectos de la Universidad de Málaga y crearon centros de trabajo aquí en Málaga, después *Ericsson*, *Orange* fueron posicionándose en nuestra ciudad. Ese arranque tecnológico de la ciudad ha ido en aumento procurando que sean muchas las empresas que se ha ido asentando en núcleos específicos como en el Parque Tecnológico ubicado en Campanillas, y fuera de ese círculo; una vez que el sistema de teletrabajo ha ido ganando terreno, la propia ciudad tiene dispersos por su núcleo urbano oficinas y centros de *networking* que son cuna de proyectos tecnológicos desarrollados por todo el mundo. La inauguración el pasado 24 de noviembre de 2023 del centro de ciberseguridad de *Google* situado frente al Muelle Uno, en el mismo centro de la ciudad, supone un ejemplo de cómo la ciudad ha ido posicionándose y tomando fuerza en ámbitos que iban más allá que el turismo gastronómico, de sol y playa que nos acompañaba hace más de cuarenta décadas. A este evento acudieron los responsables mundiales de la empresa *Google*, también asistieron personalidades de la política autonómica y municipal en nuestra ciudad, pues somos conscientes que ha supuesto un hito en la imagen de la ciudad como destino de inversión empresarial y foco de la investigación y la técnica, será desde allí, ubicándose en el mismo núcleo urbano de la ciudad, desde donde se investigarán, desarrollarán e implantarán herramientas para lograr la seguridad informática en las redes de todo el mundo.

3. UTILIDADES PRÁCTICAS DE LA INTELIGENCIA ARTIFICIAL Y LA MOVILIDAD: EXPERIENCIAS EN LA CIUDAD DE MÁLAGA

Al margen de ese concepto de seguridad en las redes, que tanta fama internacional está dando a nuestra ciudad por la inauguración del centro de *Google*, descendamos a la seguridad física de las personas, retomemos la importancia de la inteligencia artificial aplicada a las personas y los desplazamientos en la ciudad de Málaga, que es el punto de vista que nos ocupa. Las personas en nuestra vida diaria nos desplazamos para alimentarnos, trabajar, llevar a nuestros hijos al colegio, a nuestros mayores a los centros de salud, vamos a centros comerciales, al cine o a lugares de ocio, restaurantes, supermercados, practicamos deportes y nos vemos inmersos en una infinidad de actividades que implican nuestro desplazamiento. Por ello resulta tan importante que nuestros desplazamientos sean seguros y de ahí el concepto de seguridad en la movilidad; la seguridad en nuestra vida diaria, en nuestros desplazamientos y la mejora en la planificación del tráfico, constituyen objetivos perseguidos por el Área de Movilidad de Ayuntamiento de Málaga, apoyados por la Administración autonómica y local.

Conscientes de la importancia y los avances de la inteligencia artificial, debemos considerar que son las empresas fabricantes de vehículos, las que han ido desarrollando e incorporando a los diversos modelos de vehículos tecnologías autónomas basadas en la inteligencia artificial. Sin embargo, se observa como en los últimos tiempos el concepto de movilidad, y sobre todo en los grupos de población más jóvenes está cambiando y seis de cada diez personas mayores de dieciocho años no muestran interés en conducir su propio vehículo. El transporte colectivo y otros como los patinetes, las bicicletas atraen la atención de este nuevo sector de población más joven en el que ha decrecido el interés en la conducción de un vehículo a motor propio.

Por ello esta experiencia encaminada a la implementación de la inteligencia artificial se entiende más efectiva aplicada a un vehículo colectivo, que, a otro particular, dado el cambio que se está produciendo en el concepto de movilidad en los últimos años y en las nuevas generaciones que pugnan por la promoción del transporte público frente al particular. A la par las compañías de automóviles están implementando estas tecnologías y aplicaciones para su uso en vehículos particulares (navegadores cada vez más avanzados u autónomos, detección de situaciones e indicios en el conductor...).

Diseñar una ciudad segura y moderna, capaz de adaptarse a todas las fórmulas y deseos de desplazamiento no siempre es sencillo, por ello la aplicación de nuevas técnicas y la utilización de la inteligencia artificial constituye ya una realidad. Son objetivos de una movilidad urbana la desincentivación del transporte privado, la potenciación del transporte público, la gestión eficaz del tráfico y la creación de modos alternativos de transporte como son por ejemplo las bicicletas. En la ciudad se está procurando la creación de un itinerario seguro de carriles bici, cuestión que está siendo financiada por Europa a través de los fondos *Next Generation*. Esta forma novedosa de ordenación permite a las personas y empresas realizar más tareas y automatizar procesos complejos, como puede ser las nuevas plataformas que agrupan todas las formas de movilidad en un núcleo urbano, por ejemplo, la denominada *startup Wondo*, que ha implantado Ferrovial en

Madrid que permite agrupar en la misma todos los medios disponibles para circular en la ciudad e incluso es plataforma de pago, taxis, transporte colectivo, alquiler de coches y motos[7].

En este sentido, vemos como el ámbito de la movilidad y la automoción avanza con gran rapidez y la inteligencia artificial[8] puede conseguir optimizar los recursos existentes, la toma de decisiones más ágil en el tráfico de una ciudad. Aunque esta cuestión se encuentra hoy en un proceso de constantes y vertiginosos cambios, tanto que en pocos meses puede que quede desactualizado el contenido de estas líneas, vaticinamos que la inteligencia artificial podrá realizar un importante papel en los siguientes aspectos[9]:

- Vehículos cada vez más autónomos: la inteligencia artificial está desarrollando vehículos cada vez más autónomos que reduzcan el ámbito de toma de decisiones en las que interviene el ser humano. Ello permitirá la reducción de los accidentes laborales por distracción del conductor, fatiga, averías de los vehículos gracias a los sensores y sistemas de predicción que incorporen que podrán prever y planificar incluso citas con los talleres en función de la disponibilidad de la agenda del propietario.

  Otra funcionalidad muy útil sería que los sensores y navegadores del vehículo puedan realizar la elección de rutas más adecuadas, menos congestionadas por la situación del tráfico a tiempo real, *in itinere* incluso, esto es cambiando la inicialmente escogida, lo que supondría un ahorro de costes en todo caso, tiempo, combustible y menor contaminación ambiental.

  En la fabricación de vehículos, la inteligencia artificial está presente en sectores industriales como la investigación en nuevos materiales o el diseño de estructuras. O, en este caso, en crear automóviles y vehículos más seguros, más sostenibles y más cómodos que puedan predecir fallos en el vehículo e incluso monitorización del conductor que detectar posibles situaciones de riesgo en él (somnolencia, si ha tomado alcohol o drogas, distracciones o problemas de salud), incluso indagar con sensores gestionados por inteligencia artificial para obtener información y así reaccionar sobre la comodidad del conductor y de los pasajeros.

7. Puede encontrarse esta experiencia descrita en la página web: https://ferrovial.com
8. LÓPEZ, J. M. (diciembre 2022), «Cómo la inteligencia artificial está revolucionando la movilidad que conocemos», *Blog ThinkBig*.
9. LEQUERICA, I. (12 de junio de 2020), «El impacto de la inteligencia artificial en el sector de la movilidad» [entrada de blog], *Geotab*. Disponible en: https://www.geotab.com/es/blog/impacto-de-la-inteligencia-artificial-en-la-movilidad/

Según *Microsoft*, en el año 2025, el 100% de los coches nuevos que se fabriquen estarán conectados, y en 2030, el 15% de los coches nuevos serán autónomos, ya que enviarán, recibirán y analizarán «enormes cantidades de datos». Los coches son centros de datos sobre ruedas. Muchas partes interesadas pueden utilizar toda esa información (autoridades de tráfico, empresas de *leasing*, municipios, fabricantes de automóviles, aseguradoras, talleres, servicios de emergencia, etc.) en el ámbito de la movilidad para mejorar los procesos.

- Transporte público planificado y bajo demanda: permite tener en cuenta, tanto los datos históricos, como los datos en tiempo real con el fin de planificar las rutas de los transportes públicos según la demanda y la capacidad. Sistemas que «se comunican» entre sí: el soporte combinado ha mejorado los patrones de enrutamiento y tráfico. Permite optimizar la planificación tanto para autobuses como para trenes e incluso permitiría predecir la demanda de los pasajeros, creando sistemas más eficientes.
- Permite organizar un centro de mercancías municipal o urbano con un sistema de logística inteligente: la realización de un seguimiento de los patrones de los operadores de las empresas (recogida de pedidos, control de inventario y personal de campo), en combinación con los pedidos predictivos en ciertas áreas, puede reducir los tiempos de entrega y optimizar los niveles de existencias en los almacenes.
- Gestión del tráfico: la inteligencia artificial se puede utilizar para monitorizar el tráfico en tiempo real y tomar decisiones automáticamente para mejorar la fluidez del tráfico. Por ejemplo, puede utilizarse para controlar semáforos o dirigir el tráfico por vías alternativas en caso de congestión, evitando accidentes y proporcionando sistemas cada vez más predictivos respecto a los problemas del tráfico urbano; este es el objetivo del conjunto de datos que se asocian a este tipo de sistemas.

Las herramientas de inteligencia artificial permitirán ofrecer conjuntos de datos completos y combinarlos con otros. Así, tras agregar y anonimizar los conjuntos de datos, es posible ofrecer datos exactos a terceros para crear aplicaciones valiosas para los diferentes sectores. Por mencionar algunos ejemplos para las ciudades inteligentes:

- Los badenes, detectados con el acelerómetro de nuestro dispositivo, ayudan a los municipios a localizar dónde tienen que reparar el pavimento.
- Zonas peligrosas. La identificación de áreas en las que se producen accidentes o donde hay muchos eventos bruscos ayudará a las autoridades a mejorar las señales de tráfico.
- La información sobre la temperatura exterior recopilada de los ordenadores de los vehículos para detectar posibles áreas de contaminación y predecir con mayor precisión las condiciones climáticas en un núcleo urbano.
- Búsqueda de estacionamiento mediante sistemas inteligentes. La identificación de patrones de vehículos que buscan lugares donde estacionar ayudará a los responsables de las infraestructuras a planificar el transporte público y/o nuevas áreas de estacionamiento.
- Tráfico en intersecciones. Evaluación concreta de los flujos de tráfico, incluidos los tiempos de espera, e identificación del tipo de vehículo al mismo tiempo (por ejemplo, camiones frente a turismos).

• Promover la movilidad compartida: esta alternativa al transporte privado se beneficiará también de la inteligencia artificial gracias a la implementación de servicios públicos y privados. Como el alquiler de bicicletas o la disponibilidad de patinetes compartidos, o motos de alquiler. En concreto, se puede utilizar para predecir la demanda y distribuir los vehículos de forma equitativa por la ciudad.

3.1. EXPERIENCIAS EN LA CIUDAD DE MÁLAGA

A) Centro de Control de Tráfico

En Málaga existe un sistema de control del tráfico de la mediante un conjunto de equipos informáticos conectados a cámaras inteligentes distribuidas por toda las vías urbanas, desde las que se visualizan las calles y prever o solventar cualquier situación de tráfico pesado y accidente, incluso reprogramar los semáforos procurando la fluidez en las calles y vías, reducir los tiempos de espera, reducir la siniestralidad, sistemas de control de velocidad, son objetivos que mejoran el nivel de vida, la comodidad y la calidad de vida de los ciudadanos en un núcleo urbano. Este sistema inteligente de cámaras permite la monitorización del tráfico a tiempo real, el ajuste de tiempos en los semáforos y la toma de decisiones de una manera inmediata que procura una fluidez y mejor gestión del tráfico en una urbe cada vez más poblada. Tales cámaras son permanentemente controladas durante las 24 horas en el centro de control de tráfico donde, a través de un panel de asistencia y visualización se siguen todos los movimientos, incidencia y la semaforización de las vías principales de la ciudad.

Tales cámaras sirven asimismo para procedimientos en materia policial y judicial, permiten realizar atestados con imágenes y realizar informes que aclaran situaciones y accidentes relacionados con el tráfico e incluso robos y otros delitos procurando una mejora de la seguridad ciudadana.

Una empresa contratada gestiona, bajo la dirección y coordinación del Servicio de Tráfico, todas las eventualidades del tráfico en la ciudad. En los últimos meses se está terminando el texto de la nueva ordenanza de movilidad y a través de este Centro de control, se pondrán en marcha las restricciones de vehículos respecto a las llamadas zonas de bajas emisiones, así como las restricciones de tráfico del centro histórico.

Si bien es cierto que no puede considerarse que aplique mecanismos de Inteligencia artificial, puesto que aún no incorpora sistemas automatizados de toma de decisiones, sino que están controlados por un grupo de profesionales de tráfico y movilidad dependientes del Área de Movilidad del Ayuntamiento de Málaga que operan a todas las horas y días de la semana con servicios de guardia permanentemente, consideramos que es el ámbito adecuado para que, tras una serie de parámetros y aplicaciones informáticas, se extraigan una serie de conclusiones y vayan generándose procesos cada vez más automatizados.

B) Itinerario con un vehículo colectivo autónomo

Se llevó a cabo una experiencia piloto en la ciudad de Málaga desarrollado por la Empresa Malagueña de Transportes (EMT), consistente en la prueba de un vehículo sin conductor para poder ser utilizado en el transporte colectivo de viajeros. El estudio se generó en el marco de un proyecto de automoción liderado por el Grupo Avanza, con la colaboración de la Empresa Malagueña de Transportes y la Cátedra de Gestión del Transporte de la Universidad de Málaga.

La experiencia ha quedado plasmada en un documento elaborado[10] por la EMT que sirve de base a la misma.

10. Artículo elaborado por Miguel Ruiz Montañez, gerente de la Empresa malagueña de Transportes (EMT), es resultado de un proyecto piloto en aplicación de los parámetros

El proyecto surge con el fin de poner de manifiesto cómo la inteligencia artificial puede procurar avances, generar núcleos más sostenibles y menos saturadas medioambientalmente con fórmulas de transporte más ecológicas en el ámbito de la movilidad y los transportes colectivos. Con ese convencimiento y en el marco de la Agenda 2030 la Empresa Malagueña de Transportes realiza esta experiencia en la ciudad de Málaga y pone en marcha esta prueba piloto de la circulación de un vehículo colectivo sin conductor.

Desarrollo del proyecto: emplazamientos urbanos, problemas y soluciones

La inteligencia artificial y el transporte pueden convertirse en los motores clave de la transformación urbana. El papel del transporte y su contribución al desarrollo sostenible ha sido un tema de investigación durante más de una década. La evidencia de ello es su inclusión en el programa de las Naciones Unidas para el 2030. La idea de que los vehículos sin conductor pueden ser una solución para la sostenibilidad con la idea de que los vehículos sin conductor pueden ser una solución para la sostenibilidad es el objeto de este estudio que hace un recorrido comparado de las diversas experiencias y artículos redactados mundialmente sobre la materia. El estudio ha sido desarrollado por el Gerente de la Empresa Malagueña de Transportes en coordinación con estudiosos de la materia de la Universidad de Málaga y de Granada y además de centrarse en los efectos de la inteligencia artificial, y en los que supone el hecho de poner en marcha un vehículo autónomo, se centra en el aspecto sociológico de la experiencia. Considera la llamada Teoría de Azjen sobre el comportamiento social y la confianza de los usuarios en la innovación.

A continuación, se plasman las conclusiones del proyecto. Establece que los avances tecnológicos nos están llevando hacia una sociedad más automatizada y fruto de ese desarrollo son los llamados vehículos autónomos o sin conductor que se entiende constituye un proyecto que persigue entre otros, los objetivos reflejados en la Agenda 2030, que es ejemplo de la preocupación mundial por ciertas realidades que inciden en la calidad de vida de las personas.

Los vehículos autónomos (AV) han llegado. Esta tecnología ya está disponible en el continente asiático, en muchas de las modalidades de trans-

de inteligencia artificial aplicada al transporte colectivo de viajeros. Se ha desarrollado con la intervención de las siguientes personas de la Universidad de Málaga: Lidia Caballero Galeote y Sebastián Molinillo y de la Universidad de Granada, Francisco Liébana Cabanillas. Disponible en: https://hdl.handle.net/10630/27051

porte colectivo, y en otras ciudades se están llevando a cabo pruebas reales de modo similar a este proyecto en Málaga. Se espera que, una vez se vaya implantando, transformen la forma en que la gente viaja y así quedó recogido por los autores ZHANG, W., WANG, K., WANG, S., JIANG, Z., MONDSCHEIN, A. y NOLAND, R. B. (en el año 2020[11]) y que la conducción automatizada proporcione oportunidades que contribuyan no sólo a mejorar la movilidad sino también a un sistema de transporte más eficiente. Son muchas las investigaciones a las que hace referencia el artículo elaborado a partir de la experiencia en la ciudad de Málaga, en las que se manifiestan cómo y qué impactos producirá esta transformación.

En este sentido, se destaca que la conducción autónoma supone una respuesta eficiente a través de la que se permite según las experiencias realizadas mundialmente y que quedan recogidas en el estudio:

- Generar avances en la mejora de la seguridad vial.
- Producir beneficios relacionados con la sostenibilidad del medio ambiente. Entre ellos, el uso de esta tecnología podría reducir el congestionamiento de las carreteras en un 50% y conducir así disminuye las emisiones de CO2 por el tipo de conducción desarrollada.
- Mejora la accesibilidad.
- Ofrecer beneficios para la salud contempla los beneficios potenciales que van desde la mejora de la calidad de vida hasta la reducción de la contaminación. Su uso traerá mejoras en eficiencia y seguridad y lograr que se produzca el uso compartido de vehículos autónomos, supone la disminución de los impactos ambientales.

Sin embargo, su aceptación por los usuarios y su implementación como parte del transporte público urbano sigue planteando algunas dudas en relación con la fiabilidad y la seguridad y también genera problemas por cuestiones legales puesto que es necesario dirimir las responsabilidades ante cualquier problema, accidente o eventualidad y ello requiere aún avances. Para hacer frente a estos desafíos y ganar la aceptación de los usuarios, se necesitan más estudios sobre este tema y normalización progresiva de este tipo de tecnologías. Por lo tanto, esta investigación que se realizó examina los factores que determinan la voluntad de conducir un autobús autónomo en los ciudadanos que no han experimentado esta tec-

11. ZHANG, W., WANG, K., WANG, S., JIANG, Z., MONDSCHEIN, A. y NOLAND, R. B., «Synthesizing neighborhood preferences for automated vehicles», *Transportation Research Part C: Emerging Technologies*, vol. 120, (2020).

nología y el objetivo principal es proporcionar datos para la implementación de autobuses autónomos en la ciudad de Málaga y poner las bases para su implantación en un futuro.

Con este objetivo, en el experimento desarrollado en Málaga por la Empresa Malagueña de Transportes, se intenta presentar un nuevo modelo de transporte colectivo con sensores que no está conducido ni dirigido por una persona sino por aplicaciones informáticas que lo hacen desplazarse, de este modo ello ha servido para estudiar la voluntad futura de su utilización y qué factores la determinan.

Lo que para muchos usuarios no estaría en las carreteras hasta 2030 se ha convertido en una realidad una década antes. En el siglo XXI, las nuevas tecnologías y la sostenibilidad se han convertido en los grandes exponentes en los que invertir tiempo y dinero. Los vehículos autónomos están desarrollando soluciones a los problemas presentados por el transporte, Empresas como *Google* con *Waymo, General Motors* o *Tesla* han captado la atención de los usuarios convirtiéndose en las primeras acercar esta tecnología al usuario tal y como se recogió en el estudio realizado por MUOIO en 2018[12]. Sin embargo, no todos los vehículos que son desarrollados tienen el mismo nivel de autonomía. Según la Sociedad de Ingenieros de Automoción (2014), hay seis niveles que se diferencian según si el vehículo funciona o no con más o menos grado de autonomía. Concretamente, el nivel 0 definiría los vehículos sin automatización, mientras que el nivel 5 se asocia a aquellos vehículos que, gracias a su completa automación, pueden realizar todas las funciones de construcción sin supervisión alguna. Las oportunidades que ofrecen han llevado a un aumento exponencial del número de investigaciones y proyectos sobre esta tecnología en los últimos años, sin embargo, es tan necesario evaluar los beneficios como los retos a superar. Aunque la mayoría de los artículos y publicaciones se centran en los aspectos positivos, los problemas de esta tecnología siguen presentes como los que proceden de la aceptación pública de los vehículos autónomos, se observan variaciones entre las percepciones de los usuarios según su país, según la edad o el sexo, sin que la edad y el nivel económico o ingresos del hogar hayan resultado criterios determinantes de la aceptación de los vehículos sin conductor.

12. MUOIO, D. (27 de septiembre de 2017), «RANKED: The 18 companies most likely to get self-driving cars on the road first», *Business Insider*. Disponible en https://www.businessinsider.com/the-companies-most-likely-to-get-driverless-cars-on-the-road-first-2017-4. Este autor ha clasificado las 18 empresas con más probabilidades de poner en circulación coches autónomos primero.

Aquellos usuarios ya han estado en contacto con vehículos sin conductor como son los ejemplos de la línea de metro de París 14, la línea del metro de Barcelona 9, el metro de Sydney, y el Metro de Copenhague (*Level 4 automation*) manifiestan una mayor aceptación de estas tecnologías y les resultan menos inciertos e inseguros este tipo de vehículos. De hecho, en el estudio realizado por FRASZCZYK en 2015[13] se afirma respecto a un tren autónomo que la mayoría de los participantes no estaban preocupados por usar un tren sin conductor, aunque estos son ejemplos que se realizan en circuitos cerrados y limitados. El temor sobre el comportamiento de estos autobuses autónomos surge realmente se conviertan en parte de la carretera y, por lo tanto, interactúen con otros vehículos, así como con peatones y pasajeros, las expectativas pueden ser variables e inexactas según el lugar geográfico y características.

Sin embargo, la implementación de un autobús autónomo como parte del sistema de transporte público que ha sido la experiencia que se ha realizado en la ciudad de Málaga, que consistió en el recorrido de un vehículo autónomo por un circuito cerrado desde una zona litoral de Málaga a otra siguiendo la línea del Paseo Marítimo. De esta experiencia se llega a la siguiente conclusión:

- Requiere un análisis previo de la voluntad de usarlo, implica una campaña de difusión que conciencie de la seguridad y beneficios a los potenciales usuarios.
    - Un sistema de sensores muy exhaustivo que detecte la señalización semafórica y los riesgos con peatones y otros vehículos que resultaría muy costoso.
    - Voluntad en realizar la inversión en este tipo de vehículo y la conciencia social y de las autoridades municipales y/o autonómicas, en su caso, para la puesta en marcha de este proyecto en la ciudad.

Beneficios de este tipo de experiencias:

Este tipo de vehículos son positivos porque tienden a reducir los accidentes derivados del factor humano, que constituye el eje principal de la conducción no y, por lo tanto, la causa de todos esos accidentes que involucran el fracaso humano es eliminar este elemento, uno de los principales beneficios de los vehículos sin conductor donde la inteligencia artificial interviene es que supone la reducción de todo lo que por acción u omisión

13. FRASZCZYK, A., BROWN, P. y DUAN, S., «Public perception of driverless trains», *Urban Rail Transit*, vol. 1, (2015), pp. 78-86.

involucra al conductor en un accidente. Ya sea cansancio, somnolencia, enfermedad repentina o un aumento en el tiempo de respuesta que provoca consecuencias negativas en la conducción.

Por otro lado, la aceptación de los usuarios es vital para saber cuándo se implementarán porque no es suficiente sólo con la inversión en tales vehículos sin conductor o la disponibilidad de la tecnología, es necesario que los usuarios se beneficien de sus ventajas y acepten su uso, se involucren en el proyecto, en última instancia. Lograr la confianza del usuario es esencial en el desarrollo y puesta en marcha y aún estamos en proceso de alcanzarla para que su implantación sea efectiva en el servicio colectivo.

Esta preocupación se basa en el hecho de que el usuario final es el que apoyará las políticas sobre esta tecnología, la comprará o pagará por su uso o propiedad. De hecho, se ha observado un interés por parte de algunos países en apostar por esta tecnología y realizar investigaciones que puedan proporcionar los factores que determinarán la aceptación de estos vehículos.

Desarrollo de las hipótesis:

Para examinar los factores que intervinieron en la utilización de este proyecto cuyo objetivo era la utilización de un vehículo colectivo sin conductor realizándose un recorrido preestablecido en un itinerario cerrado y fijado. Para ello se ha tenido en cuenta la teoría del comportamiento planificado y estas líneas de pensamiento fueron las que se adoptaron como las teorías o planteamientos que constituyen la base de la experimentación realizada. De acuerdo con esta teoría, el comportamiento individual está influenciado por el deseo de cambiar y en ese cambio se manifiesta la actitud y percepción de comportamiento y de control. El estudio se realizó con 200 personas. El 41% eran mujeres y el 59% eran hombres y respecto a la educación el 29,5% eran licenciados o con estudios de posgrado, con representación de todas las edades.

En este sentido se observan más de ocho modalidades del estudio una vez se introducen nuevos condicionamientos o motivaciones personales y grados de satisfacción, así como influye el impacto en el deseo de viajar en este tipo de vehículos, es decir, la novedad provoca un deseo de probar este tipo de vehículos en las personas.

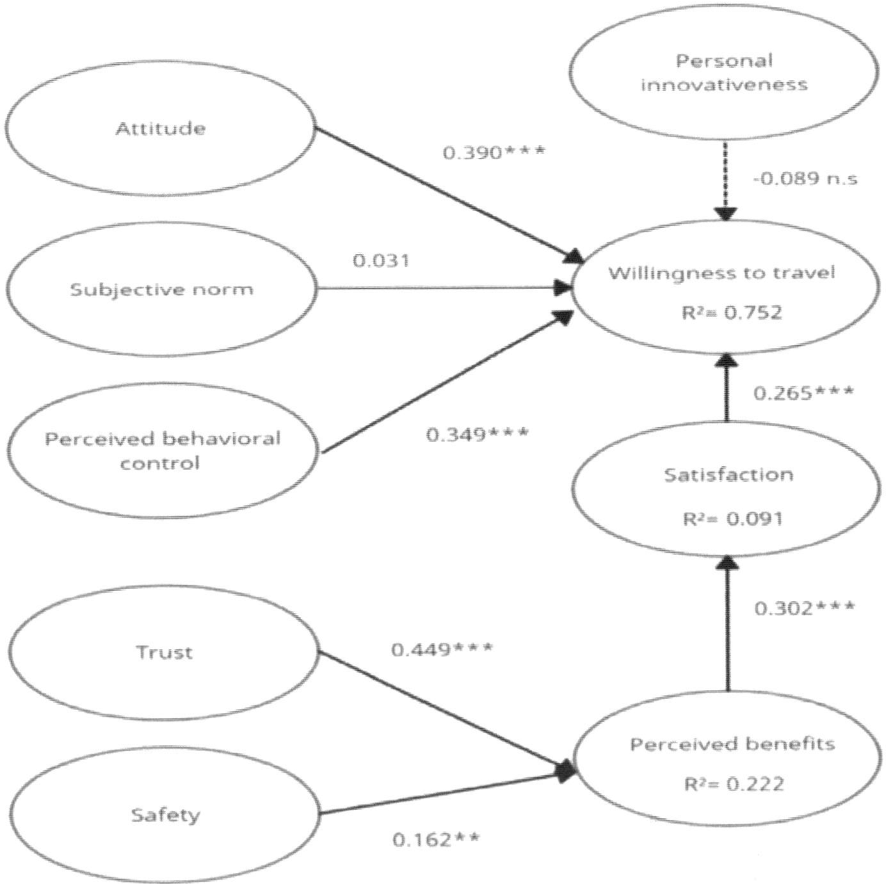

Figura que plasma los resultados, actitudes conductuales de los usuarios participantes en el proyecto piloto

Conclusiones de la experiencia:

El modelo propuesto incide en las actitudes de la población o potenciales usuarios de este modo de transporte como el criterio esencial para la voluntad en la utilización de vehículos autónomos. La actitud, el control conductual percibido y la satisfacción resultaron ser los factores más importantes. Es importante destacar que la confianza es mucho más necesaria que la seguridad con relación a los beneficios percibidos y que el conocimiento de que otras personas importantes en la vida del sujeto aprueben el uso, no condicionaría la voluntad del sujeto. Esto último supone que la toma de decisiones se realiza de forma individual.

Por otro lado, es necesario incidir en la difusión de las oportunidades y beneficios que presentan los vehículos de este tipo con funciones automatizadas, ya que esto aumentaría las valoraciones positivas y el pensamiento favorable sobre la disposición a viajar en ellos.

Existe una conciencia en trabajar por mejorar la calidad de vida, por tanto, que todos los agentes implicados trabajen al unísono con el objetivo de convertir sus territorios en ciudades inteligentes.

En cuanto al pronóstico de la adopción a largo plazo de tecnologías de vehículos conectados y autónomos por parte de las distintas ciudades y estados, los estudios dependen de la zona geográfica, hay predicciones sobre la incorporación en Londres en el año 2.050 y en Corea.

Nuestra impresión es que se están dando pasos para incrementar la confianza de los ciudadanos y que estos vehículos sean una realidad, mejorando los procesos y mecanismos que incorporan y en esa línea seguiremos avanzando, en un promedio de 10 o 15 años o incluso menos, es posible que lo que aún provoca desconfianza esté cada vez más implantado y generalizado entre la población de las ciudades, y también en nuestra ciudad de Málaga, que esperemos crezca y se desarrolle, sin mermar la calidad de vida de todos los que en ella residimos.

Como conclusión a todo lo expuesto aquí, es muy positivo el hecho de que Málaga sea considerada la sexta ciudad más inteligente de España y la primera de Andalucía según el Índice de *Smart Cities* España 2023 (ISCE 2023)[14]. Cuenta con un 65% cumplimiento de los objetivos como *smart city*, esto significa que tiene una elevada capacidad para adoptar y aprovechar las tecnologías de la información y la comunicación (TIC), para mejorar la calidad de vida de las personas, fomentar el crecimiento económico y promover el desarrollo sostenible. Este proyecto de vehículo autónomo viene a ratificar esta clasificación y justificar esta consideración como ciudad europea, moderna y sostenible, pretendemos la consecución de los objetivos plasmados en la Agenda 2030, en definitiva traducidos en la mejora de la calidad de vida de quienes en Málaga vivimos y trabajamos y de cuantos nos visitan.

4. BIBLIOGRAFÍA

FRASZCZYK, A., BROWN, P. y DUAN, S., «Public perception of driverless trains», *Urban Rail Transit*, vol. 1 (2015), pp. 78-86.

14. Artículo publicado en el periódico Málaga Hoy el 13 de abril de 2023.

ZHANG, W., WANG, K., WANG, S., JIANG, Z., MONDSCHEIN, A. y NOLAND, R. B., «Synthesizing neighborhood preferences for automated vehicles», *Transportation Research Part C: Emerging Technologies,* vol. 120 (2020).

Capítulo VII

El robustecimiento de la compra pública innovadora y la colaboración pública-privada en el ámbito de la inteligencia artificial aplicada a los desplazamientos

FRANCISCO JOSÉ SÁNCHEZ BOLÍVAR
Investigador predoctoral
Programa de Doctorado en Ciencias Jurídicas y Sociales
Universidad de Málaga

1. LA INTELIGENCIA ARTIFICIAL Y SU RELACIÓN CON LA CONTRATACIÓN PÚBLICA

1.1. LA VISIÓN DE LA UNIÓN EUROPEA DE LA INTELIGENCIA ARTIFICIAL

La actual Administración Pública se caracteriza por tener una posición reactiva ante los cambios sociales, económicos, y sobre todo, tecnológicos.

Esto es más evidente ante los avances con mayor disrupción[1], como es el caso de la inteligencia artificial (IA, en adelante).

Esta característica es clave para entender la forma en la cual se está abordando jurídicamente su regulación. En el momento en que se está escribiendo este texto, no existe una norma vinculante a nivel comunitario, aunque desde el año 2021 se encuentra publicada la Propuesta de Reglamento Europeo y del Consejo de la denominada Ley de Inteligencia Artificial[2].

Sin embargo, y a la espera de la aprobación de esta norma comunitaria, actualmente tienen una mayor importancia en el contexto de la IA diferentes iniciativas impulsadas por la Unión Europea (UE, en adelante), donde destaca el Libro Blanco presentado por la Comisión Europea[3]. Este documento es primordial para entender la concepción de la IA en el mercado interno europeo, así como los pilares sobre los que se pretende desplegar la IA.

Los pilares recogidos por el Libro Blanco son obtener un ecosistema de excelencia a lo largo de la cadena de valor, teniendo como inicio la investigación e innovación, con una colaboración de los sector público y privado, así como proporcionar un marco normativo que genere confianza, seguridad y protección de los derechos de la ciudadanía.

En lo que respecta al impulso de la colaboración público-privada y la contratación pública, el Libro Blanco presenta una acción concreta, la número 6:

> «La Comisión iniciará conversaciones por sector abiertas y transparentes, en las que dará prioridad a la atención sanitaria, las administraciones rurales y los operadores de servicios públicos, para presentar un plan de acción que facilite el desarrollo, la experimentación y la adopción de la inteligencia artificial. Las conversaciones por sector se emplearán para preparar un "Programa de adopción de la IA" específico que respaldará la contratación

---

1. CAMPOS ACUÑA, C., «Administración digital e inteligencia artificial: ¿un nuevo paradigma en el derecho público?», en RAMIÓ, C. (Coord.), *Repensando la Administración pública: Administración digital e innovación pública,* Instituto Nacional de Administración Pública (INAP), Madrid, 2021, p. 109.
2. Propuesta de Reglamento del Parlamento Europeo y del Consejo, de 21 de abril de 2021, por el que se establecen normas armonizadas en materia de inteligencia artificial (Ley de Inteligencia Artificial) y se modifican determinados actos legislativos de la Unión [COM (2021) 206 final].
3. Comunicación de la Comisión Europea, de 19 de febrero de 2020, denominada «Libro Blanco sobre la inteligencia artificial – un enfoque europeo orientado a la excelencia y la confianza» [COM (2020) 65 final].

pública de sistemas de inteligencia artificial, y ayudará a transformar los propios procesos de esta contratación»[4].

Esta acción busca promover la adopción de la IA por parte del sector público, y que no quede únicamente relegada al sector privado. Se hace especialmente hincapié a la aplicación de herramientas de IA al transporte, debido a que, como se recoge en este texto, es una tecnología «suficientemente desarrollada para una adopción a gran escala»[5].

Más adelante, y teniendo como punto de partida el Libro Blanco, la Comisión Europea revisó el plan coordinado sobre IA que se presentó en el año 2018[6], lo que culminó en la creación de un nuevo documento[7].

En lo que respecta al ámbito de la contratación pública, este nuevo documento la pone en valor y la sitúa como la herramienta clave en la adopción de la IA por parte del sector público[8]. Para ello, en este texto, y tal como se venía anunciando también en el Libro Blanco, la Comisión Europea se propone poner en marcha un programa de adopción de la IA «para respaldar la contratación pública de sistemas de IA y ayudar a transformar los propios procesos de esta contratación»[9].

De manera particular, el programa de adopción de la IA se plantea mediante unos diálogos sectoriales abiertos y transparentes, con los cuales conocer las necesidades de las Administraciones Públicas y los productos y servicios que la industria europea puede suministrar. Estos diálogos se enmarcan a escala europea, para que se puedan crear sinergias entre los Estados miembros y transmitir el aprendizaje en la materia. En este sentido, se pretende que los centros europeos de innovación digital se utilicen para

4. Comunicación de la Comisión Europea, de 19 de febrero de 2020, denominada «Libro Blanco sobre la inteligencia artificial – un enfoque europeo orientado a la excelencia y la confianza» [COM (2020) 65 final], p. 10.
5. Ibidem.
6. Como se había adelantado, la Comunicación de la Comisión al Parlamento Europeo, al Consejo Europeo, al Consejo, al Comité Económico y Social Europeo y al Comité de las Regiones, de 7 de diciembre de 2018, denominada «Plan coordinado sobre la inteligencia artificial» [COM (2018) 795 final], sentó las bases del impulso de la IA por parte de la UE.
7. Comunicación de la Comisión al Parlamento Europeo, al Consejo, al Comité Económico y Social Europeo y al Comité de las Regiones, de 21 de abril de 2021, denominada «Fomentar un planteamiento europeo en materia de inteligencia artificial» [COM (2021) 205 final].
8. Ibidem, p. 54.
9. Ibidem, p. 55.

promover estos diálogos, en base al artículo 40 de la Directiva 2014/24/UE sobre contratación pública [10].

Al mismo tiempo, este programa de adopción de la IA deberá diseñar un espacio de datos sobre contratación pública [11] que abarque el ámbito de la UE, a través de herramientas como el Diario Electrónico de Licitaciones (TED), así como los ámbitos nacionales, complementado con un marco de gobernanza de los datos en materia de contratación pública [12].

En todo caso, el planteamiento de la contratación pública es la de catalizador y estimulador de la demanda de IA. Se pretende que sea el sector público el que lidere «el desarrollo, la compra y la implantación de aplicaciones de IA fiables y centradas en el ser humano» [13], y para lo cual, la contratación pública sirve para canalizar las soluciones innovadoras y dirigir el desarrollo de las herramientas mediante prácticas de contratación precomercial.

Son estas técnicas de contrataciones precomerciales de soluciones innovadoras, las que, desde una fuerte dirección hacia la colaboración público-privada, puedan lograr incorporar al sector público europeo aplicaciones reales de IA. Herramientas que puedan mejorar la eficiencia y simplificación administrativa a través de la automatización de procesos, la toma de decisiones o el planteamiento de políticas públicas, entre otras muchas posibilidades.

Junto al nuevo documento de la Comisión Europea que viene a actualizar el plan coordinado sobre IA, se presenta de manera simultánea y con misma fecha de publicación la Propuesta de Reglamento Europeo y del Consejo de la denominada Ley de Inteligencia Artificial [14]. Aunque, hay que decir que ésta no presenta información sobre la contratación por parte del

10. Directiva 2014/24/UE del Parlamento Europeo y del Consejo, de 26 de febrero de 2014, sobre contratación pública y por la que se deroga la Directiva 2004/18/CE. *Diario Oficial de la Unión Europea, L 94, de 28 de marzo de 2014, pp. 65-242.*
11. Comunicación de la Comisión al Parlamento Europeo, al Consejo, al Comité Económico y Social Europeo y al Comité de las Regiones, de 19 de febrero de 2020, denominada «Una Estrategia Europea de Datos» [COM (2020) 66 final].
12. Ibidem, pp. 39-40.
13. Comunicación de la Comisión al Parlamento Europeo, al Consejo, al Comité Económico y Social Europeo y al Comité de las Regiones, de 21 de abril de 2021, denominada «Fomentar un planteamiento europeo en materia de inteligencia artificial» [COM (2021) 205 final], p. 54.
14. Propuesta de Reglamento del Parlamento Europeo y del Consejo, de 21 de abril de 2021, por el que se establecen normas armonizadas en materia de inteligencia artificial (Ley de Inteligencia Artificial) y se modifican determinados actos legislativos de la Unión [COM (2021) 206 final].

sector público, más allá de proponer un marco reglamentario donde se garantice la seguridad jurídica con el objetivo de favorecer la innovación en IA, así como promover un mercado único y evitar la fragmentación del mercado. Estos temas se pueden relacionar con lo apuntado anteriormente, pero enfocado única y exclusivamente en el mercado privado, sin mencionar el papel del ámbito público.

En suma, en el marco de la IA, la contratación pública se plantea como uno de los principales instigadores del correcto desarrollo de esta tecnología en el ámbito comunitario, en el momento en que es el sector público el que solicita la prestación de servicios y productos de IA, pudiendo el sector privado agrupar más recursos en innovación y desarrollo de estas herramientas.

1.2. LAS OPORTUNIDADES DE LA INTELIGENCIA ARTIFICIAL EN LA NUEVA CONCEPCIÓN DE LA CONTRATACIÓN PÚBLICA ESTRATÉGICA

Cuando se aborda la contratación pública en este ámbito tan innovador como es el de la IA, siendo un mecanismo vital en su desarrollo, se está haciendo referencia a su uso estratégico[15].

La contratación pública estratégica tiene su origen en la Estrategia Europa 2020[16], configurándose como una herramienta clave de intervención del mercado que busca la consecución de los diferentes objetivos desarrollados en dicha estrategia, los cuales se pueden resumir en la obtención de un «crecimiento inteligente, sostenible e integrador»[17].

Con el mismo propósito, el Pacto Verde Europeo busca obtener un «crecimiento económico sostenible e integrador»[18], documento al cual hace referencia directa el Libro Blanco de la UE sobre IA, que establece la IA como

15. Respecto al uso estratégico de la contratación pública, vid. GIMENO FELIU, J. M., El nuevo paquete legislativo comunitario sobre contratación pública. El contrato público como herramienta del liderazgo institucional de los poderes públicos, Thomson Reuters Aranzadi, Pamplona, 2014.
16. Comunicación de la Comisión, de 3 de marzo de 2010, denominada «Europa 2020 – Una estrategia para un crecimiento inteligente, sostenible e integrador» [COM (2010) 2020 final].
17. Directiva 2014/24/UE del Parlamento Europeo y del Consejo, de 26 de febrero de 2014, sobre contratación pública y por la que se deroga la Directiva 2004/18/CE. *Diario Oficial de la Unión Europea, L 94, de 28 de marzo de 2014, pp. 65-242.*
18. Comunicación de la Comisión al Parlamento Europeo, al Consejo Europeo, al Consejo, al Comité Económico y Social Europeo y al Comité de las Regiones, de 11 de diciembre de 2019, denominada «El Pacto Verde Europeo» [COM (2019) 640 final].

un instrumento para ayudar a la consecución de las medidas planteadas en dicho pacto, así como de los Objetivos de Desarrollo Sostenible.

En suma, como se puede comprobar, a nivel europeo la IA se presenta como una potencial herramienta para incrementar los objetivos ya existentes en las políticas europeas, dentro de la visión estratégica de la contratación.

Concretamente, la contratación pública estratégica se introduce a través de la Directiva 2014/24/UE, sentando unas bases que luego deben transponer a sus ordenamientos jurídicos los Estados miembros, pero otorgando libertad a la hora de llevar a la práctica la aplicación concreta, en cuya virtud no se imponen unos requisitos medioambientales, sociales y de innovación de carácter general y obligatorios[19]. De manera que cada Estado podrá establecer la configuración de esta contratación, siempre que se respeten los límites del artículo 18.2 de la citada Directiva[20].

Esta visión estratégica de la contratación pública se materializó en el artículo 1.3 de la LCSP[21], donde se comprueba la idea de la contratación pública como orientador de los comportamientos beneficiosos para el interés general[22]. Esta es la misma visión que tiene el Libro Blanco de la UE sobre la IA, es decir, la contratación pública se concibe como el medio para, no solo incorporarlo al sector público, sino también incentivarlo y hacerlo crecer en el ámbito privado, siempre en base a los límites y visiones impuestas por la propia UE, con la finalidad de incrementar el interés colectivo de la ciudadanía y favorecerse de los progresos que esta tecnología puede incorporar al conjunto de la sociedad.

19. BLANCO LÓPEZ, F., «La doctrina social de los tribunales administrativos de recursos ante la contratación pública estratégica», *Revista Aragonesa de Administración Pública*, núm. 18 (2018), p. 141.

20. El artículo 18.2 de la Directiva 2014/24/UE establece que «Los Estados miembros tomarán las medidas pertinentes para garantizar que, en la ejecución de contratos públicos, los operadores económicos cumplen las obligaciones aplicables en materia medioambiental, social o laboral establecidas en el Derecho de la Unión, el Derecho nacional, los convenios colectivos o por las disposiciones de Derecho internacional medioambiental, social y laboral enumeradas en el anexo X».

21. El artículo 1.3 de la LCSP establece que «[e]n toda contratación pública se incorporarán de manera transversal y preceptiva criterios sociales y medioambientales siempre que guarde relación con el objeto del contrato, en la convicción de que su inclusión proporciona una mejor relación calidad-precio en la prestación contractual, así como una mayor y mejor eficiencia en la utilización de los fondos públicos. Igualmente se facilitará el acceso a la contratación pública de las pequeñas y medianas empresas, así como de las empresas de economía social».

22. GALLEGO CÓRCOLES, I., «La integración de cláusulas sociales, ambientales y de innovación en la contratación pública», *Documentación Administrativa: Nueva Época*, núm. 4 (2017), p. 93.

Es más, desde este punto de vista estratégico de la contratación del sector público, aunque el fomento de la IA no esté directamente conectado con la satisfacción del contrato en cuestión, puede tenerse en cuenta en el procedimiento de la licitación, en el momento en que puede considerarse como una política horizontal. La innovación, la compra socialmente responsable y la compra ecológica son consideradas políticas horizontales, las cuales, desde el punto de vista de la instrumentalización de la contratación pública conllevan una mejora de la realidad preexistente[23].

Esto puede suponer que, ante la llegada de la IA como una importante herramienta disruptiva e innovadora, tenga un papel clave en la contratación pública al incorporarse la visión estratégica de ésta.

En definitiva, la IA no sólo se manifiesta como una revolución tecnológica en el ámbito privado, sino que también puede suponer un cambio de paradigma en la contratación pública desde su punto de vista estratégico y una progresiva integración de estos conocimientos en el sector público.

2. MARCO CONCEPTUAL Y NORMATIVO DE LA COMPRA PÚBLICA PARA LA INNOVACIÓN

Como se ha adelantado, la contratación pública se presenta como aquella herramienta que impulsará la IA en la UE, y para ello, el sector público debe incorporarlas en su actividad mediante técnicas de contratación precomerciales de instrumentos innovadores.

Es por ello, que se pretende analizar las herramientas concretas de las que disponen los poderes adjudicadores para implantar la IA en el ámbito público desde el punto de vista de la contratación pública.

Es necesario comenzar acotando el término «innovación», y para ello se va a utilizar la definición recogida en la Directiva 2014/24/UE sobre contratación pública:

> «"Innovación": introducción de un producto, servicio o proceso nuevos o significativamente mejorados, que incluye, aunque no se limita a ellos, los procesos de producción, edificación o construcción, un nuevo método de comercialización o un nuevo método de organización de prácticas empresariales, la organización del lugar de trabajo o las relaciones exteriores, entre otros con el objetivo de ayudar a resolver desafíos de la sociedad o a apoyar

23. Ibidem, pp. 93-94.

la Estrategia Europa 2020 para un crecimiento inteligente, sostenible e integrador» [24].

Esta definición parte de la desarrollada en la Guía para la Recogida e Interpretación de Datos sobre innovación del Manual de Oslo 2005 [25], la cual fue elaborada conjuntamente por la Organización para la Cooperación y el Desarrollo Económico (OCDE) y la Oficina Estadística de la Unión Europea (Eurostat).

Desde esta concepción de la innovación parte la contratación pública de innovación (en adelante, CPI), configurándose como una actuación administrativa para facilitar la investigación, el desarrollo y la innovación (I+D +i) de los mercados, siendo la contratación pública el instrumento que estimula la demanda. La CPI promueve el desarrollo tecnológico como vía para adquirir productos y servicios con mayor adaptación a las Administraciones Públicas, partiendo de la colaboración público-privada [26].

Ahora bien, hay que apuntar que la CPI no se trata de un tipo de contrato público ni de un procedimiento de contratación, sino que, se trata de una forma de estrategia de compra que tienen a disposición las políticas públicas de innovación. En consecuencia, cuando se hace referencia a la compra pública de innovación, se está apuntando a una actuación de fomento de la innovación impulsada desde el sector público, a través de una forma contractual administrativa, con el objetivo de incrementar la calidad de los servicios públicos, fomentar la innovación empresarial e internacionalizar la innovación local [27].

Al mismo tiempo, existen dos modalidades de CPI: la compra pública precomercial (en adelante, CPP) y la compra pública de tecnología innovadora (en adelante, CPTI).

La CPP, aunque se trata de una forma contractual que busca estipular servicios de I+D+i para la obtención de soluciones de innovación inexistentes en el mercado [28], queda excluida del ámbito de aplicación de la Ley de

24. A tenor legal artículo 2.1.22 de la Directiva 2014/24/UE del Parlamento Europeo y del Consejo, de 26 de febrero de 2014, sobre contratación pública y por la que se deroga la Directiva 2004/18/CE. *Diario Oficial de la Unión Europea, L 94, de 28 de marzo de 2014, pp. 65-242.*
25. Oslo Manual: guidelines for collecting and interpreting innovation data, 2005.
26. CARRILLO DONAIRE, J. A. y TARANCÓN BABÍO, J., «Concepto, sentido, objetivos y perspectivas de la compra pública de innovación», en CARRILLO DONAIRE, J. A., *La compra pública de innovación en la contratación del sector* público, Instituto Nacional de Administración Pública (INAP), Madrid, 2019, p. 17.
27. CARRILLO DONAIRE, J. A. y TARANCÓN BABÍO, J... *op. cit.*, pp. 17-18.
28. Ibidem, p. 30.

Contratos del Sector Público (en adelante, LCSP), al aplicar la exclusión recogida en el artículo 14 de la Directiva 2014/24/UE sobre contratación pública[29].

Esta exclusión aplica a los contratos de servicios que no se remuneren íntegramente por el poder adjudicador y a los que compartan los beneficios y riesgos de la contratación. Pero ello no conlleva que queden fuera de la aplicación de los principios generales de la contratación pública. De esta forma, los CPP no pueden ser recogidos de forma precisa en el Derecho español ni comunitario, debido a que las partes deben acordar un régimen por el cual se gestionen y dividan riesgos y beneficios[30], es decir, deben regirse por un procedimiento que es imposible de prever con antelación, en el momento en que se está acordando el desarrollo de ideas novedosas que no tienen una plasmación previa en el mercado.

El procedimiento a seguir para los CPP no es tampoco aleatorio, ya que, aunque rige cierta discrecionalidad al tener que convocarse una licitación con un procedimiento *ad hoc*, se encuentra dentro de un marco y unas fases que sí contempla la LCSP[31].

Cabe destacar, por su vital importancia para decidir qué tipo de modalidad contractual se va a seguir para un caso particular de CPI, las consultas preliminares. Éstas se configuran como una técnica de análisis de mercado

29. El artículo 14 de la Directiva 2014/24/UE sobre contratación pública establece aquellas referencias del Vocabulario común de contratos públicos (CPV) correspondientes a contratos de servicios públicos de investigación y desarrollo a las que se les aplica dicha Directiva. La motivación de esta decisión se encuentra recogida en el considerando 47 de esta misma Directiva, donde se enuncia que «Debe señalarse que en la Comunicación de la Comisión de 14 de diciembre de 2007 titulada "La contratación precomercial: impulsar la innovación para dar a Europa servicios públicos de alta calidad y sostenibles" se expone una serie de modelos de contratación en relación con la prestación de dichos servicios de I+D que no entran en el ámbito de aplicación de la presente Directiva. Aunque dichos modelos seguirían estando disponibles como ha ocurrido hasta ahora, la presente Directiva debe contribuir también a facilitar la contratación pública de innovación y ayudar a los Estados miembros a alcanzar los objetivos de la iniciativa "Unión por la innovación"».

30. Para conocer con más detalle las causas de exclusión de los CPP de la LCSP y su marco jurídico, Vid. CARRILLO DONAIRE, J. A. y TARANCÓN BABÍO, J... *op. cit.*, pp. 30-34.

31. Para conocer más sobre las fases de los procedimientos de contratación de CPI, Vid. MESA VILA, M., «Fases de las licitaciones de compra pública de tecnología innovadora», en CARRILLO DONAIRE, J. A., *La compra pública de innovación en la contratación del sector público*. Instituto Nacional de Administración Pública (INAP), Madrid, 2019, pp. 49-69.

regulada en la LCSP[32] y delimitada en una fase preliminar a la preparación de la licitación[33].

Gracias a esta consulta preliminar se verifica si se encuentran presentes en el mercado soluciones innovadoras para satisfacer las demandas públicas específicas del contrato, o qué nivel de ajuste necesitaría una solución ya existente para poder aplicarse a dichas necesidades. De esta forma, si hasta el momento dicha tecnología no está presente, pero se puede desarrollar mediante un proceso de I+D+i, esta consulta preliminar ayudará a decidir la elección de la modalidad de CPI. CPP si la tecnología no existe, o CPTI si existen modelos que se puedan adaptar en un intervalo de tiempo determinado[34].

Y, en contraposición, la CPTI, que sí se encuentra incluida en el ámbito de aplicación de la LCSP[35], no tiene una etapa previa de I+D+i, dado que parte de un prototipo existente, pero al cual deben aplicarse nuevos desarrollos para que se adapte a las exigencias del poder adjudicador[36].

En función del servicio o producto del que se trate, la CPTI podrá tramitarse a través de procedimientos de contratación ordinarios, como son el abierto y el restringido, o por el contrario, mediante procedimientos especiales, como lo son la licitación con negociación, el diálogo competitivo y la asociación para la innovación. Sin embargo, las recomendaciones realizadas tanto desde las Administraciones Públicas españolas, como desde las orientaciones de la UE, apuntan a buscar aquel procedimiento más adecuado para el desarrollo del producto o servicio, pero permitiendo un estrecho contacto y negociación entre el poder adjudicador y los licitadores[37].

---

32. Las consultas preliminares del mercado se regulan en el artículo 115 de la LCSP, incluido dentro del texto normativo en la sección de preparación de los contratos de las Administraciones Públicas.
33. Sea cual sea el procedimiento utilizado para tramitar una licitación pública, ésta consta de tres fases: preparación, adjudicación y ejecución. Si bien, pueden presentar matices, como es el caso de los contratos de CPI, donde se identifica, además, una fase previa o preliminar. Esta fase se entiende como las actuaciones recogidas en la sección Primera del Capítulo I del Título I de la LCSP, con las cuales se acota la necesidad a la que el contrato pretende resolver, del mismo modo que comprueba la disponibilidad o no de esta solución en el mercado. Vid. MESA VILA, M... *op. cit.*, pp. 49-50.
34. Ibidem, p. 57.
35. En concreto, en los artículos 12 y siguientes de la LCSP.
36. CARRILLO DONAIRE, J. A. y TARANCÓN BABÍO, J... *op. cit.*, pp. 34-35.
37. Ibidem, p. 35.

En consecuencia, el procedimiento más adecuado para estos casos es el de asociación para la innovación[38], sin perjuicio de que tanto la licitación con negociación como el diálogo competitivo tienen, también, la posibilidad de adaptarse a las características de la CPTI[39].

Resumidamente, y teniendo en cuenta la forma por la cual se presenta la IA en el ámbito europeo, la CPI es la mejor herramienta, sea cual sea su forma concreta, para llevar a cabo el fomento de la innovación en este ámbito, debido a que se encuentra orientada a propulsar el desarrollo de soluciones innovadoras desde el punto de vista de la demanda.

3. NUEVAS HERRAMIENTAS DE COLABORACIÓN PÚBLICO-PRIVADA Y SU RELACIÓN CON LA COMPRA PÚBLICA PARA LA INNOVACIÓN

En este contexto regulatorio se están desarrollando una serie de herramientas que pueden suponer un impulso para la implementación de la IA en el sector público utilizando la CPI.

3.1. *SANDBOXES* O ENTORNOS CONTROLADOS DE PRUEBAS

La primera a destacar es la idea de los *sandboxes*. Un *sandbox* es un término utilizado en el ámbito de la tecnología para definir un mecanismo con el que se pueden ejecutar aplicativos informáticos en un entorno seguro e independiente de los entornos de producción[40] . La importancia de éstos es

38. Para conocer más sobre las particularidades de esta forma procedimental, Vid. MONTES WORBOYS, F., «Fases de las licitaciones de compra pública de tecnología innovadora», en CARRILLO DONAIRE, J. A., *La compra pública de innovación en la contratación del sector público*, Instituto Nacional de Administración Pública (INAP), Madrid, 2019, pp. 69-88.
39. CARRILLO DONAIRE, J. A. y TARANCÓN BABÍO, J... *op. cit.*, pp. 35-36.
40. En este sentido, conviene hacer ciertas aclaraciones sobre los entornos existentes en el ciclo de desarrollo y despliegue de un producto de *software*. Quizás en un ámbito más jurídico estos términos no son tan utilizados, pero debido a la cada vez más digitalización del sector público y a la adquisición de productos informáticos por parte de las Administraciones Publicas, es interesante conocer ciertas definiciones, para así evitar posibles confusiones.
Cuando se desarrolla un aplicativo informático se necesita contar obligatoriamente con dos entornos separados, el entorno de desarrollo y el entorno de producción. La primera se encuentra en un lugar privado, como puede ser los propios equipos informáticos de la empresa que desarrolla o unos servidores privados, pero el segundo entorno tiene un acceso más abierto o público.

la posibilidad de realizar pruebas en un entorno controlado, y por lo tanto, permitir la innovación.

A nivel regulatorio estos entornos pueden generar problemas, debido a que se prueben tecnologías que puedan incumplir ciertas normas jurídicas. Es por ello, que se aborda, a través del concepto *sandbox* regulatorio, la posibilidad de crear un espacio controlado de pruebas donde empresas puedan desarrollar esta innovación tecnológica, siempre bajo la vigilancia y control de las Administraciones Públicas[41].

En España existen un par de normas que han venido a presentar *sandboxes* regulatorios. El primero de ellos surge con la ley para la transforma-

---

El entorno de desarrollo es aquel donde nace el aplicativo informático. Este entorno tiene que ser lo más parecido al entorno de producción, debido a que, de lo contrario, puede ser que el aplicativo no funcione de la misma forma cuando pase a producción. Este es, de hecho, uno de los principales problemas que pueden darse en las Administraciones Públicas a la hora de implantar *software* para digitalizar los servicios públicos, donde la computación en la nube tiene un papel fundamental para solventarlo.

El entorno de producción, entorno de despliegue, o coloquialmente, entorno pro, es el que es accesible por los usuarios finales del aplicativo, ya sean los empleados públicos con los aplicativos de gestión interna, o la ciudadanía con aquellos servicios externos, como puede ser una sede electrónica.

Ahora bien, estos no son los únicos entornos existentes. Es muy recomendable y prácticamente necesario tener otros entornos, como son el entorno de pre-producción o de *testing*. Los entornos de testeo de los aplicativos pueden ser variados, en función de qué se busca con esas pruebas, pero el entorno de pre-producción, o coloquialmente conocido como entorno pre, tiene una gran importancia en el desarrollo de aplicativos, sobre todo de cara a su implantación en las Administraciones Públicas.

En el entorno de pre-producción, una vez se cuenta con el aplicativo desarrollado, se plantea como un espacio no sólo con el mismo *software* que vaya a tener el entorno de producción, sino también con el mismo *hardware* (tanto equipos informáticos que puedan tener el personal público como los servidores que utilizan, por ejemplo). Esto es importante, porque las Administraciones Públicas son heterogéneas, también en los recursos informáticos con los que cuentan. Este entorno es el justamente previo al entorno de producción.

Y luego, están los *sandboxes* como un sistema de entornos diferenciado. Se trata de una máquina virtual que se usa a modo de entorno de pruebas, la cual se encuentra totalmente aislada donde se puede ejecutar código de *software* sin riesgo sobre los entornos reales y sin afectar a los recursos de la red de una entidad. En el caso del desarrollo de *sotfware*, un *sandbox* suele tener configurado un entorno de desarrollo y un entorno de ensayo, siendo análogos al entorno de desarrollo y entorno de producción anteriormente comentado. Ambos entornos dentro de la *sandbox* son similares, por lo que la existencia de problemas por las diferencias de *software* es inexistente en estos casos.

41. Sobre los *sandboxes* regulatorios en el transporte, vid. ESPAÑA PÉREZ, J. A. *Desafíos regulatorios de la movilidad sostenible y su digitalización*, Thomson Reuters Aranzadi, Pamplona, 2022.

ción digital del sistema financiero[42], mediante la cual se «regula un entorno controlado de pruebas que permita llevar a la práctica proyectos tecnológicos de innovación en el sistema financiero con pleno acomodo en el marco legal y supervisor [...]»[43].

Con esta norma se busca que las personas físicas y jurídicas interesadas y que cumplan con los requisitos exigidos puedan trabajar en este entorno en base a un protocolo y seguimiento por parte de la Administración competente. De esta forma, los participantes se encuentran en un lugar donde pueden innovar, aunque no cumplan con los requisitos normativos establecidos y siempre con unas mínimas garantías, y al mismo tiempo, la entidad pública creadora del *sandbox* va a tener un campo de pruebas donde pueda observar los procedimientos singulares que se siguen para el impulso de la innovación tecnológica en el sistema financiero.

Se trata, por lo tanto, de una herramienta de colaboración público-privada donde ambas partes se van a ver beneficiadas. Aunque, hay que añadir, que esta norma no garantiza que, en el caso de que las pruebas sean fructíferas se modifiquen aquellas normas que impiden su innovación en el mercado, sino que, «se tendrá en cuenta a los efectos de simplificar la legislación existente, eliminar barreras y duplicidades innecesarias, establecer procedimientos más ágiles y minimizar las cargas administrativas a las que se encuentran sometidas las entidades financieras»[44].

Es otras palabras, se establece un procedimiento reglado y controlado que las entidades privadas deben cumplir para poder probar nuevas ideas y tecnologías, pero no existe ningún tipo de obligación por parte de la Administración para, en función de los resultados, poder adaptar las normas y hacer viable la innovación tecnológica que se ha probado con éxito y resultados en el *sandbox*.

De igual modo, y a raíz del Plan de Recuperación, Transformación y Resiliencia (PRTR), en concreto, con la reforma C8.R4 del componente 8, se introduce la creación de *sandboxes*, o también denominados bancos de pruebas regulatorios, para impulsar de manera controlada novedades regulatorias que faciliten la innovación e investigación en el sector energético.

42. Ley 7/2020, de 13 de noviembre, para la transformación digital del sistema financiero. *Boletín Oficial del Estado, núm. 300, de 14 de noviembre de 2020.*
43. A tenor legal artículo 1 de la Ley 7/2020, de 13 de noviembre.
44. A tenor legal disposición final primera de la Ley 7/2020, de 13 de noviembre.

Esto se ha materializado en el Real Decreto 568/2011[45], donde se desarrolla el marco general del banco de pruebas regulatorio del sector eléctrico, «concebido como un entorno controlado para llevar a cabo ensayos que permitan el desarrollo de proyectos piloto con el fin de facilitar la investigación, la innovación y la mejora regulatoria en el ámbito del sector eléctrico»[46].

Este texto normativo es similar al de la Ley 7/2020, de 13 de noviembre, por el cual se establece un protocolo de pruebas y unas mínimas garantías normativas, pero a diferencia de ésta, el Real Decreto 568/2011 establece la obligatoriedad de que «la información extraída del desarrollo de los proyectos piloto [...] será tenida en cuenta en el procedimiento de elaboración de normas con rango de ley y de reglamentos»[47].

Hasta el momento no existen otras normas jurídicas en España que presenten entornos controlados o bancos de pruebas, aunque sí se ha presentado un piloto de un *sandbox* de regulación de inteligencia artificial en colaboración con la Comisión Europea. Este *sandbox* se estaba desarrollando en un proyecto de Real Decreto del Ministerio de Asuntos Económicos y Transformación Digital, cuya denominación preveía ser «Real Decreto que establece un entorno controlado de pruebas para el ensayo del cumplimiento de la propuesta de Reglamento del Parlamento Europeo y del Consejo por el que se establecen normas armonizadas en materia de inteligencia artificial», al cual se le había dado audiencia pública hasta el 29 de mayo.

Con el adelanto de las elecciones generales justo ese mismo día, el 29 de mayo, las cuales han sido celebradas el 23 de julio de 2023, se desconoce, en el momento en que se está escribiendo este trabajo, el desenlace de este texto normativo. Aunque, de este proyecto de Real Decreto se puede destacar algunas características.

Este *sandbox* se enmarca tanto en los objetivos europeos de IA, como en la Agenda de España Digital 2026 y en la Estrategia Nacional de Inteligencia Artificial propuesta por el componente 16 del PRTR. En este sentido, se entiende que, independientemente del futuro político de España, es una norma que tarde o temprano tendrá que llevarse a cabo, aunque quizás no con el alcance de esta propuesta, debido a que ésta tiene un carácter temporal.

45. Real Decreto 568/2022, de 11 de julio, por el que se establece el marco general del banco de pruebas regulatorio para el fomento de la investigación y la innovación en el sector eléctrico. *Boletín Oficial del Estado, núm. 166, de 12 de julio de 2022.*
46. A tenor legal artículo 1 del Real Decreto 568/2022.
47. A tenor legal artículo 23 del Real Decreto 568/2022.

El proyecto de Real Decreto presenta diferencias sustanciales con los dos *sandboxes* existentes actualmente. En primer lugar, el *sandbox* se ofrece para el ensayo de «algunos sistemas de inteligencia artificial que puedan suponer riesgos para la seguridad, la salud y los derechos fundamentales de las personas» [48], en consecuencia, se excluyen todos aquellos proyectos que no sean considerados como tales, es decir, que no cumplan con uno de los tres requisitos indicados en el artículo 3.5 del proyecto.

Y otro punto a señalar, es que la selección de las entidades elegidas para participar en el *sandbox* se realiza mediante convocatorias públicas[49] realizadas por la Secretaría de Estado de Digitalización e Inteligencia Artificial[50]. En las resoluciones de este órgano administrativo se indicarán la duración de la participación en el entorno.

Asimismo, en esta norma se predisponen de mayores herramientas para que las entidades implicadas puedan impulsar sus proyectos, como es la existencia de un grupo de asesores profesionales independientes, la participación y colaboración de Administraciones Públicas o una comisión de seguimiento.

Cabe reseñar que se planteaba la vigencia de este Real Decreto de un máximo de 36 meses desde su entrada en vigor, o hasta la entrada en vigor del Reglamento Europeo y del Consejo por el que se establezca normas armonizadas en materia de IA. Por consiguiente, debido al retraso que va a suponer impulsar este proyecto debido a la situación política, es posible que carezca de utilidad cuando sea aprobado, si es que llega a aprobarse. Igualmente, el Estado español puede estar perdiendo la oportunidad de ser pionero en esta materia, así como ser referente normativo para el posterior desarrollo jurídico de la Unión Europea.

En resumen, los *sandboxes* son una potente herramienta de colaboración público-privada, donde se pueden realizar diferentes pruebas con el objeto de obtener ciertas conclusiones que puedan ayudar a adaptar las normas jurídicas a los avances tecnológicos, económicos y sociales, siempre y cuando el legislador esté dispuesto a tener en cuenta los resultados de las pruebas en estos entornos controlados.

---

48. Artículo 1 del Proyecto de Real Decreto propuesto por el Ministerio de Asuntos Económicos y Transformación Digital. Disponible en: https://portal.mineco.gob.es/RecursosArticulo/mineco/ministerio/participacion_publica/audiencia/ficheros/Proyecto_RD_Sandbox_IA-1.pdf
49. Artículo 1 del Proyecto de Real Decreto propuesto por el Ministerio de Asuntos Económicos y Transformación Digital.
50. Artículo 6.1 del Proyecto de Real Decreto propuesto por el Ministerio de Asuntos Económicos y Transformación Digital.

En cualquier caso, la contratación pública, y en concreto, la CPI, puede tener un encaje en la puesta en marcha de los *sandboxes*. Los frutos de la experiencia obtenida en estos contextos darán lugar a nuevas ideas y posibles aplicaciones, más allá de la potencial modificación legal de algunos preceptos, que no tiene por qué ser siempre necesaria.

Así pues, los *sandboxes* pueden contemplarse como una excelente herramienta para realizar una de las dos modalidades de la CPI, la CPP. Hay que recordar que esta forma contractual queda excluida del ámbito de la LCSP, pero se caracteriza por desarrollar herramientas innovadoras no existentes en el mercado, y que a través de una *sandbox* puede probarse su posible utilidad.

Los *sandboxes* son el perfecto campo de pruebas para que las empresas y las Administraciones puedan comprobar ideas pioneras y nuevos desarrollos en el marco de un CPP. La herramienta del *sandbox* puede incluirse en el acuerdo contractual entre las partes privada y pública, e incluso tenerse en cuenta como parte del procedimiento para testear el objeto del contrato.

3.2. PROYECTOS ESTRATÉGICOS PARA LA RECUPERACIÓN Y TRANSFORMACIÓN ECONÓMICA (PERTE)

Otra herramienta que ha surgido a raíz del PRTR son los denominados Proyectos Estratégicos para la Recuperación y Transformación Económica (PERTE), concebidos en el Real Decreto-ley 36/2020[51] como una figura de colaboración público-privada, donde tanto Administraciones Públicas como empresas y centros de investigación desarrollan proyectos de carácter estratégico con un importante impacto y arrastre en la economía.

Destaca que, a diferencia de otras herramientas que se presentan en este texto normativo, los PERTE se contemplan como una figura con «vocación de permanencia»[52], cuya creación se motiva en la necesidad de desarrollar proyectos de interés común europeo con un «impacto transformador estructural sobre sectores estratégicos o con fases de investigación e innovación disruptivas y ambiciosas»[53]. Esta permanencia temporal de los PERTE se puede comprobar en el artículo 2 del Real Decreto-ley, en el cual no se ligan

51. Real Decreto-ley 36/2020, de 30 de diciembre, por el que se aprueban medidas urgentes para la modernización de la Administración Pública y para la ejecución del Plan de Recuperación, Transformación y Resiliencia. *Boletín Oficial del Estado, núm. 341, de 31 de diciembre de 2020.*
52. Exposición de motivos V del Real Decreto-ley 36/2020.
53. Ibidem.

con las actuaciones financiadas por los fondos *Next Generation*, como si ocurre con otras herramientas de dicha norma jurídica[54].

Los ámbitos en los que pueden establecerse PERTE se relacionan directamente con las 10 políticas palanca del PRTR[55]. Y, como se ha adelantado en este texto, el sector del transporte se encuadra como un ámbito estratégico en el contexto europeo y nacional, y al mismo tiempo, la IA se percibe como una de las tecnologías disruptivas e innovadoras a las que pueden aplicarse este tipo de proyectos. Es por ello, la importancia que tienen los PERTE para el impulso de aplicaciones de IA en los desplazamientos.

Ahora bien, los PERTE se han constituido como un instrumento donde la LCSP no es el único mecanismo jurídico para instrumentalizarlo y ejecutarlo. En la norma se apunta que deben respetarse los principios de concurrencia, no discriminación y competencia de los mercados[56], al mismo tiempo que puntualiza que «la ejecución de los PERTE se llevará a cabo a través de cuantos mecanismos estén previstos en el ordenamiento jurídico, salvo las especialidades contenidas en los artículos siguientes»[57].

Dicho de otra forma, la ejecución de un PERTE puede materializarse a través de una subvención, a través de una entidad con personalidad diferenciada, a través de contratación pública, o mediante cualquier otro mecanismo que el ordenamiento jurídico permita[58].

No obstante, la norma apuesta de forma intencionada por la ejecución de los PERTE mediante las subvenciones, en el momento en el que se pone en marcha el registro estatal de entidades interesadas en los PERTE[59], cuya inscripción en dicho registro «podrá ser considerada como requisito necesario para ser beneficiario de ayudas»[60].

La tramitación y ejecución de los PERTE mediante subvenciones hace más factible el reparto, seguimiento y control de los proyectos, así como facilita la gestión de los fondos europeos, esquivando procedimientos con

---

54. Vid. VÁZQUEZ MATILLA, F. J., «Análisis práctico de los Proyectos Estratégicos para la Recuperación y Transformación Económica», *Contratación administrativa práctica: revista de la contratación administrativa y de los contratistas*, núm. 172 (2021), pp. 81-99.
55. Entre las 10 políticas palanca, diversos componentes incluidos en cada una de varias de ellas tienen una relación directa con la movilidad, los desplazamientos, las infraestructuras y la IA.
56. Exposición de motivo V del Real Decreto-ley 36/2020.
57. A tenor legal artículo 8.4 Real Decreto-ley 36/2020.
58. Vid. VÁZQUEZ MATILLA, F. J... *op. cit.*
59. A tenor legal artículo 9 Real Decreto-ley 36/2020.
60. A tenor legal artículo 11 Real Decreto-ley 36/2020.

una alta carga administrativa que se podrían encontrar en otros ámbitos, como el de la contratación pública[61].

La Directiva 2014/24/UE sobre contratación pública permite utilizar formas no contractuales, como por ejemplo, a través de la financiación de servicios, pero en ningún caso sería adecuado para los PERTE. Sin duda, la falta de una simplificación burocrática en el ámbito de la contratación pública dificulta que proyectos de este calado, donde el proceso administrativo tiene que ser lo más ágil y flexible posible, acudan a un procedimiento de contratación pública, algo que este Real Decreto-ley no ha podido atajar correctamente con las subidas de cuantías de los procedimientos abierto simplificado y super simplificado[62].

De entre las diferentes modificaciones en materia de contratación que presenta este Real Decreto-ley, y una posterior con el Real Decreto-ley 6/2022[63] donde se otorga preferencia absoluta a los recursos especiales en materia de contratación sobre los PERTE[64], se observa una falta de ambición y unos cambios enfocados al procedimiento administrativo como tal, y no a aspectos que puedan facilitar la concurrencia y la eliminación de ciertos requisitos burocráticos[65].

En cualquier caso, y en un ámbito donde la innovación tiene un papel tan fundamental, se echa en falta una referencia directa a alguna de las dos modalidades de CPI. Como se ha expuesto anteriormente, la CPI no es un tipo contractual ni de un procedimiento, sino una forma de estrategia de compra por parte de las Administraciones Públicas para desarrollar las políticas públicas de innovación.

Por consiguiente, las transferencias directas que puedan realizarse para el desarrollo de los PERTE y la CPI no son incompatibles. Pueden, los PERTE, configurarse como una primera fase de desarrollo tecnológico, para luego poder incorporarse estas nuevas tecnologías al servicio de la Administración mediante un CPTI, en el momento en que ya existiría un desarrollo desde el que partir. Sin perjuicio de que, con los PERTE, se puede buscar un progreso técnico que, posteriormente, case completamente con

61. Vid. VÁZQUEZ MATILLA, F. J... *op. cit.*
62. Ibidem.
63. GONZÁLEZ-DELEITO, N., «Real Decreto-ley 36/2020: novedades en materia de colaboración público-privada y contratación», *Actualidad Administrativa*, núm. 3 (2021).
64. A tenor legal artículo 58.2 Real Decreto-ley 36/2020.
65. Real Decreto-ley 6/2022, de 29 de marzo, por el que se adoptan medidas urgentes en el marco del Plan Nacional de respuesta a las consecuencias económicas y sociales de la guerra de Ucrania. *Boletín Oficial del Estado, núm. 76, de 30 de marzo de 2022.*

las necesidades de los poderes adjudicadores y puedan integrarse mediante un tipo contractual típico.

4. CONCLUSIONES

La innovación en ámbitos como el de los desplazamientos y el transporte son una realidad. La gran parte de los nuevos desarrollos vienen de la mano de nuevas tecnologías, como es el caso de la IA, así como de la iniciativa privada. La UE y el sector público español son conscientes de esta realidad, es por ello que han articulado un sistema por el cual las Administraciones Públicas sean partícipes y estén implicadas en el proceso de crecimiento de los nuevos campos de estudio.

De igual modo, el crecimiento económico es otro aliciente para que las entidades públicas apuesten por proyectos novedosos, para los cuáles son necesarios grandes recursos técnicos y económicos. Las herramientas de colaboración público-privada que se están revelando desde Europa vienen acompañados de los recursos económicos necesarios, y a la vista está de los fondos *Next Generation*, aunque falta por adecuar dichos medios y promover la incorporación de capital humano especializado.

En cualquier caso, la contratación pública se formula como la promotora para incitar la demanda de nuevos proyectos de investigación que tengan un impacto en la economía y en la sociedad, como es el caso de la IA. Para ello, el sector público debe liderar la compra e implantación de aplicativos de esta rama, mayormente, mediante técnicas de contratación precomercial.

Esta concepción está presente en los textos europeos, y se está viendo en las diferentes herramientas que está poniendo el legislador español al servicio de las Administraciones. Sin embargo, como se ha recogido en este texto, la CPP escapa tanto de la Directiva 2014/24/UE sobre contratación pública como de la LCSP.

En consecuencia, la UE parece que no pretende que la IA sea desarrollada por unos procedimientos contractuales previamente establecidos, sino que, con el esfuerzo público, se planteen procedimientos *ad hoc*. Esto permite que, por un lado, las Administraciones tengan vía libre para que, en base a las necesidades públicas y el desarrollo técnico, establezcan aquellos procedimientos más flexibles de contratación.

Pero, al mismo tiempo, los poderes adjudicadores no van a tener una referencia clara desde la que partir, lo que puede generar barreras a la hora de estimular nuevos proyectos de innovación a través de un CPP.

Igualmente, hay que tener en cuenta que parte del desarrollo innovador y tecnológico nace de pymes y *startups*, entidades privadas que quizás no tengan acceso a herramientas de tanta envergadura, como pueden ser los PERTE o los *sandboxes*. Es posible, que muchas de ellas además carezcan de los conocimientos necesarios para entablar conversaciones con una Administración para proponer nuevas ideas.

En suma, se plantea un panorama con muchos recursos económicos, pero al cual ni las empresas más pequeñas ni tampoco las entidades públicas de menor tamaño puedan tener la misma facilidad de acceso, algo que no se ajusta a la visión estratégica de la contratación pública.

Sería necesario proponer herramientas que se adapten al actual contexto económico y social. Es desde la iniciativa privada desde la que parte la innovación, pero puede nacer y crecer en cualquier empresa, indistintamente de su tamaño. De igual modo, es el sector público el que mediante la contratación pública se concibe como el principal catalizador de la innovación, no obstante, cualquier entidad pública puede ser pionera en una nueva aplicación o idea tecnológica, por muy pequeña que pueda llegar a ser.

La relativa estandarización de los procedimientos de CPP, así como la asistencia tanto a pequeñas empresas y entidades públicas para poder hacer uso de los recursos de los que se disponen, deben ser una prioridad para poder repartir de manera eficaz y eficiente los recursos económicos, a la par que se impulsa la innovación y el crecimiento económico sin dejar a nadie atrás.

En especial, en la aplicación de la IA, la cual puede utilizarse para infinidad de recursos públicos, independientemente del tamaño de la Administración, al igual que las tecnologías relativas a los desplazamientos, donde la competencia en transporte reside, en gran parte, en entidades locales.

5. BIBLIOGRAFÍA

BLANCO LÓPEZ, F., «La doctrina social de los tribunales administrativos de recursos ante la contratación pública estratégica», *Revista Aragonesa de Administración Pública*, núm. 18 (2018).

CAMPOS ACUÑA, C., «Administración digital e inteligencia artificial: ¿un nuevo paradigma en el derecho público?», en RAMIÓ, C. (Coord.), *Repensando la Administración pública: Administración digital e innovación pública*, Instituto Nacional de Administración Pública (INAP), Madrid, 2021, pp. 109-142.

CARRILLO DONAIRE, J. A. y TARANCÓN BABÍO, J., «Concepto, sentido, objetivos y perspectivas de la compra pública de innovación», en CARRILLO DONAIRE, J. A., *La compra pública de innovación en la contratación del sector público*, Instituto Nacional de Administración Pública (INAP), Madrid, 2019, pp. 15-48.

GALLEGO CÓRCOLES, I., «La integración de cláusulas sociales, ambientales y de innovación en la contratación pública», *Documentación Administrativa: Nueva Época*, núm. 4 (2017).

GIMENO FELIU, J. M., *El nuevo paquete legislativo comunitario sobre contratación pública. El contrato público como herramienta del liderazgo institucional de los poderes públicos*, Thomson Reuters Aranzadi, Pamplona, 2014.

ESPAÑA PÉREZ, J. A. *Desafíos regulatorios de la movilidad sostenible y su digitalización*, Thomson Reuters Aranzadi, Pamplona, 2022.

GONZÁLEZ-DELEITO, N., «Real Decreto-ley 36/2020: novedades en materia de colaboración público-privada y contratación», *Actualidad Administrativa*, núm. 3 (2021).

MESA VILA, M., «Fases de las licitaciones de compra pública de tecnología innovadora», en CARRILLO DONAIRE, J. A., *La compra pública de innovación en la contratación del sector público*, Instituto Nacional de Administración Pública (INAP), Madrid, 2019, pp. 49-69.

MONTES WORBOYS, F., «Fases de las licitaciones de compra pública de tecnología innovadora», en CARRILLO DONAIRE, J. A., *La compra pública de innovación en la contratación del sector público*, Instituto Nacional de Administración Pública (INAP), Madrid, 2019, pp. 69-88.

VÁZQUEZ MATILLA, F. J., «Análisis práctico de los Proyectos Estratégicos para la Recuperación y Transformación Económica», *Contratación administrativa práctica: Revista de la contratación administrativa y de los contratistas*, núm. 172 (2021), pp. 81-99.

Glosario de términos

ÁNGEL MOLINA CABELLO

Doctor en Tecnologías Informáticas
Profesor Titular de Lenguajes y Ciencias de la Computación
Universidad de Málaga

DAVID FERNÁNDEZ RODRÍGUEZ

Doctor en Tecnologías Informáticas
Profesor Ayudante Doctor de Lenguajes y Ciencias de la Computación
Universidad de Málaga

Agrupamiento: problema de aprendizaje no supervisado cuyo objetivo es agrupar las muestras de un conjunto de datos en grupos por su similitud, es decir, las muestras de cada grupo tendrán unas características parecidas entre sí. De entre todas las técnicas que existen para abordar este problema, destaca por su simplicidad y rendimiento el algoritmo de las K-medias.

Algoritmo: no son más que un conjunto de reglas abstractas bien definidas y ordenadas que se ejecutan paso a paso para poder realizar una tarea concreta. Es decir, son las instrucciones que forman parte de una receta cuyo cometido es resolver un problema específico. Estos algoritmos pueden estar escritos en un lenguaje natural. Usualmente, recogen una información que se les facilita como entrada para empezar a operar y finalizan ofreciendo una información de salida.

Aprendizaje no supervisado: paradigma que tiene como objetivo encontrar patrones sin necesidad de fijar el atributo objetivo del conjunto de datos.

Aprendizaje profundo: es un campo del aprendizaje computacional que se centra, principalmente, en el desarrollo de redes neuronales de múltiples capas para tratar de modelar características abstractas y complejas. El término «profundo» hace referencia a esas múltiples capas que existen entre la capa de entrada y la capa de salida que forman la arquitectura de la red neuronal. El éxito del aprendizaje profundo se debe al gran rendimiento frente a las técnicas tradicionales y es ampliamente utilizado desde la década de 2010 como consecuencia de las mejoras de los algoritmos de aprendizaje computacional y, sobre todo, de los progresos del *hardware,* particularmente de las tarjetas gráficas (*graphical processing units* o GPUs), que permiten satisfacer las altas demandas computacionales del entrenamiento de estos modelos.

Aprendizaje supervisado: paradigma que trata de deducir una función (patrón) de forma que para una muestra de entrada produzca la salida deseada. Para poder entrenar un modelo de aprendizaje supervisado es necesario un conjunto de datos de entrenamiento etiquetados y establecer cuál es el atributo objetivo, que será la salida deseada (predicción).

Big data: también denominados datos masivos, se trata de conjuntos de datos extremadamente grandes y complejos que no pueden ser fácilmente gestionados por las técnicas tradicionales de procesamiento de datos. Incluye tareas como el almacenamiento de los datos, su análisis, búsqueda de información o transferencia. También suele relacionarse con el descubrimiento de patrones, formulación de predicciones y otros análisis más avanzados que permiten obtener valor adicional de los datos.

Clasificación: problema de aprendizaje supervisado que consiste en clasificar (categorizar) una muestra en una de entre varias clases (categorías) posibles. Existen múltiples técnicas (y cada una de ellas con diferentes variantes) para afrontar un problema de este tipo, tales como árboles de decisión, redes neuronales artificiales, máquinas de vectores de soporte, redes bayesianas, etc. Cuando los datos a clasificar son imágenes, es muy frecuente el uso de un determinado tipo de redes neuronales: las redes neuronales convolucionales de aprendizaje profundo.

***Cloud computing*:** término que engloba los servicios computacionales alojados en grandes centros de datos remotos y ofrecidos de forma gratuita o a bajo coste a grandes cantidades de usuarios.

Dataset: también denominado conjunto de datos, se trata de una colección de datos bien estructurada y organizada relativos a una tarea o problema. Está formado por una serie de muestras (observaciones, ejemplos, instancias...) donde cada muestra consta de una serie de características o atributos. Uno de estos atributos puede ser el atributo objetivo del conjunto de datos, que sería el atributo más importante (en tal caso, la finalidad de un modelo es poder predecir el valor del atributo objetivo de una muestra en función del valor que presenta el resto de atributos de dicha muestra).

***Dataset* balanceado:** conjunto de datos que presenta un número de muestras igual (o muy similar) para cada clase del atributo objetivo. Caso de ser desigual, se dice que el conjunto de datos está desbalanceado.

***Dataset* etiquetado:** conjunto de datos enriquecido con información adicional para cada muestra, denominada etiqueta (o etiquetas). Las etiquetas son características adicionales de las muestras. Son añadidas por expertos y tradicionalmente ha sido un proceso manual por dicho motivo. Gracias a las nuevas herramientas y técnicas, este proceso es cada día más automático. Los conjuntos de datos etiquetados son vitales para el desarrollo de modelos fiables. Se dice que un conjunto de datos está etiquetado cuando se conoce el valor del atributo objetivo de sus muestras.

Detección de objetos: problema de aprendizaje supervisado que trata de detectar y clasificar objetos que aparecen en imágenes y video. Lo usual es abordar este problema utilizando redes neuronales convolucionales.

Entrenamiento: proceso por el cual un modelo aprende los patrones y relaciones existentes entre los atributos del conjunto de datos utilizado en el entrenamiento para poder realizar predicciones sobre otras futuras muestras.

Hardware: componentes físicos de un ordenador.

Inteligencia Artificial: también denominada por sus siglas (IA), quizá el concepto del que más se habla hoy día, en gran parte gracias al éxito y avances del aprendizaje profundo. La IA es un campo de los varios de los que consta la informática. En particular, se centra en aquellos sistemas o programas informáticos que imitan la inteligencia humana para poder desarrollar su cometido. Así, estos programas tratan de aprender para después poder resolver la tarea encomendada. Su principal característica es la ayuda que puede prestar en la toma de decisiones para que éstas sean más rápidas, precisas e informadas, de manera que se pueda aumentar la eficiencia y reducir el error. Los problemas que puede afrontar la IA son muy variados, tales como clasificación, detección de objetos, agrupamiento...

Machine learning: también denominado aprendizaje automático o aprendizaje computacional, se trata de un campo de la IA que se centra en el desarrollo de algoritmos cuyo cometido es el de realizar predicciones o decisiones. Para realizar estas predicciones, previamente se realiza un entrenamiento de aprendizaje de los datos disponibles que guarden relación con la tarea a desarrollar. Se habla de algoritmos en plural porque, para hacer frente a dicha tarea o problema, pueden existir múltiples enfoques posibles. Atendiendo a la forma en la que se realiza el entrenamiento, por simplicidad se puede hablar de aprendizaje supervisado o no, dependiendo de si se utiliza o no la información del atributo objetivo de los datos utilizados en el entrenamiento. También existen el aprendizaje semisupervisado (una mezcla de los anteriores) y por refuerzo (se aprende en función de recompensas o castigos).

Minería de datos: también conocida por la expresión original en inglés (*data mining*), se trata de un proceso por el que se intenta descubrir patrones y relaciones dentro de grandes conjuntos de datos.

Modelo: es el resultado de la representación matemática de un algoritmo que ha sido creado y entrenado para desarrollar una tarea específica. El rendimiento de un modelo depende de múltiples factores, aunque el conjunto de datos de entrenamiento es el más significativo. Un mismo algoritmo puede producir modelos diferentes como consecuencia de diferentes aspectos, como variar alguna característica intrínseca del algoritmo o cambiar el conjunto de datos de entrenamiento. Los modelos pueden verse como una caja negra que tienen una entrada de datos y producen una salida (predicción). Hay modelos fácilmente entendibles por los humanos, como los árboles de decisión, y otros muy complejos, como las redes neuronales artificiales profundas.

Modelo preentrenado: es un modelo que ha sido entrenado para resolver un problema específico y que está puesto a disposición de la sociedad para que pueda ser usado por terceras personas. Normalmente son modelos que han sido entrenados utilizando grandes conjuntos de datos y *hardware* de alto rendimiento, motivos muy exclusivos por los que la población general sería incapaz de entrenar modelos mediante sus propios medios. Estos modelos preentrenados tienen varias ventajas para cualquier persona que quiera desarrollar sistemas de IA para afrontar el mismo problema o similares. Por un lado, se puede utilizar ese modelo tal cual está para abordar el problema para el que ha sido entrenado, sin necesidad de realizar un entrenamiento, lo cual supone un importante ahorro de tiempo. Por otro lado, se puede utilizar el modelo preentrenado como punto de partida para entrenar otro modelo enfocado a otro problema. Esto puede hacerse debido a que estos modelos preentrenados han aprendido los rasgos más característicos y primarios y sirven de base para entrenar otros modelos a partir de ellos. De esta forma, a partir de un modelo preentrenado, de dicho modelo se entrena tan solo una parte del mismo y no todo el modelo, usando un conjunto de datos del nuevo problema. Esta técnica se conoce como transferencia del conocimiento y ha supuesto una revolución en el desarrollo de sistemas inteligentes.

Muestra: observación de un conjunto de datos. Cada muestra posee unas características denominadas atributos que son comunes al conjunto de datos al que pertenece.

Redes neuronales artificiales: tienen una inspiración biológica en el cerebro humano. Son un modelo computacional formado por una serie de unidades de cómputo llamadas neuronas que se encuentran conectadas entre ellas. Las neuronas se encuentran organizadas por capas, de manera que hay una capa de entrada, una capa de salida y una serie de capas (llamadas ocultas) entre la capa de entrada y la de salida. Se habla de red neuronal profunda cuando el número de capas ocultas es múltiple. De igual forma que a día de hoy no se entiende el funcionamiento completo del cerebro, pero se sabe que sólo algunas partes son esenciales para el procesamiento de la información, la interpretación de qué función realiza una parte concreta de una red neuronal profunda puede ser complicada de saber debido a la cantidad de neuronas y conexiones que existen entre ellas. Existen muchos tipos de redes neuronales: por ejemplo, las redes neuronales convolucionales son apropiadas para el procesamiento de imágenes mientras que los mapas autoorganizados crean una representación del espacio de las muestras del conjunto de datos mediante un mapa topográfico.

Red generativa antagónica: también conocida por su nombre en inglés (*generative adversarial network* o GAN), se trata de un método de entrenamiento en el que se enfrentan dos redes neuronales denominadas generador y discriminador, donde el generador «inventa» muestras sintéticas (no reales) parecidas a las reales del conjunto de datos de entrenamiento, mientras que el discriminador trata de identificar qué imágenes son del conjunto de entrenamiento y cuáles no. El objetivo del entrenamiento consiste en que el generador «inventa» muestras que tratan de «engañar» al discriminador. Este tipo de redes se han hecho muy populares por su rendimiento para crear imágenes sintéticas.

***Smart city*:** también conocida como ciudad inteligente, se trata de un área urbana que utiliza la tecnología y datos existentes para analizar y administrar de manera más eficiente distintos aspectos como infraestructuras, transporte, medio ambiente o calidad de vida de la ciudadanía de forma sostenible.

***Software* o programa informático:** son la implementación de los algoritmos, la cual se realiza mediante uno o diferentes lenguajes de programación. Podría decirse que son los componentes no físicos de un ordenador.

Guía de uso

¡ENHORABUENA!

ACABAS DE ADQUIRIR UNA OBRA QUE **INCLUYE LA VERSIÓN ELECTRÓNICA.**
APROVÉCHATE DE TODAS LAS FUNCIONALIDADES.

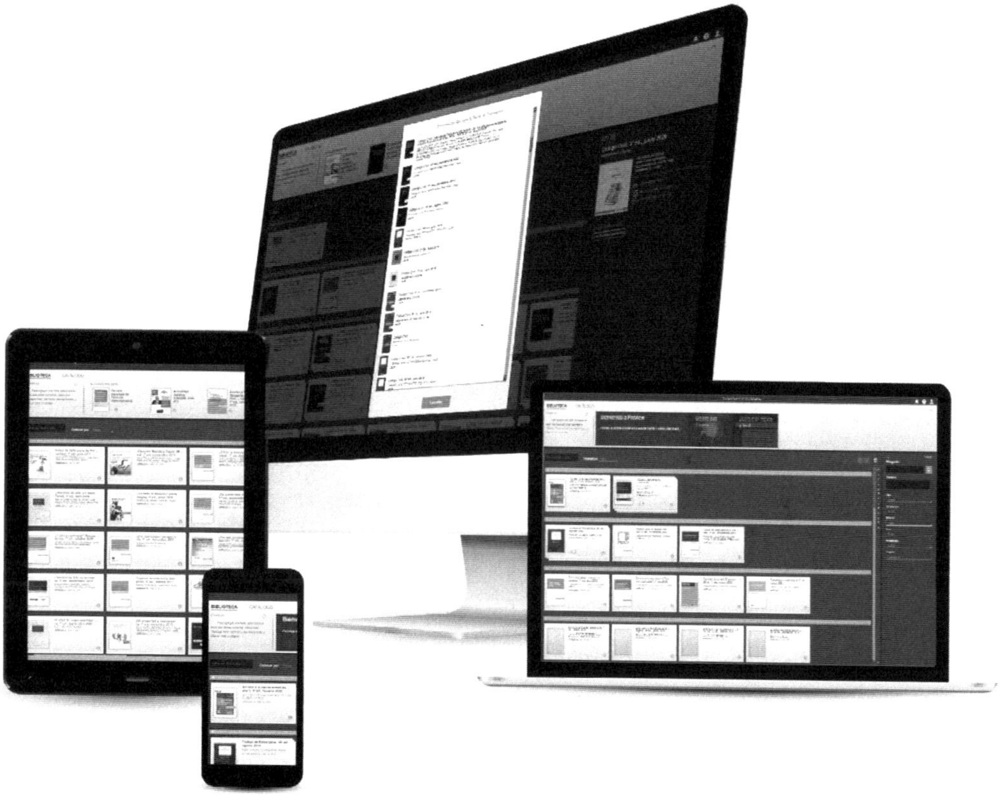

ACCESO INTERACTIVO A LOS MEJORES LIBROS JURÍDICOS

ARANZADI

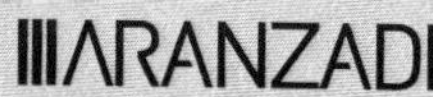

FUNCIONALIDADES

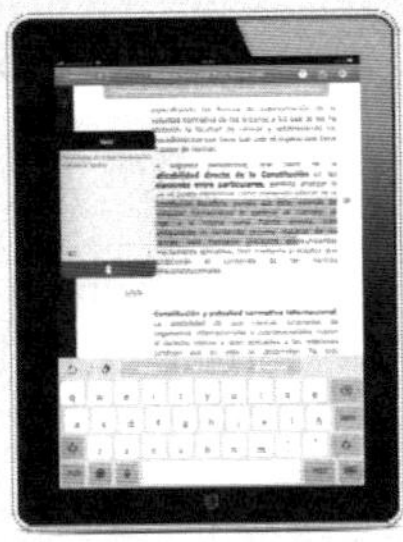

SELECCIONA Y DESTACA TEXTOS

Crea anotaciones y escoge los colores para organizar tus notas y subrayados.

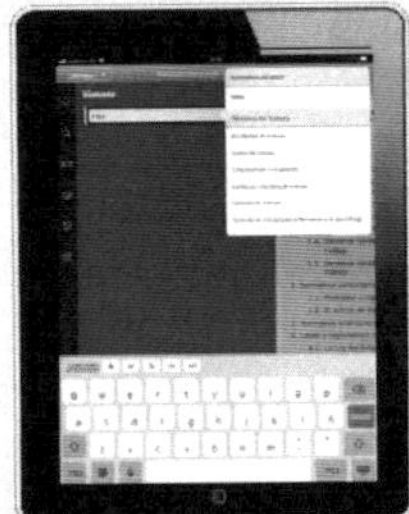

USA EL TESAURO PARA ENCONTRAR INFORMACIÓN

Al comenzar a escribir un término, aparecerán las distintas coincidencias del índice del Tesauro relacionadas con el término buscado.

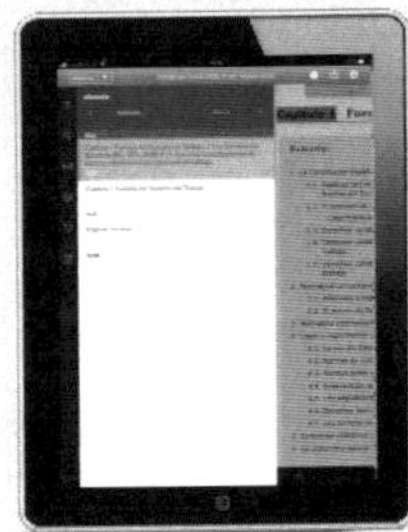

HISTÓRICO DE NAVEGACIÓN

Vuelve a las páginas por las que ya has navegado.

ORDENAR

Ordena tu biblioteca por:
Título (orden alfabético),
tipo (libros y revistas), editorial,
jurisdicción o área del Derecho.

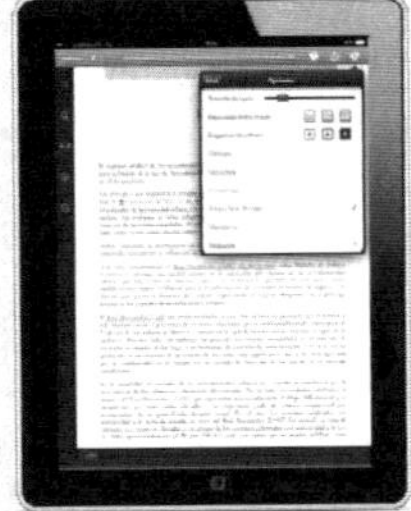

CONFIGURACIÓN Y PREFERENCIAS

Escoge la apariencia de tus libros y revistas cambiando la fuente del texto, el tamaño de los caracteres, el espaciadó entre líneas o la relación de colores.

MARCADORES DE PÁGINA

Crea un marcador de página en el libro tocando en el icono de Marcador de página situado en el extremo superior derecho de la página.

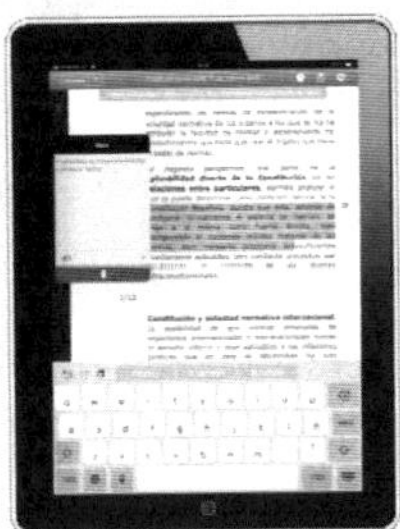

BÚSQUEDA EN LA BIBLIOTECA

Busca en todos tus libros y obtén resultados con los libros y revistas donde los términos fueron encontrados y las veces que aparecen en cada obra.

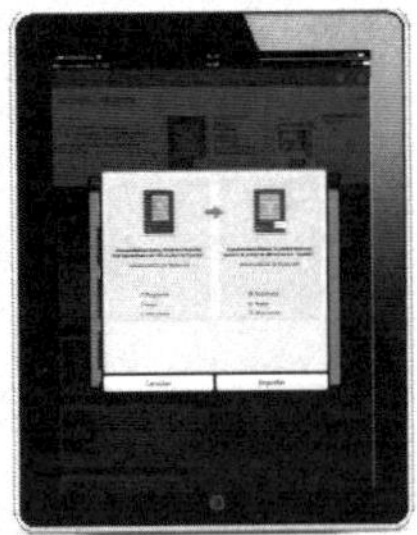

IMPORTACIÓN DE ANOTACIONES A UNA NUEVA EDICIÓN

Transfiere todas sus anotaciones y marcadores de manera automática a través de esta funcionalidad.

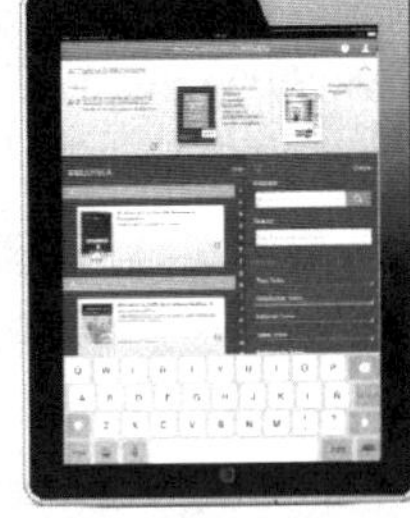

SUMARIO NAVEGABLE

Sumario con accesos directos al contenido.

INFORMACIÓN IMPORTANTE: Si has recibido previamente un correo electrónico deberás seguir los pasos que en él se detallan.

Estimado/a cliente/a,

Para acceder a la versión electrónica de este libro, por favor, accede a **http://onepass.aranzadi.es** Tras acceder a la página citada, introduce tu dirección de correo electrónico (*) y el código que encontrarás en el interior de la cubierta del libro.

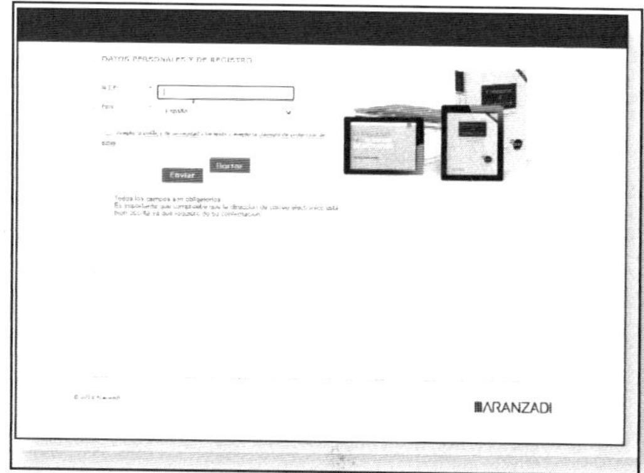

A continuación pulsa enviar.

Si te has registrado anteriormente en OnePass, en la siguiente pantalla se te pedirá que introduzcas el NIF asociado al correo electrónico.

Finalmente, te aparecerá un mensaje de confirmación y recibirás un correo electrónico confirmando la disponibilidad de la obra en tu biblioteca.

Si es la primera vez que te registras en **OnePass,** deberás cumplimentar los datos para crear tu cuenta y poder acceder a tu libro electrónico.

- Los campos **"Nombre de usuario"** y **"Contraseña"** son los datos que utilizarás para acceder a las obras que tienes disponibles a través del navegador en la ruta www.proview.thomsonreuters.com

Servicio de Atención al Cliente

Ante cualquier incidencia en el proceso de registro de la obra no dudes en ponerte en contacto con nuestro Servicio de Atención al Cliente. Para ello accede a nuestro Portal Corporativo y una vez allí en el apartado del Centro de Atención al Cliente selecciona la opción de Acceso a Soporte para no Suscriptores (compra de Publicaciones).